U0506679

国家航海

National Maritime Research

上海中国航海博物馆　主办

（第三辑）

上海古籍出版社

《国家航海》编辑委员会

主办： 上海中国航海博物馆

顾问： 杨　槱　上海交通大学

编委： （编委按照姓氏笔画排序）

万　明　中国社会科学院

刘超英　北京市文物局

孙光圻　大连海事大学

张　页　上海航运交易所

张　威　中国国家博物馆

杨志刚　复旦大学

施朝健　上海海事大学

柳存根　上海交通大学

胡平贤　中国航海日办公室

席龙飞　武汉理工大学

高德毅　上海海事大学

潘君祥　上海历史博物馆

主　　编： 年继业

副主编： 丛建国　钱建国

编辑部主任： 周群华

编　　辑： 陈红英　李洋

目　录

上海港区位重心的历史变迁①

戴鞍钢*

（上海 复旦大学历史学系 200433）

摘 要： 1843年上海对外开埠通商后，很快成为中国第一枢纽大港，并在以后的百余年间，在全国各口岸中始终居于领先地位。其间，伴随上海城市的发展，为适应世界海运业船舶吨位渐趋增大的发展主流，得助于港口建设和航道疏浚等技术领域的不断进步，上海港的区位重心发生相应变迁，呈现出与时俱进、逐渐移向黄浦江下游区段相对水深岸线的鲜明特征。这种历史变迁，既是上海港不断壮大的具体表现，也是其百余年来在国内独占鳌头以及在东亚傲然屹立的基础所在。

关键词： 上海港 区位重心 变迁

一

上海自1843年开埠后，在其国内外贸易发展进程中，港区的布局也随之拓展变化。开埠初期，初来乍到的外国人首先注目并利用已有的十六铺一带的港区。在开埠前，上海县城外的十六铺、董家渡沿岸，是南北洋海船聚泊之所，"小东门外竟为大码头"。② 周围街区的商业因之兴旺，"咸瓜街当时为南北大道，西则襟带县城，大小东门之所出入，东过两街即黄浦，故市场最为热闹；再南则帆樯辐辏，常泊沙船数千号，行栈林立，人烟稠密，由水路到者从浦江陆行，则必从此街也"。③

上海港开埠后，外国航运业涌入，中国海船业渐趋衰落，但在19世纪80年

---

* 作者简介：戴鞍钢（1955— ），男，上海青浦人，复旦大学历史学系教授，侧重研究中国近现代社会经济史。

① 本文系"近代上海城乡经济关系研究（1843～1937）"的阶段性成果，2010年上海市社科规划一般课题立项资助；国家社科基金重点项目"近代上海与长江三角洲城乡经济关系研究"（11AZS006）的阶段性成果。

② 姚廷遴：《记事拾遗》，载陈左高等编：《清代日记汇抄》，上海人民出版社，1982年，第167页。

③ 胡祥翰：《上海小志》，上海古籍出版社，1989年，第3页。

代外国轮运业全面染指中国沿海及长江航运前,这种兴替尚不剧烈,加上"豆禁"等保护措施,聚泊十六铺的中国海船业尚具规模。① 时任两江总督的何桂清称:"江苏一省,精华全在上海,而上海之素称富庶者,因有沙船南北贩运,逐什一之利也。"② 这些情景,对那些最早来到上海选择居处和港区的外国人不无影响。英国首任驻沪领事巴富尔 1842 年实地考察后,"指定了上海县城以北及以东一块地方作为居留地,因为在这里居住的中国人很少,而且有一种自然的疆界,还有一条大约三千六百英尺长的江岸,商船在这里的江面上停泊,既方便又安全"。③ 随之而来的法国人作出同样选择,决定领事馆选址在十六铺,理由是"首先交通方便,三面都沿着可航行的水路(黄浦江和两条河浜),对运转货物极为重要;其次也是主要的一点,它靠近商业中心。长期以来,上海的居民点有些转移,其趋势有利于英租界,但当时商业中心仍在上海县城,因此对敏体尼(法国首任驻沪领事——引者)来说,靠近县城建立租界,这是绝妙的一着"。④

此后,随着外国商行相继落户外滩和租界的设立,十六铺港区逐渐向北延伸,1853 年外滩江边已有十余座驳船码头。⑤ 更具代表性的是 1862 年美商旗昌轮船公司金利源码头的设立。它系租用靠近十六铺的旧顺济庙基建成,被认为体现了旗昌轮船公司的特色,即"在各口岸选择靠近华人商业区的地段,购买江边场地以供轮船业务使用"。⑥ 这种选择显然出自商业考虑,特别是着眼于和原十六铺港区及上海县城商业区的联系。当时报章这样评述:"旗昌轮船公司的这些产业位于法租界,且近中国县城,这个非常优越的位置便于装运各类商品,便于卸下茶叶以备装运。它建成后,可容纳三万至三万五千吨货物。"⑦ 金利源码头开张后,成为早期上海港最具规模的外商码头。它的成功,增强了旗昌洋行的信心,"在 1867~1872 年期间,旗昌轮船公司还增添了码头和仓库设备。为了给天津航线提供更多的方便,公司于 1868 年租用了处于金利源偏北的几个码头,又花了大约五万两建造了一整套码头、浮筒和仓库,还对旧码头进行改建"。⑧

步其后尘,英商太古轮船公司于 1873 年接管英商公正轮船公司,在金利源

---

① 聂宝璋编:《中国近代航运史资料》第 1 辑,上海人民出版社,1983 年,第 1258 页。按:所谓"豆禁",是指 1862 年前,清政府为维持漕粮海运,曾规定外国商船不准至登州、牛庄贩运豆石。史称"豆禁"。详可参见拙作《上海与晚清漕运变革》,《上海研究论丛》第 2 辑。
② 贾祯等编:《筹办夷务始末》(咸丰朝),中华书局,1979 年,第 1118 页。
③ 《英国议会对华商务关系小型特别委员会报告书(1847)》,转自吴乾兑:《鸦片战争与上海英租界》,载《近代史研究》1990 年第 6 期。
④ [法] 梅朋等著,倪静兰等译:《上海法租界史》,上海译文出版社,1983 年,第 35 页。
⑤ 《北华捷报》1862 年 5 月 29 日。
⑥ 民国《上海县续志》卷 2,第 26 页;《福士回忆录》,转自[美] 刘广京著,李荣昌等译:《英美航运势力在华的竞争》,上海社会科学院出版社,1988 年,第 118 页。
⑦ 《北华捷报》1862 年 5 月 29 日。
⑧ 《旗昌轮船公司档案》,转自前引[美] 刘广京著,李荣昌等译:《英美航运势力在华的竞争》,第 118 页。

码头以北拥有了码头、仓库,开始了它在上海港的经营。① 在这期间,十六铺以南岸线相对沉寂,原因在于该区段偏离新辟的外滩租界地块,外商少有投资打算,又加上海开埠后,租界商业趋盛,旧上海县城内经济发展明显滞后,上海的商业重心逐渐北移,这一区段的开发更乏动力。

较之原十六铺一带的港区,在外滩岸线新建的码头和港区,规模和设施明显推进。上海开埠前,过往的是各类木帆船,港口设施简陋,货物装卸全凭人力,"凡码头各店粮食、油、酒及航报等船,一切钱货、民间婚丧、舆轿等项,俱系箩夫承值;各洋行内烟、糖、棉花等货,悉归扛夫扛抬"。② 自开埠后,抵港外国商船吨位大,吃水深,"无一码头可卸船货,各船均抛锚于本江(指黄浦江——引者),货由小船驳岸"。③

1845 年,英国人首先在外滩建造两座驳船码头。同年公布的《上海土地章程》,特别载明外国商人兴筑码头的特权。次年 12 月成立的"道路码头委员会",专门负责租界内道路、码头的修筑。据该委员会 1850 年年会报告,是年码头开支 6 976 银元,道路费用 1 856 银元,前者是后者的近四倍。④ 至 1853 年,外滩江边已有十余座驳船码头,分属英商怡和、宝顺、和记等洋行,"租界前岸太浅,虽小船亦不可近,故各行自筑码头出滩,各如其名,如怡和码头是也"。⑤

二

上海开埠后,苏州河口以南岸线因其原有的港口基础及紧邻上海县城和外国租界最先受到重视和开发。但随着外商经济活动和租界的扩展,尤其是 19 世纪 70 年代初苏伊士运河通航后,大型远洋轮船抵沪日增,苏州河口以南港区难敷需用。表现之一,陆家嘴外河道狭浅,且是近九十度的弯道,妨碍大吨位船只进出。早期《上海港口大全》载:"法租界对岸之陆家嘴,地形甚锐,且此处河道亦浅,是以在陆家嘴之上游吃水较深之船只,鲜有能驶到者,因河道小而潮流急故也。"⑥表现之二,南片港区部分区段水文状况恶化,尤以外滩江边码头为甚。因陆家嘴外江面弯曲,海潮江水流速趋缓,水中挟带的泥沙逐渐积淀,又加开埠初期航道缺乏治理,其结果"浦内沙滩嘴角其淤泥顺流而入,渍于租界前岸,故各行

① 《迪安笔记》,载聂宝璋编:《中国近代航运史资料》第 1 辑,上海人民出版社,1983 年,第 512 页。

② 上海博物馆:《上海碑刻资料选辑》,上海人民出版社,1980 年,第 76 页。按:此处的洋行,系指经营南货的中国商行。

③ 徐润:《上海杂记》,载《徐愚斋自叙年谱》附录,上海古籍出版社,1995 年,第 6 页。

④ [美]马士著,张汇文等译:《中华帝国对外关系史》第 1 卷,三联书店,1957 年,第 395 页。

⑤ 徐润:《上海杂记》,载前引《徐愚斋自叙年谱》附录,第 6 页。

⑥ 上海浚浦总局:《上海港口大全》,1921 年,第 15 页。

所筑之码头日见淤浅,华洋船只常有沉溺,无人搬迁,以致更形浅塞"。①

英国驻沪领事达文波承认:"自从1843年本港开辟以来,通过开拓河滩,以及在原有码头和栈桥周围河水转浅时就接着建造新的码头和栈桥,我们一直在不断地侵占河床。"上海外商商会会长詹森的观察更为细致:"1872年关于黄浦江宽度的观察记录表明,当时坐落在左岸的旗昌轮船公司的铁仓库以前水深为14到15英尺,再往外400英尺处,前些时期在低潮时水深为23到24英尺,而到1872年在建成长约100英尺的长堤后。水深仅15英尺"。②

一方面是河道狭窄淤浅,一方面却是进港船只吨位升高。《1874年上海海关贸易报告》载:"1870年苏伊士运河通航以来,本埠的转运贸易大大地改变了,许多从前用帆船运输的货物,现在都用容量很大的轮船载运。"据它统计,由于船只增大的结果,839艘船在1874年即能完成1 175艘船在1872年的运量。③

现实的问题和需要,加快了苏州河口以北港区的兴盛。还在19世纪60年代,当美商旗昌、英商怡和等竞相占据苏州河口以南岸线时,已有一些外商将目光投向虹口沿江地带。这里虽与上海县城及外滩有一段距离,但江面开阔,近岸水深,便于远洋船只停靠,且场地空旷,港口发展余地大,较之苏州河口以南港区更具开发价值。1861年,英商宝顺码头捷足先登,此后其他洋行和轮船公司纷起效尤,北片港区的拓展渐入高潮,"各国商轮远道来华,自法租界以下至下海浦绵亘十余里,均为租界码头,各有专归"。④ 其中以英商公和祥码头最具实力。其前身是大英轮船公司虹口码头,1873年柯理芬公司加股置地扩充,改为公和祥码头;次年又由怡和洋行买下扩充,称怡和合股公和祥码头。它地处提篮桥和外虹桥之间,泊位春季低潮时水深也有18至20英尺,公司经理自夸"公和祥码头可以装卸任何种类的货物,可以接受只要能进港的任何船只"。自开张后,固定资本与流动资金均稳步增长,以期"使码头长期发挥效益"。⑤

面对苏州河口以北港区的开发,已在苏州河口以南港区站稳脚跟的旗昌轮船公司也不甘落后,于1870年至1872年间"在虹口滨水地区又增购了一批产业,以巩固公司业务上的据点"。⑥ 值得注意的是,1872年底刚刚成立的轮船招商局也及时参与开发,不致使苏州河口以北港区全入外商之手。1874年它租赁位于虹口的原英商耶松码头并加以改建,增设仓库七座,定名招商局北栈。1877

---

① 徐润:《上海杂记》,载前引《徐愚斋自叙年谱》附录,第6页。
② 《领事达文波1877年度贸易报告》,载李必樟等译校:《上海近代对外贸易经济发展概况:英国驻上海领事贸易报告汇编(1854～1898)》,上海社会科学院出版社,1993年,第449页。
③ 参前引聂宝璋编:《中国近代航运史资料》第1辑,第649页。
④ 中国第一历史档案馆:《光绪末年黄浦江修浚工程主办权之争史料》,《历史档案》1994年第4期,第46页。按:下海浦,系指今杨树浦一带。详见姚公鹤:《上海闲话》,上海古籍出版社,1989年,第21页。
⑤ 参前引聂宝璋编:《中国近代航运史资料》第1辑,第585、586、597页;《上海公和祥码头史料》,《学术月刊》1962年第1期,第36页。
⑥ 《旗昌轮船公司档案》,转自前引[美]刘广京著,李荣昌等译:《英美航运势力在华的竞争》,第118页。

年又通过盘购旗昌轮船公司,拥有了外虹桥东侧的旗记码头,改名招商局中栈;坐落在南片港区的金利源码头,这时也同时易主,又名招商局南栈。① 此后,随着苏州河口以北沿江岸线相继被开发,拓展新港区的重心移向隔江相望的浦东。

浦东与浦西虽仅一江之隔,但在当时的交通条件下,浦江之水仍给两岸的交流造成很大限制。当上海人称"江海之通津,东南之都会"时,隔岸相望的浦东仍相对冷落。上海港开埠后,特别是随着浦西沿江南北港区的开发,近在咫尺的浦东原野引起人们的注意。1862 年,设在外滩的怡和洋行率先在对岸设立了码头、仓栈,之后渐有效仿者。1867 年一位目击者称:"浦东多年只是一片平芜,有几个旧式的中国船厂和绰夫拉绰的小路。但是近年来外国人在沿江一带已购买了很多块地,现在建造起不少宽敞的仓库、船坞和码头。"② 由于浦东沿江地带几乎还是一片空白,设在这里的码头、仓栈,占地面积往往远远超过浦西,1865 年设立的占地五十亩的立德成货栈可为代表,这一特色后期因瑞记、美孚等大型煤油栈码头的开设而更为显著。

投资浦东港区的仍主要是外国资本,"海上营堆栈者遍浦江两岸,洋栈占十分之七八"。其中就有实力雄厚的公和祥码头公司。19 世纪 70 年代后,鉴于上海港装卸业务持续增长,该公司在浦西的设施已感不足。1877 年度其业务报告称:"对于存储的需求在不断地增大,因而全部现有的设施均被占用。"他们也把目光投向浦东,1891 年出资三十万两,与怡和洋行合伙买下旗昌洋行浦东码头公司;1895 年又追加投资,买下浦东煤油货栈的全部股权。③

在此前后,这种投资势头有增无减。1866 年浦东有立德成货栈、广隆码头、李百里栈、瑞祥栈等码头仓栈十一座;1867 年至 1906 年已增至二十七座,较 1866 年净增约 1.5 倍。特别是 1895 年后有日本国资本的加入,先后有三井洋行基地、大阪商船会社老摆渡码头等设立,成为仅次于英、美的又一股投资商。④

在众多外资码头仓栈的夹缝中,成立伊始的轮船招商局于 1873 年 1 月在浦东陆家嘴南、烂泥渡北购得一处栈房,之后在 1893 年添置了浦东华栈码头,1895 年又设立浦东杨家渡栈码头,在浦东港区争得一席之地,但终究势单力孤,难与外国资本抗衡。⑤ 1893 年 4 月,迎合进口散装煤油猛增的需求,德商瑞记洋行在招商局华栈码头毗邻处动工兴建专用油码头,共占地 34 亩,建有 3 座油池,可储油 2 500 吨,辅助设施先进,届时"运油的油船可停泊在一个行将建造的栈桥旁边,那里在低潮时水深亦达二十英尺"。1893 年 8 月 4 日《北华捷报》称,该码头

① 《轮船招商局的创办及其初期发展历程》,载前引聂宝璋编:《中国近代航运史资料》第 1 辑上册。

② 《中日商埠志》,载孙毓棠编:《中国近代工业史资料》第 1 辑,科学出版社,1957 年,第 17 页。

③ 参前引聂宝璋编:《中国近代航运史资料》第 1 辑,第 586、597、599、600 页。

④ 参见郑祖安:《浦东历史发展概说》,载唐振常等编:《上海史研究》,学林出版社,1988 年,第 401 页。

⑤ 《轮船招商局档案》,载前引聂宝璋编《中国近代航运史资料》第 1 辑,第 1134 页;《申报》1897 年 5 月 13 日。

的建成"无疑地将对于煤油入口贸易产生重要的影响——煤油贸易现在已发展到相当大的数量，并且前途有无限的希望"。继而，美孚石油公司也在浦东庆宁寺附近购买地基，于1903年建成油栈码头。英国壳牌石油公司下属亚细亚油栈码头，也颇具规模。① 浦东港区，同样也是外国资本占据着绝对优势。②

三

　　19世纪60年代后，虽有苏州河口以北港区和浦东港区的拓展，但进出上海港的大吨位船舶多遭遇吴淞口内外沙的阻碍。时任苏松太兵备道的冯光记述："吴淞口，江浦合流处也。吴淞江在宋时宽可数里，明归熙甫太仆所见尚数十丈，狭才如带，合流处始渐侈大，而沙带纵横，商船病之。余备位时曾议开浚，费巨未果。"③面对吴淞口内外的淤沙，大吨位远洋船只常受滞阻，往往要候潮进港，因而曾有开辟吴淞港区的动议。海关报告载："在上海开埠以后的年代里，进口船只的体积大大增加，而长江进口水道一直没有疏浚修治，浅水时江口拦沙水位比黄浦江还要浅，所有巨轮都只能停留在口外，航商对这种情况啧有烦言。"④

　　清朝政府则出于防务的考虑，拒绝疏浚。列强便起意开辟吴淞港区，先是提议修筑淞沪铁路，1866年英国驻华公使阿礼国致书清廷："上海黄浦江地方，洋商起货不便，请由海口至该处于各商业经租就之地，创修铁路一道。"强调"浦江淤浅挑挖不易，铁路修成，水路挑挖无关紧要"。经清廷议复，认为"开筑铁路妨碍多端，作为罢论"。⑤

　　时隔六年，1872年美国驻沪领事布拉德福背着清朝政府组织吴淞道路公司，并于1874年兴筑淞沪铁路，1876年2月铺轨，企图在吴淞开辟水陆转运泊岸。一位美国学者在参阅美国国会档案后指出，美国领事此举"是受横滨——东京间建筑铁路的刺激的，上海港口的运输问题与东京有些相似。外国船舶认为碇泊在距离外国租界下游十二英里的吴淞江（应为黄浦江——引者）中比较便利。从这个碇泊处建一条铁路通到这个城市，将会起与横滨——东京线的类似作用"。而日本的那条铁路，正是由美国人在1869年承建、于1872年通车的。⑥

　　列强筹开吴淞港区的举措，惊动了上海地方官员。1876年3月，苏松太兵备道冯光照会英、美驻沪领事："通商章程第六款载明，各口上下货物之地，均由海关妥为定界。又江海关定章，浦江泊船起下货物之所，自新船厂起至天后宫为

① 汪敬虞编：《中国近代工业史资料》第2辑，科学出版社，1957年，第325、333页。
② 上海社会科学院经济研究所编：《刘鸿生企业史料》上册，上海人民出版社，1981年，第8页。
③ 冯光：《西行日记》，载前引陈左高等编《清代日记汇抄》，第322页。
④ 《海关报告（1922～1931）》，载徐雪筠等编：《上海近代社会经济发展概况：〈海关十年报告〉译编》（以下简称《海关十年报告译编》），上海社会科学院出版社，1985年，第287页。
⑤ 《清季外交史料》卷5，第19页。
⑥ ［美］泰勒·丹涅特著，姚曾译：《美国人在东亚》，商务印书馆，1959年，第503页。

界,商船只许在例准起货下货之界内起货下货各等语。是吴淞既非起货下货之所,又吴淞口一段尽属海塘,关系民生、农田保障,为中国最紧要之事,断不能任百姓将官地盗卖,建造房屋、码头。"强调"上海贸易租界,自洋泾浜起至虹口止,有法国租界,有美国租界,吴淞口系宝山县所管,不在通商租地界限之内。又各国通商章程,只有上海口岸,并无宝山地界通商"。[①] 英、美领事无言以对。后经交涉,由清朝政府出巨资将淞沪铁路购下拆毁。

列强筹开吴淞港区的举措虽然受挫,但淤沙仍横亘吴淞口外,列强据此仍不断发难。1881 年 12 月,两江总督刘坤一遂上书奏称:"吴淞口在黄浦江口内,本与长江防务无涉,惟赴上海必经此沙。此沙日积日高,各国大船出入不便,有碍洋商生计,故彼饶舌不休。夫中外既经通商,水道本应疏浚,如我置之不理,彼得借以为词,抽费兴工,势必永远占据,谓系洋商捐办,华官不能与闻。再四思维,只有自行筹款挑挖,则所挖之宽窄浅深,作缀迟速,均可操纵自由,只令通船而止,万一有事,则沉船阻塞,亦反掌间事也。"[②]意在通过自主疏浚淤沙,堵塞列强口实。次年,从国外进口的设备运抵,进度缓慢的疏浚工程开始,筹开吴淞港区的动议一度沉寂。

但列强并未止步,甲午战争后日本报纸称"日本在上海择地开租界一事,以吴淞为佳。黄浦江淤沙日厚,其势迟早必至无法可治,不能行船。如吴淞则日后必大兴胜之地,与上海来往之路之极便,日本当择租界于吴淞"。[③] 沿江一些地段则先后易主,至 1898 年初"吴淞口之蕴藻浜南沿江水深之地,除操厂一块,悉为洋人所得"。英、德等国还以兵船进出吴淞口不便为由,向清朝政府索要蕴藻浜以北沿江百余亩空闲官地,以建造所谓兵船码头,企图再开吴淞港区。[④] 如1898 年 4 月 15 日《申报》所言:"自上海通商,外洋轮船出入,吴淞为咽喉要路……第水路虽为通商要道,而岸上未有租界,且地属太仓州之宝山县,又非上海所辖,西商欲于此间设栈起货,格于成例,不克自由;而淞沪铁路工程又未告竣,公司货物必由驳船起运,船乘潮水涨落,未能迅速克期,此西人之心所以必须辟租界于吴淞者。"

后清朝政府以吴淞"自开商埠"抵挡。1899 年,在沪外商绕过清朝政府自组一个九人委员会,着手处理黄浦江的疏浚。[⑤] 1901 年的《辛丑条约》塞入黄浦江疏浚事宜,规定"设立黄浦江河道局,经营整顿改善水道各工,所派该局各员均代中国暨诸国保守在沪所有通商之利益"。疏浚预估 20 年,费用每年约需 46 万海

① 《苏松太兵备道冯光致英国驻上海领事麦华陀照会》(光绪二年二月二十六日),清华大学图书馆藏档案钞本,转引自宓汝成编:《中国近代铁路史资料》第 1 册,中华书局,1963年,第 43、44 页。

② 刘坤一:《订购机器轮船开挖吴淞口淤沙片》,载《刘坤一遗集·奏疏》卷 18,中华书局,1959 年,第 69 页。

③ 《时务报》第 22 册(1897 年 3 月),译载。

④ 《致候补道台蒋》(光绪二十四年一月十日),载北京大学历史系编:《盛宣怀未刊信稿》,中华书局,1960 年,第 61 页。

⑤ 见前引《中华帝国对外关系史》第 3 卷,第 407 页。

关两,由中国和有关各国对半分担。另附有详细规定,确认包括疏浚在内的黄浦江航道管理权均由该局统辖。其成员除上海道列名外,余均为外国人。①

两江总督刘坤一持保留态度,认为"无论如何,水路、水上警察、引水事务、船只停泊等项控制权须掌握在作为清朝政府代理人的海关手里"。② 握有长江流域势力范围的英国人暗中呼应,后经英籍海关税务司贺璧理斡旋,于 1905 年 9 月改订了有关条款,规定在清朝政府承担全部费用的前提下,各国答应所有改善及保全黄浦江河道并吴淞内外滩各工,统由江海关道及税务司管理,"上海领事团则保留咨询和批评的职能"。③ 同年 12 月黄浦河道局成立,次年聘请荷兰籍工程师奈格主持航道疏浚。④ 自《辛丑条约》规定疏浚黄浦江包括吴淞口淤沙,"洋商营业趋势益集中于上海,淞口无转移之希望",列强不复再提开辟吴淞港区事,清朝政府的"自开商埠"遂也陷于停顿。⑤

1906 年启动的疏浚工程进展顺利,次年 12 月在高桥沙的上端开出一条 15 英尺深的水道。1909 年 5 月,疏浚工程已使英国"阿斯特雷号"轮在高水位时,以吃水 23 英尺顺利通过。同年 7 月 1 日始,进出上海港的客货轮均改走这条航道。1906 年至 1910 年,对吴淞口内外沙的治理共耗资 700 万两,"疏浚后的航道在低水位时,水深 19 至 20 英尺"。⑥ 工程进行期间,曾发现承包商荷兰利济公司浮开多报挖泥土方。经交涉,该公司承认其咎并允诺除原定土方,再加挖 50 万立方码作为处罚。⑦ 至此,上海港有了一条比较稳定的深水航道,可供 5 000 吨级船舶常年通行,维护了港口的发展势头。时至 1924 年,黄浦江整治工程告一段落,万吨级船舶可每日乘潮进出上海港。⑧ 上海市档案馆馆藏档案显示,当时的上海港无论是港口密集的运输条件、航运企业的运力或航线、港口的投资环境包括港口城市在金融商业方面的水平,还是港口自身的通过能力(包括整治后的航道、码头设施等),都已具备成为国际贸易大港的先决条件。1928 年上海港进出船舶净吨位已位居世界第 14 位,1931 年跃居第 7 位,港口货物吞吐量达到 1 400 万吨。1925 年至 1933 年,经由上海港的进出口贸易总值平均占全国港口的 55%,国内贸易货值平均占全国港口的 38%。至 1936 年,以上海港为

① 王铁崖:《中外旧约章汇编》第 2 辑,三联书店,1957 年,第 1007、1008 页;天津社会科学院历史研究所:《1901 年美国对华外交档案:有关义和团运动暨辛丑条约谈判的文件》,齐鲁书社,1983 年,第 396 页。

② [澳]骆惠敏编,刘桂梁等译:《清末民初政情内幕——〈泰晤士报〉驻北京记者、袁世凯政治顾问乔·厄·莫里循书信集》上卷,知识出版社,1986 年,第 231 页。

③ 见前引《中外旧约章汇编》第 2 辑,第 326 页;前引《海关十年报告译编》,第 147 页。

④ 奈格曾于 1873 年至 1903 年受日本政府邀请,为日本各地的河流改修及建港事业贡献颇多。详可参阅[日]武上真理子:《孙中山'东方大港'计划的历史地位》,载《近代中国》第 21 辑,上海社会科学院出版社,2011 年。

⑤ 民国《宝山县续志》卷六,实业。

⑥ 参前引徐雪筠等:《海关十年报告译编》,第 148、149、197 页。

⑦ 详可参阅中国第一历史档案馆:《光绪三十四年荷商利济公司浮开浚浦土方案》,载《历史档案》1995 年第 1 期。

⑧ 上海市经济学会等编:《上海交通》,上海科学技术文献出版社,1989 年,第 502 页。

始发港或中继港的航线在 100 条以上。^① 上海港于是仍由苏州河口南北两侧和浦东两大部分组成,其区位重心则是在相对水深的苏州河口以北和浦东岸线。上海作为中国第一枢纽大港的地位,屹立不摇。

---

① 倪红:《上海市档案馆馆藏近代上海港建设档案概况》,载《上海档案史料研究》第 1 辑,上海三联书店,2006 年。

Corresponding Change of
Shanghai Port Area Center

Abstract: After 1843, Shanghai become the first hub port in modern China. Meanwhile, with the development of the city of Shanghai, in order to adapt the development of the mainstream the world shipping tonnage gradually increased, having contributed by the progressive port technology in construction and dredging technology, Shanghai port area center presents corresponding change, which advanced with the times, gradually moving to the Huangpu River downstream section relative to the distinct characteristics of riverbank. The historical changes of Shanghai port area center, had a growing concrete manifestation, and is also the foundation of keeping the domestic champion and erecting in East Asia stand in more than 100 years.

Keywords: Shanghai Port, Area Center, Corresponding Change

中 国 近 海 人

——以上海、香港以及新兴国际航运中心的
相关出版物为视角

戴伟思

（中国香港　香港海事博物馆）

摘　要： 20世纪初期，西方殖民扩张使本已是通商口岸的上海和殖民属地的香港一跃成为重要的国际港口。作为当时主要的国际交流带，上海、香港各自具备"理想型"国际航运中心特征。上海不仅是一个较大的港口，还由于其国际大都会背景，享有更多"非正式"优势。香港，则由于英国的管治法规及其在世界海事中的领导地位而享有更多"正式"优势。这两个港口城市成为中国沿海地区的主要口岸。作为一个具有潜力的国际航运中心，上海的一个重要"软件"优势在于其繁荣发达的出版业，相关出版物极大满足了国内外航运人士的需求。本文将介绍其中的三个例子：第一部《英中航海词典》、清代海关总税务司的出版刊物以及《中国航运潮汐与船舶操纵手册》年刊。1940年代国内战争的动乱和1949年中华人民共和国的正式成立，使上海失去上述航运优势；反观香港，由于40年代末上海航运业人才和资金往香港迁移，以及英国殖民统治逐渐放宽，香港得以充分利用已拥有的优势，并建设之前所匮乏的航运软件。到了21世纪初期，香港已成为中国国际航运中心的引领者。上海若想重建早年的航运辉煌事业，须重视"理想型"国际航运中心软件建设，打造一个面向世界、顺畅而开放的东方国际交流区域。

关键词： 上海　香港　港口城市　国际航运中心　交流带　理想型　航海交流　通用语　出版物　中国近海人

1. Shanghai and Hong Kong

Let us start as the 20ᵗʰ century gets under way and moves towards the swift unravelling of the peculiar world of the treaty ports by the Sino-Japanese, Pacific and Chinese civil wars.

In 1900, and from the point of view of the international world of shipping,

Shanghai was a more important maritime centre than HK in almost all terms and remained so until at least the end of the 1930s, when the effects of the Second Sino-Japanese War and an incipient civil war began eroding confidence. By the roaring 1920s the city was a more vibrant, questing cultural milieu, it was more populous and, though this is a two-edged sword, it was more sure of its identity. ① It had a far larger manufacturing base. There were as many or more major shipping line main offices, including those with sub-offices in Hong Kong. There were more Chinese ship-owners and shipping companies, a large and growing industrial sector and a far larger and more flourishing junk trade. The port had greater connectivity. It had more docks and wharves. There was a larger volume of business of all kinds. The city was served by a larger and more prosperous hinterland. There was a greater variety of cargoes. There was larger passenger demand both for services to overseas destinations and to upriver ports on the Yangzi. In addition, in most ways in the period between the two major European wars, and before the disasters of the Second Sino-Japanese and China's Civil War, much of the private side though, with one exception, much less of the public side of Shanghai's "software" for continuing to develop as China's main shipping centre was as advanced, if not more advanced than HK's. It follows that when "normal" life began to be resumed in late 1945, Shanghai could have been expected to build on its previous lead and now to be the unquestionable East Asian, possibly even the North Western Pacific centre of the international shipping industry.

Yet by, say, 1960, Hong Kong had not only wholly eclipsed Shanghai as an international shipping centre, but was set on a trajectory that could well mean, even if its role as a port either stagnated or declined, as have those of London or New York, its role as China's — and indeed the East Asian economic area's primary international shipping centre could be expected to endure. Now, in the first years of the second decade of the 21st century, we can see how much that trajectory has been followed and how far Hong Kong's role as China's primary international shipping centre — that is, not merely a

---

① Robert Bickers has recently subtly argued that the "Shanghailanders" self-image rested in a rooted insecurity. To what extent this may also have been true of the many Chinese residents, especially of the International and French Concessions, who were not native Shanghainese is not explored. For a contemporary comparison of the two port cities as the new century began, consider A. Wright & H. A. Cartwright, *Twentieth century impressions of Hong-kong, Shanghai, and other Treaty Ports of China. Their history, people, commerce, industries, and resources*, London: Lloyd's Greater Britain Publishing Co. Ltd.

leading port nationally and internationally,① but a regional locus of the core commercial, legal and financial superstructure of a global shipping industry — looks set to continue.

National policy is nonetheless committed to China having two major international shipping centres; one in Shanghai and the other in Hong Kong. It is the purpose of this paper to review the recreation of Shanghai as an international, rather than a national shipping centre or as the world's largest port in terms of tonnage or throughput, to assess whether this is going to be harder to attain than a simple policy statement allows and to highlight a key reason why that may be the case.

The obvious causes of Shanghai's change of fortunes are easy to identify. We have mentioned the turbulence that was occasioned by war and chaos and, by implication, the flight of people, capital and assets that resulted. There is also no question that the inevitable restructuring entailed by the founding of the People's Republic of China, with the overwhelming inward focus of the new nation's early decades, was cumulatively inimical to any restoration of the port's previous international standing. But, it might be thought, with China's opening in the 1980s and the vast changes that have ensued, little now stands in the way of Shanghai resuming the pre-eminence it had as China's main international shipping centre less than a century ago. It will be the burden of this paper that notwithstanding the hugely impressive increase in shipping "hardware" — for example a massive new container port, a major cruise liner terminal, large and growing shipping companies, and a large and growing regional nexus of shipbuilding and ship servicing facilities — the "software" loss that the decades of turbulence caused will not be easy to replace. What was Shanghai's loss was Hong Kong's gain.

As much to the point, and as we shall see of significance to the central argument of this paper, there are grounds for supposing that even in its earlier heyday, Shanghai's pre-eminence over Hong Kong was by no means absolute. We shall see that there were elements crucial to an "international" shipping centre that even in the high days of the first three decades of the 20th century, Shanghai lacked and, albeit in a low key way, Hong Kong had and continues to have. Though we need to be clear, as will become evident in the discussion below, that in the period we shall be reviewing not port was that far along the trajectory of what I shall define as an "ideal type" international maritime

---

① The point is to distinguish between a "super-" or "megahub" and a lesser hub or feeder port.

centre.

As evidence of this broad thesis, though by no means as definitive evidence, I am going to look at some very minor components of what I've called the "software" of a shipping centre. They are not themselves important in the way that the presence of major banks, insurance companies and average adjusters, ship management agencies, management offices, dockyards, freight forwarders, classification societies, state flag offices, arbitration centres, maritime law services, etc. obviously are. But that the minor components we shall consider mainly flourished in Shanghai and not Hong Kong is revelatory of the comparative standing of the two ports in the first half of the 20th century especially as nascent international shipping centres; standings that have now been decisively reversed.

In essence what is going to be claimed is simple. There is an "ideal type" international shipping centre which contains every formal and informal attribute that such a centre needs. Neither Shanghai nor Hong Kong achieved that status before 1949, though comparing the two in, say, 1930, shows Shanghai ahead on informal and Hong Kong on formal attributes. However, two things have happened over the last 63 years, especially with Hong Kong's reunification with China in 1997 under the rubric of "one country, two systems". The first is that, for various readily understandable reasons and causes, Shanghai lost almost all the informal attributes that had been to its advantage before 1949. Meanwhile Hong Kong gained many, if not most of the informal attributes it had previously lacked, and retained and especially after 1997 has built on the formal attributes that had been its pre -1949 advantage.

2. Ideal type international ports and contact zones

In order to understand this pattern of developments, it is necessary to sketch a brief conspectus of what is meant in this paper by the term "international shipping centre". This will as noted be a Weberian "ideal type" (*lǐxiǎng*, 理想型) and for obvious reasons a locus of maritime activity that has never fully been realized anywhere and probably never will be. Very briefly the ideal international shipping centre is as near as possible perfectly "open" to any maritime cluster business from anywhere to conduct its business within the bounds set by international shipping law and practice. It follows that such a centre provides the physical/geographical, industrial, institutional, economic, social and cultural context within which such a business can flourish and one way or another formal and informal national institutional arrangements must be consonant with this. ① Evidently as the "superstructure" above the level of the real material world of docks and wharves, lights and buoyage, dredged channels and vessel traffic services, this ideal takes both a formal — the domestic political, economic and legal context — and an informal — the domestic social and cultural context — shape.

In most informal, if few formal respects a nascent, if distorted glimmering of the ideal type was achieved in the otherwise historically vexed world of the treaty ports, and especially the leading example, Shanghai. The purpose of sketching the "ideal type" international port is therefore to contrast it with what we can call a "national shipping centre". To make this comparison, however, the first step will be to delve briefly into the rather abstruse concept of an international port as a "liminal" or "contact" zone. ② Diane Brand elegantly describes what this zone is, using the terms "littoral society" and "bluespace" to encompass the contact zone: ③

> Littoral refers to locations proximate to the seashore. The idea of a "littoral society" broadens the concept to mean a community extending inward from the coast with porous frontiers acting as filters through which the salt of the sea is gradually replaced by the silt of the land society.

The idea of a contact zone therefore has two key parts.

One is the obvious implication of the phrase itself; it is a place or area where different ways of being — different social, cultural, religious, economic

---

① "one way or another" accommodates the variation between an international port's home country being an open and internationalized state, economic and social system or, in the absence of sufficient openness, there being formal provisions ensuring that, through some sort of formal "barrier", within the international port the necessary openness, etc. is present. Examples of such provisions in Chinese history would be the enclave of Macau, the foreign factories in Guangzhou (though they would be a minimalist example), the treaty ports, and the present SARs in Hong Kong and Macau.

② A good overview of this fairly abstruse concept and what it means can be found in Malte Fuhrmann, "Down and out on the quays of I'zmir: 'European' musicians, innkeepers, and prostitutes in the Ottoman port-cities", *Mediterranean Historical Review*, Vol. 24, No. 2, December 2009, pp. 169～185 — Fuhrmann uses the word "marginality" to convey elements of the idea of a contact zone.

③ Diane Brand, "Bluespace: a typological matrix for port cities", *Urban Design International*, 12, 2007, pp. 69～85. She is paraphrasing M. Pearson, "The Littoral Society", *The Great Circle*, 7, 1985, pp. 1～8.

and linguistic systems — make contact, by loose implication predominantly peaceable contact, primarily in the activity we call trading. Most major ports engaged in other than local cabotage (*yánhǎi yùnshū*, 沿海运输) trade are by definition contact zones in that goods and people from countries, cultures and sub-cultures other than the port's own can be found there. Accordingly at various levels one finds vigorous exchange taking place not just at the commodity and exchange level of "spices and specie in, ceramics and specie out", as it were, but at more subtle levels. For example there is the melding of languages leading to the emergence of jargons, pidgins, trade languages and creoles. ① There is the sharing and tendency to harmonize commercial practices of the kind that lie at the root of modern maritime law. ② There are inevitable cross-cultural flows of ideas in religion, artistic motifs, technical innovations and social custom. In the most "internationalized" of ports there is also significant social mixing-resident communities of "foreigners" often long-established (one thinks of Egyptian Alexandria's Greeks and Jews, 12th century Quangzhou's Muslim community, 15th century Melaka's Kapitan Cina and his community, and the Portuguese in Macao amongst many, many others) — with, in the "ideal type" international port, the consequent inter-marriage, strong links forged with a myriad particular "home" ports elsewhere, and a more general "cosmopolitanization" of the indigenous port community.

The other part to this idea of a contact zone is less obvious but, I argue, in fact fundamental to the very concept of "contact", where this is understood to be more than superficial contiguity. It is of a zone where, to explore an image, the inhabitants "look" — or let us say are orientated — "outwards" rather than "inwards". This is at once the idea of a contact zone as a transmission belt through which what is "outside" is received, assimilated, "translated" and communicated to what is "inside". And of a contact zone as somewhere that has its "antennae" aimed more "outwards" than "inwards"; that consciously looks to places and peoples other than the "home culture" for "inputs". That is, it is a zone in which people are structured to receive input as much as, or possibly rather more from "out there" than they are to receive the "inputs"

---

① These are a complex conceptual hierarchy with branches the connections between each being a contested matter amongst linguistics scholars. See John A. Holm, *An introduction to pidgins and creoles*, Cambridge: Cambridge University Press, 2000, especially Intro, Ch. 1 and Ch. 3.

② See, for a concise if occasionally dense summary, William Tetley, "Maritime Law as a Mixed Legal System (with particular reference to the distinctive nature of American maritime law, which benefits from both its civil and common law heritages)", *Tulane Maritime Law Journal*, 23, 1999, pp. 317~350.

from "in here". ① Contact zones in this understanding thus face outwards to the world — we can imagine the image of a modern satellite receiving dish — to draw others in to trade and exchange to complement, supplement or even substitute for whatever can be had from "inwards".

Looked at this way, there are some interesting corollaries of a contact zone which, when we come to consider the "software" of an international shipping centre, we shall see to have significance for the rival pretensions of Shanghai and Hong Kong whether in the past or the present.

An arguable key to this takes us back into the worlds of traditional, that is pre-industrial international shipping and particularly the world of maritime China. The full discussion and exploration of all that is involved here would take us far from our theme and involve a book, or possibly a series of books, rather than a scholarly paper. Briefly, however, we can consider two aspects of China's traditional maritime world. One is what is usually called the "tribute system" and all that is implied by this with respect to at least the official Imperial attitude to contact with other societies, their peoples, goods and mores. The other is with the conceptualization of the seas, the littoral and their people which, by definition, form an inseparable element to how a culture conceptualizes sea trade and sea ports.

Much has been written about the tribute (*cháogòng*，朝贡) system and there is much that has yet to be resolved with respect to how correctly to understand it, to understand all that is implied by it, and properly to grasp to what extent it did or did not "structure" understandings and practices in the main trading ports. However, it does seem broadly to be agreed that whatever pressures there may have been within China's trading communities for a more liberal approach to overseas trade, and certainly by the time of the "High Qing" these pressures were considerable, underpinning even sympathetic understandings of the commercial value of trade, was a shared perception of foreign traders themselves — that is, the people from overseas who arrived in China to trade — as "outer barbarians", ② that is as people who might — or possibly even must — inescapably suffer from a deficiency of

---

① One might observe that this is a strong explanatory reason for the tensions that seem to have existed, and even today still exist, almost always and almost everywhere, between inland capitals and dynamic coastal cities.

② I recognize that translating *yí* (夷) as 'barbarian(s)' is tendentious. But what it achieves is to highlight the 'otherness' of those who, for most Qing and Republican period Chinese people, were not, by definition, of *Huáxià* (华夏) and who therefore, as *yángguǐzi* (洋鬼子) or *fān guǐ* (番鬼), came from *huàwàizhīdì* (化外之地).

civilization. In this respect, I think it clear, the full realization of an international port as an open, two way-indeed multi-way, mutually respectful zone of interaction where systems and structures are ordered optimally to facilitate the interactions rather than inhibit or constrain them, would have been far from easy. ①

Allied with this, and in many respects determining the very possibility of the emergence of an international port, is what I have identified above as "the conceptualization of the seas, the littoral and their people". In almost all the major pre-modern civilizations the world of the sea has been the world of the other or, at least, of the marginalized. The sea is an alien sphere. The people who make their living from it are, by their association with it, separated out. Their resultant distancing from the world of the land takes various forms, but in almost all such cultures, and this includes China as perhaps the most enduring example, the world of the sea is not truly part of mainstream economic, social and cultural life. ②

For an enormously complex congeries of reasons in the 16th century, in the disparate world of northwestern Europe, this began to change. By the early 18th century the changes had become sufficient for a major shift in sensibility to have occurred. So in stark contrast to what was the case in China, ③ the western maritime world gained massive developmental support by becoming part of the social, cultural, economic and political "mainstream". As the translators of Alain Corbin's immensely important book put it, in the key 18th

---

① I want to emphasize here that it is probable that this "ideal type" of an international port is very probably impossible to realize fully except in the most extraordinary circumstances. It almost certainly did not exist in the western world before the late 19th century, if it ever existed even then. In some respects, therefore, what I shall be arguing is that the utter artificiality of the treaty ports may well have achieved, in effect by accident, an "international" flavour that is extremely hard to achieve for any truly "national" port.

② This is a very large and complex topic discussed at some length in Stephen Davies, "Maritime museums, who needs them", Nalanda-Sriwijaya Working Papers No. 11, ISEAS Nalanda-Sriwijaya Centre, May 2012, see http://nsc.iseas.edu.sg/documents/working_papers/nscwps011.pdf and Stephen Davies, "Recontextualizing the prime meridian", paper given at the International Congress of Maritime Museums Conference 2011, National Museum of American History, Smithsonian, Washington D. C. and The Mariners' Museum, Newport News, Virginia USA, 9 – 15 October 2011, unpublished.

③ The Chinese maritime sector was not driven by the same geographical, economic, regulatory and political forces as those in the west but, obviously, by a quite different set. For a conspectus, that takes a diferent but not necessarily contrary view, see Zheng Yangwen (ed.), "China on the Sea: How the Maritime World Shaped Modern China", *China Studies* vol. 21, Leiden: EJ Brill, 2011.

century European high culture, military culture and political culture succumbed to the "lure of the sea". ① What had always been a marginal, even alien world kept at arms' length and of scant interest to the elite became a locus of status, fame, fortune, scientific advance, national glory and economic pre-eminence, a source of health, a vector of scientific advance and a thing of beauty. Beginning in the 15th century maritime success had fed a reappraisal of the worth of maritime endeavour and, indeed, the worth of the entire world of the sea. In turn increased respect for the world of the sea fed back — in the form of attracting the able to the ranks of those engaged in maritime professions② — to create further success and further esteem the results of which were an aggressive maritime trading expansion backed by military force that imposed the western maritime system. In the case of China, by the last half of the 19th century the ruthless success of this system in enforcing its way had led to the creation of the network of treaty ports, to the systems of extra-territoriality, and to the arrival in China of the roots and first sprouting of what has become today's globalized maritime world.

Put briefly, therefore, the world of the treaty ports, of which Shanghai was the prime exemplar, was one that in creating quasi-autonomous enclaves run by a mix of westerners along broadly modern "rational-legal" lines,③ was one where the informal conditions for the growth of a modern international shipping centre had developed. But they had done so only because they were shielded from the marked constraints that seamless integration with the Qing and later the Republican states would probably have imposed. ④ Accordingly such typical "contact zone" figures as the

---

① Alain Corbin, *The lure of the sea, the discovery of the seaside in the western world, 1750 - 1840*, Berkeley: University of California Press, 1994. The French title, *Le territoire du vide: l'occident et le désir du ravage, 1750 - 1840* is in a sense more striking, noting as it does by implication that the discovery was that what had long been thought empty — a vacuum — was in fact as full of life and importance as the land.

② A locus classicus of some of the issues here is Christopher Hill's work on Gresham's College in Tudor and Stuart England and, part driven by the need for better navigational tools for a growing maritime power, its creation of a new, scientific syllabus, see his *The world turned upside down revisited*, Oxford: Oxford University Press, 1997.

③ The reference is to Max Weber's famous trio of forms of authority as they apply to the process of bureaucratization and its relationship to modernity (see Max Weber, *Economy and society*, eds. and trans. G. Roth, C. Wittich, Los Angelese: University of California Press, 1968, pp. 956~958)

④ The contrast here is evidently by implication with the world of the Canton Trade which, for all its operational efficiencies, was precisely organized to avoid the city becoming the sort of fluid contact zone being described here as an international port city. For a brilliant discussion see Paul A. van Dyke, *The Canton Trade: Life and Enterprise on the China Coast, 1700 - 1845*, Hong Kong: Hong Kong University Press, 2005.

compradors (*mǎibàn*，买办①) were able to flourish,② as were tens of thousands③ of foreigners amongst whom were those categorizable, insofar as they were involved in the maritime world, as "China Coasters".

3. The "China Coasters" and maritime communication

The term "China Coaster" is itself interesting. Other than the language it is expressed in — English, which in the early 20th century was becoming the international language it is today④— it is a curiously culturally and politically neutral term. Its only specificity is geographic, and that solely with respect to the vastness of the world's 10th longest coastline,⑤ in identifying the China coast as where whoever it is may be found. The "China coaster" is thus someone of no determinate home country, language, religious profession, culture or sub-culture, who by implication finds his (or more rarely in those days her) employment in some or other part of the shipping business on the coast of China and is able to read and to a minimal necessary level speak the international lingua franca.

In practice the "China Coaster" was someone from a very distinct sub-culture, that of the western imperialist adventure in China, with all the problematic attitudes towards China and Chinese culture (indeed any non-European culture) that implied, particularly at the level of the workaday

---

① This word and all its resonances are to be distinguished from the phonetically based loan word *kāngbáidù*，康白度.

② YP Hao, *The comprador in 19th century China: bridge between east and west*, Cambridge (Mass): Harvard University Press, 1970.

③ For reliable statistics see *The Statesman's Yearbook: statistical and historical annual of the states of the world for the year 1913*, J. Scott Keltie (ed.), London: Macmillan & Co. , 1913, pp. 716~718 (for Shanghai), p. 115 (for Hong Kong).

④ For an interesting take on the probable continuing status of English — or at least Englishes — as the world's lingua franca see Robert Lane Green, "Cultural Revolutions", section 6, "The declining Tower of Babel", Ch. 5 in *Megachange: the world in 2050*, ed Daniel Franklin with John Andrews, London: The Economist/Profile Books, 2012. For a longer term view see Nicholas Ostler, *The last lingua franca*, *English until the return to Babel*, London: Penguin, 2010.

⑤ 10th according to the CIA *World Factbook* at https://www. cia. gov/library/publications/the -world-factbook/fields/2060. html accessed on 14th July 2012, 11th according to Laurett A Burke, Yumiko Kura, Ken Kassem, Carmen Revenga, Mark Spalding, Don Mcallister, *Pilot analysis of global ecosystems: Coastal Ecosystems*, Washington DC: World Resources Institute 2001, at http: //pdf. usaid. gov/pdf_docs/PNACS564. pdf accessed on 14th July 2012, accessed on 14th July, 2012.

seaman. This has seldom been better summarised than by that arch-chronicler of the imperial era, western seaman in Asian waters Joseph Conrad, and we know Conrad painted from life. ① We get a sharp flavour of the workaday China Coaster's probable attitudes in Conrad's brief but dazzlingly clear description of the mate Shaw's attitude to the Malay crew of the brig *Lightning* owned by Tom Lingard, the central character in *Almayer's Folly* (1895), *An outcast of the islands* (1896), and *The Rescue* (1920), with their narrative theme of the misplaced good intentions of Tom Lingard and his "benevolent despotism": ②

> ... as the chief mate of the brig ... He felt himself immeasurably superior to the Malay seamen whom he had to handle, and treated them with lofty toleration, notwithstanding his opinion that at a pinch those chaps would be found emphatically "not there". ③

But such creatures of the contact zone must be able to understand the world they have entered. This can be done through intermediaries of course. In the world of 18th, 19th and early 20th century maritime China these were the security merchants, the compradors, the linguists and the pilots, whose job it was to act as the interface between the stranger and both official and unofficial Chinese worlds. But for an international maritime centre to develop, intermediation is not ideal. What is better is that the incomers aiming to become temporary or permanent residents within an international maritime port community are able to navigate themselves around, both actually and metaphorically. For this, apart from the obvious point that either they must learn the majority language or a mutually comprehensible language must be spoken (hence a lingua franca, jargons, pidgins, trader languages and creoles), they need access to as much relevant information as is necessary effectively to prosecute their business, whatever that might be in the ramified context of the maritime world in all its variety.

It is thus a symptom of an international maritime centre that it has or shares in a globally active world of maritime information exchange. This operates at a huge variety of levels from open access to global maritime intelligence as to markets, opportunities, etc. down to the local level of being

---

① Jerry Allen, *The sea years of Joseph Conrad*, London: Methuen, 1967.
② Vernon Young, "Lingard's Folly: The lost subject", *The Kenyon Review*, 15. 4, Autumn 1953, pp. 522~539.
③ Joseph Conrad, *The Rescue*, London: Penguin Books, 1985, p. 22.

able to find one's way about and communicate one's needs and wishes and get things done. It is a world in which maritime information is copious, publicly available, and accessible to the widest possible audience. To explore one small corner of this vast topic, I shall spend the rest of this paper looking at three examples of how Shanghai in late 19th and early 20th century provided early glimmerings of the sort of accessing a working international maritime centre needs.

a. Captain Parker's Dictionary

The first example — a prime requirement in any maritime contact zone — is of the first known Chinese-English/English-Chinese maritime dictionary. The Hong Kong Maritime Museum acquired this prize — J. H. P. Parker's *Anglo-Chinese glossary of terms used in shipbuilding, marine, engineering, rigging, etc.* — by pure good fortune. It is a copy, probably one of only a handful of surviving copies, of the first ever Chinese-English nautical dictionary, published in Shanghai in 1894.[①] Its finely produced contents greatly belie its very prosaic title. The HKMM copy was owned from new, purchased in 1895, by M. Arnold-Jacques-Antoine Vissière (1858~1930), a Sinologue, interpreter and businessman, who worked in China from his arrival in 1880 until the 1920s,[②] in his way another China Coaster.

As Museum Director in those early days of the Hong Kong Maritime Museum before retirement, I was responsible for developing the new museum's collection and library. During some research I had stumbled across a reference to Parker's book in the estimable Lars Bruzelius' website in 2005.[③] I hunted far and wide for a copy, which was proving a largely hopeless task, until

---

① JHP Parker, *Anglo-Chinese glossary of terms used in shipbuilding, marine, engineering, rigging, etc.*, Shanghai, 1894. 8vo, x & 197pp, 100 plates, hereafter Glossary. There is a copy in the British Library (shelf mark 15234. c. 12.). Another is listed in the remarkable GE Morrison Collection in the Tōyō Bunko (东洋文库, Oriental Library) in Tokyo (list no 49149, III - 12 - D-c - 10). They are the only other copies so far located. There may be others.

② His obituary by E. Gaspardone appeared in the *Bulletin de l'Ecole française d'Extrême-Orient*, 3. 30, 1930, pp. 649 ~ 653. It limns the long career in China of a most distinguished Sinologist and accomplished translator and interpreter. Somewhat dismissively he is footnoted by the editor of G. E. Morrison's correspondence, (ed. Hui-min Lin, *The Correspondence of G. E. Morrison, 1895~1912*, Cambridge: Cambridge University Press, 1976, p. 100, fn. 1) as a "Sinologue and interpreter serving at the Italian Legation at Peking"!

③ http: //www. bruzelius. info/Nautica/Bibliography/Dictionaries_1800. html, accessed on 13th September 2011.

almost by luck I finally found on one in the listings of a second hand book dealer in Thailand. It was expensive but worth it and I got the permission of the Board of Directors at the time to spend what was, for a fledgling and far from well-endowed museum, a lot of money. However, when I received no reply or acknowledgement to several e-mails, there being much else on my watch to attend to I gave it up as a lost cause. Delightfully, when I mentioned the matter again four years later, supposing the copy would long have been sold, I was overwhelmed when one of the HKMM's Board of Directors, appointed since the previous, abortive quest for the book, William Waung, who had volunteered to visit the shop when he was next in Thailand, walked into the museum office and handed over his find as a gift to the collection.

Captain James Henry Parker (1842? - 1924) was the epitome of what I have described as a "China Coaster". He was an Australian master mariner, who had first arrived in Shanghai in 1860 as an apprentice on a sailing ship. He had returned some years later with his mate's ticket and became first a Chief Officer and later Master with the British owned and operated China Navigation Company. [1] It is not clear exactly when he left the China Navigation Co., but after some years Captain Parker went ashore and became a marine surveyor,

---

[1] See the obituary in the Singapore *Straits Times* for 2nd August 1924 at http: // newspapers. nl. sg/Digitised/Article/straitstimes19240802. 2. 77. aspx accessed on 10th September 2011. Given that the China Navigation Company was not founded until 1872, Capt. Parker spent around 12 years rising through the ranks to the status of first mate. The China Navigation Co. was the shipping arm of the British, Liverpool based company of John Swire & Sons Ltd, a trading company that started life in Liverpool in 1816. Its connections with China began in 1861, when it traded through the agency of Augustine Heard & Co. The Shanghai based firm of Butterfield and Swire was founded in 1866 as the "Taikoo Zuen Hong" at the corner of Foochow and Szechuen Roads, where the company's headquarters remained, a Hong Kong branch opening in 1870, which according to the company history was accorded equal "headquarter" status, with responsibilities being divided between the two. The company headquarters in Shanghai was wound down sometime between early in 1946 and 1949, though exactly when the decision was made and how it was implemented are unclear. For the history of Swire see the profile to the Swire Archive at the School of Oriental and African Studies, University of London http: //squirrel. soas. ac. uk/dserve/dserve. exe? dsqIni=Dserve. ini&dsqApp=Archive&dsqDb= Catalog&dsqCmd=show. tcl&dsqSearch=(RefNo=='JSS%2F2') and http: //www. swire. com/eng/about/history. htm, and http: //www. swire. com/eng/about/story. htm. For the early years see Charles Drage, *A History of the Far-Eastern Firm of Butterfield and Swire*, *1894 - 1925*, London: Constable, 1970 and Howard Cox, Huang Biao and Stuart Metcalfe, "Compradors, Firm Architecture and the 'Reinvention' of British Trading Companies: John Swire & Sons' Operations in Early Twentieth Century China", *Business History*, 45. 2, April 2003, and Sheila Marriner, Francis Edwin Hyde, *The senior: John Samuel Swire*, *1825 - 1898: management in Far Eastern shipping trades*, Liverpool: Liverpool University Press, 1967.

naval architect and well-known Shanghai businessman, dying in Mokaushan (*Mògàn Shān*, 莫干山), ① the "hill station" for westerners in Shanghai, in the fullness of years at the age of 82. ②

Like all China Coasters of the era, Parker will have had European officers but an entirely Chinese — or sometimes mixed Chinese and lascar③ — crew. It follows that even though he will undoubtedly have had a *tóu gòng*（头工） or, as that petty officer would as likely have been known amongst many China Coasters, a *serang*④ or *tindal*,⑤ he may well have seen merit in improving his own understanding of the day-to-day exchanges of his crew. More likely still, once he came ashore and began work as a surveyor, the need to communicate accurately with Chinese ship's owners, officers and seamen, and with dockyard management, foremen and workers is obvious.

Capt. Parker put together his dictionary, therefore, because he considered there

---

① In *Déqīng xiàn*（德清县）in the prefecture-level city of *Húzhōu*（湖州）, *Zhèjiāng*（浙江） about 200km from Shanghai.

② Captain Parker's papers at present in the State Library of New South Wales comprise 4 photographs, 3 newspaper clippings and a letter. They were gifted to the library by Mrs L. Carroll, the daughter of Capt Parker's nephew, in 1971, see http: //trove. nla. gov. au/work/18451121 accessed on 13th September 2011.

③ "lascar" — derived from the Persian "*laskari*" meaning "soldier" via the Portuguese "*lascari*" was a European generic for Asian crew, though generally referring to those from South Asia more than South East Asia or China, from the 17th century through to the 20th. For a good introduction see http: //www. lascars. co. uk/ (accessed on 14th July 2012). See also Douglas Jones, "The Chinese in Britain: Origins and development of a community", *Journal of Ethnic and Migration Studies*, 7. 3, Winter 1979, pp. 397～ 402, Marika Sherwood, "Race, nationality and employment among Lascar seamen, 1660 to 1945", *Journal of Ethnic and Migration Studies*, 17. 2, January 1991, pp. 229～244 and Diane Frost (ed.), *Ethnic Labour and British Imperial Trade* (*Immigrants & Minorities*), London: Routledge, 1995.

④ Also from Persian "*sarhang*", which means "commander". In the context with which we are dealing, the *serang*, although the head of the lascar crew, was thought of as the "boatswain" (i. e. crew chief) not an officer so, as it were, a non-com. As we shall see, the *Keying's* European crew probably approached Chinese crew relations with a similar frame of mind. See Ewald (2000), pp. 69～91.

⑤ "*tindal*" is usually translated "petty officer". It comes from "*tandal*" in Malayalam, the language of Kerala in South India (with variants in Mahratta and other languages), also meaning the commander of a body of men. That these terms were sometimes used interchangeably can be seen in *Accounts and papers; seven volumes relating to East India Company and East Indies*, *Session 5 Feb - 24 June 1829*, vol. 6, p. 250, Ch. IV sect. XII, clause I of which reads, "The commander, nakhoda, serang or tindal, or supercargo or kuranee of any vessel ..." In general, however, *nakhoda* or *nacoda* was reserved for the Asian captain of a ship entirely crewed by Asians, though this originally as often meant not the sailing master, but the owner-cum-supercargo (H. Yule & A. C. Burnell, *Hobson-Jobson*, *a glossary of colloquial Anglo-Indian words and phrases*, new ed. London: Routledge & Kegan Paul, 1985, p. 612).

to be "a long felt want" given that "aids to scientific knowledge of ship building（in China）are few and unsatisfactory". That it was a significant task and that Chinese terms of art appropriate to refer to western shipping were not readily come upon can be inferred from Capt Parker's heartfelt remark，"Many difficulties have been encountered，as was to be expected，among others，the Chinese designations proved the most serious，and，when some two hundred copies of the work were already printed，the Chinese text was found to contain so many technical errors and incongruities that it had to be almost entirely re-written."①

To illustrate that problem，and one that Capt. Parker obviously never entirely solved，the HKMM copy has a bookmark torn from a newspaper inserted at Plate 6，"Outside and part inside view of the middle portion of a wooden sailing vessel"，plainly inserted by Monsieur Vissière. It bears the marking 17，coding for entry 17，and a Chinese character that forms part of the translation of "bulwark planking". Next to the actual entry Vissière，who may have helped Capt. Parker in some way or at least have known him，has neatly written，"（N'existe pas dans les dict. Chin.）"，That is，"（this character）doesn't exist in Chinese dictionaries". Indeed HKMM has found difficulty identifying the character because it does not exist in any present day Chinese-English maritime dictionary. The radical element of the character（pi，皮）means 'skin' and the other element（zhou，舟）means 'boat'，② so we infer the whole means 'planking'. One gets a hint here of the extent to which technical maritime terms in Chinese almost certainly didn't exist for western construction，that what Shanghai workers probably used as waterfront Shanghainese argot would perhaps have been impossible to render in characters，and that the terms that Captain Parker's educated Chinese collaborator would have had to come up with will have been over-literary.

However，it is indicative as to why this book appeared，and tells us about

---

① *Glossary*，Preface，no pagination. To illustrate the problem Capt. Parker obviously never entirely solved，the HKMM copy has a bookmark torn from a newspaper inserted at Plate 6，"Outside and part inside view of the middle portion of a wooden sailing vessel". It bears the marking 17，coding for entry 17，and a Chinese character that forms part of the translation of "bulwark planking". Next to the actual entry Vissière has neatly written，"（N'existe pas dans les dict. Chin.）" — （this character）doesn't exist in Chinese dictionaries. Indeed HKMM has found difficulty identifying it，though the radical element of the character（pi，皮）means 'skin' and the other element（zhou，舟）means 'boat'，so we infer the whole means 'planking'.

② I am very grateful to my colleagues Ms Catalina Chor，Ms Phoebe Tong，Ms Mody Tang and Ms Jamie Mak for helping me elucidate the possible meanings of this character which is also not in the *Kangxi Dictionary*. One infers from this that Parker's Chinese language collaborator，whose identity is not known，probably created the character.

the rise of this new, plural, internationally connected, contact zone port closely tied as it was to the industrialized, steamship dependent, maritime world of the late 19th century, that in 1894 the second edition of Capt. Henri Paasch's notable *From keel to truck*, was published. [1] This new edition of Capt. Paasch's book was, like the first edition, multi-lingual both having appeared in French, English and German. The year of the first edition, 1885, and the considerable success that it had are instructive of the emergence of this new, intensely connected international maritime world, and the need for its main centres to ensure that its multilingual residents and visitors could communicate. There was obviously a growing demand throughout this newer, more 'globalized' world of Seatrade for better tools of communication. What stands out in Capt. Parker's work is how closely it follows the basic approach of Paasch's book, namely using illustrations with numbered parts and, in this Chinese case, a bilingual key.

Between the young apprentice Parker's first appearance in Shanghai in 1860 and the publication of his dictionary 34 years later some 29 such multi- or bilingual dictionaries had been published. [2] All but one had been in a handful of European languages, the exception being W. Carmichael Smyth and G. Small's 1882 revised edition of Thomas Roebuck's 1811 *A Laskari dictionary; or Anglo-Indian vocabulary of nautical terms and phrases in English and Hindustani, chiefly in the corrupt jargon in use among the Laskars, or Indian sailors.* [3]

In short, with the new edition of Roebuck and Capt Parker's decision we

---

[1]　See Lars Bruzelius page noted above where the 1885 edition is Henri Paasch, *De la Quille à la Pomme du Mât. Dictionnaire de marine anglais, français et allemand illustré de nombreux dessins explicatifs à l'usage des armateurs, constructeurs et courtiers de navires, sociétés d'assurances, dispacheurs, avocats, traducteurs, experts nautiques, capitaines et officiers de marine, ingénieurs maritimes, rédacteurs de journaux, candidats-officiers de marine.* (From Keel to Truck. A Marine Dictionary in English, French, and German, amply illustrated by explanatory diagrams of the most important details for the use of ship-owners, builders, brokers, insurance societies, average staters, barristers, etc.) Ratinckx frères, Anvers & Challamel aîné, Paris, 1885 & D. Nutt, London, 1885 and the second edition Henri Paasch, *De la Quille à la Pomme du Mât. Dictionnaire de marine anglais, français et allemand illustré de nombreux dessins explicatifs.*, Anvers, 1894 (2nd). 509, lxiii pp, 103 plates., A. Challamel, Paris, 1894. The book went through five editions (1885, 1894, 1901, 1908, 1937) with reprints in 1902, 1924, 1960, and 1964.

[2]　See Lars Bruzelius, loc. cit.

[3]　Thomas Roebuck, (revised ed. W. Carmichael Smyth and G. Small), *A Laskari dictionary; or Anglo-Indian vocabulary of nautical terms and phrases in English and Hindustani, chiefly in the corrupt jargon in use among the Laskars, or Indian sailors*, London: W. H. Allen & Co., 1882.

can see clear evidence that Asian ports were becoming fixtures in the world of international shipping, not peripheral to it — signs of which indeed go back to William Milburn's *Oriental Commerce* of 1813[1] and before that to the early published guides to shipmasters, like John Seller's *Third Book of the English Pilot* of 1671 – 75. [2] With Seller there is an express intent to serve only his compatriots. By Milburn's day a century and a half later the net has widened to "European nations". By the end of the 19th century — though there was no doubt still far to go, the full route of which the maritime world of the 21st century has still to sail — the net was in principle being cast wider still. Although still through the distorting lens of western cultural hegemonism, Parker's book, as Roebuck's less distinctly had done too, indicates that for an effective international maritime centre to come into being, everyone has to be able to exchange ideas.

So the sense of the desirability of bi- or multilingual nautical glossaries was clearly palpable in western maritime circles, and it is clear from the contents of Capt. Parker's volume that Capt. Paasch had shown the way. But what matters here is how Capt. Parker organized his work. For that fractured structure is in many respects a reflection of how the maritime worlds of Shanghai and Hong Kong in the 19th and much of the 20th centuries were still largely intent on a one way traffic — so they could show "you" that "our" way of doing things is "the" way.

The bulk of the Parker glossary comprises a sequence of beautifully engraved and coded black and white plates with a page or pages decoding the numbered elements in the engravings giving the name of that element in both

---

[1] William Milburn, *Oriental Commerce*, *containing a geographical description of the principle places in the East Indies*, *China and Japan*, *with their produce*, *manufactures*, *and trade*, *including the coastal or country trade from port to port*; *also the rise and progress of the trade of the various European nations with the Eastern world*, *particularly that of the English East India Company from the discovery of the passage round the Cape of Good Hope to the present period*, *with an account of the company's revenues*, *debts*, *assets*, *&c at home and abroad*, 2 vols. , London: Black, Parry & Co. 1813.

[2] John Seller, *The English Pilot. The Third Book*, *Describing the Sea-Coasts*, *Capes*, *Headlands*, *Straits*, *Soundings*, *Sands*, *Shoals*, *Rocks*, *& Dangers. The Islands*, *Bays*, *Roads*, *Harbors*, *and Ports in the / Oriental Navigation. Shewing the Nature and Properties of the Winds and Moussons in those Seas*; *With the Courses and Distances From one place to another*, *The setting of the Tydes & Currents*, *The Ebbing and Flowing of the Sea. With many other things necessary to be known. Being furnished with New and Exact Draughts Charts and Descriptions gathered from the Practice and Experience off divers Able and Expert Navigators of our English Nation. Collected for the general benefit of our own Countrymen.* Wapping: at the Hermitage, 1675.

① The first 14 plates and bilingual expository pages (1~14) deal with the structure of a western wooden ship. The next 22 plates and exposition (15~36) deal with iron or steel built steam vessels, their construction and parts, followed by 1 plate on the structure of iron and steel sailing vessels (37) and then 3 plates on common iron and steel ship structural members (38~40). Plates 41~63 deal with engines, auxiliaries, boilers, shafting and donkey engines. Plates 64 & 65 show anchor gear, plate 66 western ship's boats, plates 67~71 winches and steering gear, plates 73~83 the masting, rigging and sail plans of western square riggers, and plate 84 the masting, rigging and sail plan of a chasse marée and a 'lugger' (which we would today call a gaff cutter). Plates 85~88 deal with the masting and rigging of steam ships, plates 89~93 with the details of the names and names of parts of western masts and spars, plates 94 & 95 with the parts of western sails and plate 96 with the names of different types of sail like spritsail, lugsails, etc. Plate 97 expounds western tackles, whippings and eyes and different western blocks, Plate 98 western navigation, engine room, sailmaking and deck instruments, tools and equipment, plates 99 and 100 western knots, splices, bends and hitches.

Tucked away in the middle, with side profiles and midships sections only, is plate 84 divided into six plates 84A through 84F. These show a Canton junk, a Shanghai/Shandong junk and a Quangzhou junk only. There is scant or no detail at all with respect to Chinese sailors' knots, splices and whippings (which are today almost entirely unknown, the western variants having swept the board), nor details of deck gear, steering gear, navigational equipment or masting and rigging. It follows that the plates and exposition for 94.3% of the work deal with western sailing and steam ships and their complex structures, rigs and machinery. Tagged obscurely in the middle of the end of the work, with engraving of a less subtle, less detailed and far simpler appearance, there is a section dedicated to a less analyzed anatomy of a small sample of Chinese vessels② and their furniture.

The structure of the junk is treated as *sui generis*, not much if at all as if

---

① One project for the CSSC Maritime Heritage Resource Centre will be to compare the entries in Capt. Parker's glossary with those in current Chinese/English and similar nautical dictionaries for reasons that will be apparent as the argument here presented moves forward — the maritime language of China has been and in many respects is remarkably fluid.

② As a comment on this paucity, a Chinese government project in 1958~1959, in which Chinese and Russian naval architects collaborated, took line plans of 152 different Chinese coastal and oceangoing vessel types common to Zhejiang, Fujian and Guangdong Provincial waters.

China's vernacular naval architects were addressing the same problems in structures, hydrodynamics and aerodynamics as their confrères in the west. Yet, interestingly, this is the moment in the development of the steel ship when the introduction of the longitudinal system of framing, first proposed by John Scott Russell in the 1830s and set out in his 1862 *The modern system of naval architecture*, ① was pregnant in the increasing problems with the prevailing and traditional western system of transverse framing. Had Parker been less of a "China Coaster" and more a denizen of an "ideal type" international maritime centre. Had he therefore been able to look more carefully, closely and sympathetically at the design and structure of traditional junks, and especially the Beijili or Jiangsu trader he briefly itemizes in plates 84C and 84D, which as a ship surveyor he was certainly capable of doing in principle. Then he may have seen them as solutions to the same structural problems being addressed by contemporary western naval architects and he might have seen an interesting alternative approach. It would have been one that was reflected in the radical "turret deck" ships of William Doxford of Sunderland, the first of which had been launched in 1893, whilst Parker's book was being prepared.

In short, this fascinating book is a remarkable product of a world moving towards the possibility of "ideal type" international maritime centres, though still with far to go. At this point what Parker's book shows us is a world that appears to have a foot on the decks of two ships that have been steaming for the nonce side by side, as often rolling difference-splittingly apart as more comfortably together, but not apparently on parallel courses and with one of them in the process of foundering! However, the building blocks of what might become an international maritime centre were clearly being created, even if the blocks and the structure they were going to suit were being created on the terms of the industrialized western world. For many other reasons that was a harsh and cruel fact of world history as it was made during the 19th and 20th centuries for the non-European — or more restrictively for the non-industrialized non-North West European and North East American world. ② But positively we can also reflect that for all that the western maritime world,

---

① John Scott Russell, *The modern system of naval architecture*, 3 vols, London: Day & 'Son, 1865.

② The point being that it is worth remembering the impact of this modernity was as destructive to the culture and way of life of a Greek or southern Italian peasant community as it was to the peoples of the colonized or hegemonized world of the European powers in Asia and Africa.

its ships and its ways are shown in Parker's dictionary to have been pushing China's own maritime world and its language into a corner, there was the clear intent to ensure that at the level of international shipping, as it had become, thanks to bilingual, trilingual and multilingual dictionaries, information could pass all ways.

More important, reflecting back on the comparison between Hong Kong and Shanghai with which I began, that this dictionary was published in Shanghai, not Hong Kong. ① That highlights the distinction drawn earlier between ports that have "informal" advantages on the trajectory towards the "ideal type" international maritime centre and those, like Hong Kong, that by the contingent socio-political good fortune of a particular historical conjuncture, in this case the dominance of the west and the imposition of its model of international maritime commerce, have the formal advantages. In Hong Kong's case at this point, it was largely the advantage of the more settled and reliable protection of the British flag resting as it did beneath the potential weight of preponderant military force as well as a settled and internationally widely agreed set of commercial, legal and procedural norms whilst offering a haven from the seemingly less stable, established and trustworthy systems of the declining Qing regime. Despite that handicap, perhaps because of its greater economic weight, its more plural culture and its well-established international maritime presence, Shanghai is clearly informally in the lead in terms of providing for its maritime world that critical, contact zone two-way interface. Hong Kong by contrast seems merely to have acted in this respect as a forwarding agent for the culture of the dominant colonial maritime power whereby British Admiralty, Board of Trade and related publications in English were considered sufficient. The Chinese population's access would be by them learning English!

As we have indicated in passing, these moving towards the "ideal type" international maritime centre began their life — and at this point we can note almost certainly frustrated their fuller development — in the context of western imperialism. It follows that at this point the way forward was unlikely to be smooth or direct. The impediments to achieving even an approximation of an "ideal type" international shipping centre were too great. However, by the time Captain Parker was putting together his dictionary, Shanghai had brought into being what was probably the most important example of the new

---

① The first Hong Kong equivalent I can find, of which the HKMM library has a copy, deals only with western naval architecture and dates from the 1960s.

world of open communication that appeared in the China Coasters' world before the massive changes to the world of shipping of the last half of the 20th century.

b. The publications of the Imperial Maritime Customs Service and the Chinese Morse code

The next development that is relevant to my theme, although it predates Captain Parker's dictionary by a decade and more, is the Imperial Maritime Customs Service (hereafter IMCS). This is a huge subject and far too varied, rich and complex to go into here. It has also been excellently covered by Chinese and western scholars. [1] Evidently the creation in China of this service, dedicated as it came to be not merely to serving China in generally well and honestly — I write that with the inevitable sense of hesitation any western scholar has when dealing with this delicate subject — but also in bringing to China a commitment to helping its maritime world, especially its major ports, if not to develop as international maritime centres (for the British dominated IMCS that would have been a step too far), certainly to be internationally orientated. A review of the bibliography of publications in 1925 [2] reveals the extent to which the IMCS had from the very start brought to China a new approach to nautical information: an approach that required such information to be publicly available, clear, comprehensive and, significantly looked at in the general light of the world of the China Coaster, bilingual. In that last move one can detect the influence of the admirable first and longest serving Inspector General, Sir Robert Hart. Bickers tellingly quotes the wellspring of the motivation of the IMCS extensive publication programme inaugurated by Hart, "China (has been) gradually got to run smoothly in the international groove", [3] from a letter written by Hart to his predecessor in 1868, five years after he had assumed the mantle of Inspector General.

The 1925 classified catalogue of the IMCS publications runs to twenty one A5 pages. The subject headings within which the items are grouped: Statistical Series, Tariffs, Regulations, Treaties, Currency, Banking and Taxation, Commerce, Sea, Rivers, Charts etc. , Language, Miscellaneous, and Exhibitions reveal that in Hart's view the "international groove" was both wide

---

[1] For a good set of references, see the footnotes to ch. 7 in Bickers, op. cit. , pp. 440～448.

[2] See the University of Bristol Chinese Maritime Customs Project spreadsheet of documents at www. bristol. ac. uk/. . . /customs/customsbibliographies/bibseries3. xls, the bibliography is item 16, accessed on 15th July 2012.

[3] Bickers, op. cit. , p. 197.

and deep. For China's maritime sector to operate effectively internationally, no information that might aid the shipping community should fail to be disclosed. 95 publications are listed, their range quite staggering, and the specifically maritime and trade items are the most numerous: 27 relating to sea, rivers and charts, 27 commercial and financial, 8 regulatory and 7 statistical. Yet as we can see from the work done by Bristol University with its China partners in Nanjing, the modest 1925 list barely scratches the surface. In the as yet incomplete bibliography accessible at the Bristol University Chinese Maritime Customs Project, the spreadsheet runs to 451 individual ICMS and CMS publications. [1]

What does not appear on this list is nonetheless the work of an employee of the ICMS and another example of the way in which in the world of the China Coasters — perhaps in some cases despite them — two way communication beyond the local ambit is an essential for an internationally connected maritime system. The great revolution in maritime, as in terrestrial communication in the last half of the 19th century was the coming of the electrical telegraph. The basis of its operation was an early form of binary coding, though in those days analogue, not digital. This was the Morse Code, invented by the American artist Samuel F. P. Morse and his collaborators Joseph Henry and Alfred Vail for the new electric telegraph and in first use in 1844. Both Hong Kong and Shanghai had cables serving by 1871, Hong Kong's coming up from Singapore and linked onwards by the Great Northern Telegraph Company (*Dàběi Diànbào Gōngsī*, 大北电报公司) to Shanghai, Shanghai being linked in the same year via Nagasaki to Vladivostok and thence overland through Siberia to Europe. [2] It was this exercise in linking China internationally via telegraph cables that lead the Danish physicist, Hans Carl Frederik Christian Schjellerup to devise a way of coding Chinese characters using numbers. [3] Schjellerup did not finish his work completely, but his efforts were brought to Shanghai by the newly appointed local manager of the Great Northern Telegraph Co., the Dane

---

[1] Loc. cit. http://www.bristol.ac.uk/history/customs/customsbibliographies/ accessed on 15th July 2012.

[2] There are many excellent sources for the history of the telegraph, the best of them web based. For the best see the index page http://www.atlantic-cable.com/ and for the Great Northern Telegraph Co link to Shanghai http://atlantic-cable.com/Books/GNT/index.htm and the Eastern Extension, Australasia and China Telegraph Co. link to Hong Kong http://www.atlantic-cable.com/CableCos/CandW/EExt/ all sites accessed on 15th July 2012.

[3] Richard Sproat, *Language, technology and society*, Oxford: Oxford University Press, 2010, Ch. 6.

Lt Edouard Suenson. To get the cable coming up from Hong Kong ashore, Suenson had to work with Septime Auguste Viguier，whom Baark identifies as Shanghai's Harbour Master and whose ICMS responsibilities extended to Gutzlaff Island (*Dajishan* ，大戢山)，where the cable was due first to land. Viguier had already begun working on such a code prompted by a French initiative to link Beijing by cable overland from Kiakhta (near Lake Baikal). He seems to have used a quite different layout to Schjellerup and published his first code book in Shanghai in 1870. [1] Neither Schjellerup nor Viguier was a native Chinese speaker and neither codification of the Chinese language was entirely satisfactory. A revised version of Viguier's code was produced in the same year as his original by Dé Míngzài (德明在)，[2] but this seems to have been deficient too.

The final episode in developing this code was completed by the Cantonese comprador[3] and reformer Zhèng Guānyīng (郑观应)，[4] who produced the version that was still in use for cables in Tianjin in 2004 and which is still used by the Hong Kong Immigration Department to code Chinese names on Identity Cards. Zheng oversaw the work when he was manager of the Shanghai office of the newly created Imperial Telegraph Administration. [5] The final product was the Chinese Commercial or Telegraphic Code (*Zhōngwén diànmǎ* ，中文电码 or *Zhōngwén diànbàomǎ* ，中文电报码) that，after revisions in 1911，1929 and supplementation in 1933，

---

① This is Viguier's version (see S. A. Viguier, *Mémoire sur l'établissment de ligne télégraphique en Chine*，Shanghai：Imprimerie Carvalho et Cie，1875)，although the extant copy available in the Danish archives would appear to date from a year，or possibly more (see next footnote) later. See S. A. Viguier，(Waijiye)，*Dianbao xinshu* 电报新书，Shanghai：Tongzhi shiyi year ＝ 1872 available electronically at http：//base. kb. dk/manus_ pub/cv/manus/ManusIntro. xsql? nnoc ＝ manus _ pub&p _ ManusId ＝ 340&p_Lang＝alt accessed on 15ht July，2012. For an excellent general review see Erik Baark, *Lightning Wires：The Telegraph and China's Technological Modernization*，1860 - 1890. Greenwood Press，1997.

② Viguier，S. - A. - De Mingcai，*Dianxin xinfa* 电信新法，Shanghai：Tongzhi xinwei ＝ 1871 available at http：//base. kb. dk/manus_pub/cv/manus/ManusIntro. xsql? nnoc ＝ manus_pub&p_ManusId＝350&p_Lang ＝ alt accessed on 15th July，2012. De Mingzai was a member of the 1871 Chinese mission to France under Prince Chonghou (Baark，op. cit. ，p. 85). The dating anomaly is hard to explain，but probably relates to difficulties with the different Chinese and western dating systems.

③ For the British company Dent & Co. ，for Butterfield and Swire's China Navigation Co.

④ Guo Wu，*Zheng Guanying*，*Merchant Reformer of Late Qing China and his Influence on Economics*，*Politics*，*and Society*，Amherst：Cambria Press，2010，especially Ch. 2.

⑤ Ariane Knuesel "British diplomacy and the telegraph in Nineteenth-century China"，*Diplomacy and Statecraft*，18. 3，July 2007，pp. 1～35 and Zhaojin Ji，A history of modern Shanghai banking：the rise and decline of China's finance capitalism，New York：M. E. Sharpe，2003，pp. 59～60.

remained the basis of telegraphy in China and in the Chinese language more widely until the disappearance of telegraphy in the early 21ˢᵗ century.

The ICMS early preponderance of westerners in its upper ranks — until 1949 the Inspector General was always a westerner. It would therefore be fair to identify most ICMS staffers as China Coasters, thus giving to the concept a breadth that enables us to see that in helping China fully enter the developing world in international shipping, not all were as Mr Mate Shaw aboard the Lightning. Critically, through the ICMS Marine Department's work building lighthouses and beacons, laying buoys, surveying harbours and producing charts, producing tide tables, helping develop meteorological services and warning systems for typhoons, and supervising pilotage services and publishing pilotage information, as well as helping to represent China overseas in the proliferating international conferences to improve the standards and safety of shipping, China's maritime world became in principle indistinguishable from those of other jurisdictions. A foreign going ship approaching China's coasts could have in advance knowledge of what light he would raise on his approach, what its characteristics were and details of what other lights he could expect on passage. He would know the regulations that governed the conduct of foreign shipping in Chinese waters and what procedures his ship must follow when it was approaching port and after it had docked.

Much the same was true of Hong Kong where, equally, an efficient maritime bureaucracy, allied to the efforts of the Royal Navy in the field of charting, ensured the foreign mariner of all the advance information necessary for the efficient completion of his business, whether it was the discharge of cargo, the embarkation or disembarkation of passengers, or repairs and maintenance. [1] These and many other elements of the world of modern shipping were a key feature of the growth of Hong Kong as a major port and laid all the foundations for its gradual emergence as an international maritime centre after the Pacific War.

It is in that light that we can move to the next example of the China Coasters' world, and one which expressly claimed them as its target audience. To reiterate a point made earlier, the China Coaster was in theory, though because of systemic racism almost certainly not in practice, someone of no

---

[1] See http: //sunzi. lib. hku. hk/hkgro/result. jsp? total＝954&first＝1&no＝20, accessed on 15ᵗʰ July 2012, where the University of Hong Kong Library has put online as many of the annual Harbour Master's Reports as have survived the ravages of time. There are none before 1879, for earlier one must search the Annual Reports by the Governor for the briefer digest.

determinate home country, language, religious profession, etc. who by implication found his (or more rarely in those days her) employment in some or other part of the shipping business on the coast of China and was able to read the international lingua franca, which was English. In practice, of course, given the period we are considering, the use by English reading Chinese officers or people in the Chinese owned and operated shipping world of 'China Coaster' material is unlikely to have been large, not least because, certainly by the 1930s, more Chinese language resources are likely to have been available as was the case, for example, with the ICMS light lists as early as 1877.

c. *The China Coasters Tide Book and Nautical Pocket Manual*

Official publications are many, and as many a mariner knows, having access to all the various publications that might be useful, leave alone finding somewhere to put them in the crowded confines of a ship's bridge, or master's or mate's cabin is impossible. That accepted, sometime in the late 19th or early 20th century the first edition of what became an annual publication aimed at solving these problems emerged from the offices of the *North China Daily News (Zìlín Xībào , 字林西报)*.① The title of this new publication was *The China Coaster's Tide Book and Nautical Pocket Manual*. The intention was to provide within two covers all the basic nautical information a coasting captain or other interested person in the maritime world could need relevant to the main ports of China, all of them by definition at this point, treaty ports. Exactly when the first edition appeared has not been determined. The first

---

① The formal English name of the publisher was the *North China Daily News* and Herald Ltd., reflecting the paper's origins in a weekly, the *North-China Herald (Běihuá Jiébào , 北华捷报)*, when it was launched in 1850 by the English auctioneer Henry Stearman, and the daily newspaper, the *North China Daily News (Zìlín Xībào 字林西报)*, for which it was best known. In Pan Haixia's interesting summary of the history, he describes three things of relevance to our theme. First that Stearman's launch editorial expressly stated, "It is the destiny of Shanghai to become the permanent emporium of trade between it and all the nations of the world. To aid by his humble efforts in effecting this grand object will be the one great aim of the editor's most strenuous exertions. " Second, that the maritime world, specifically in terms of shipping news, was always a central part of the paper's role. And finally, "Despite many clashes with the locals, foreigners were eager to involve themselves more in local life" and that the paper acted to help this by publishing "a regular column of 'Phrases in the Shanghai Dialect', which enjoyed great popularity among readers". This expresses well the idea of an international port as a contact zone. See Pan Haxia, "Witness to history", *Shanghai Star*, 20th November 2003 at http://appl. chinadaily. com. cn/star/2003/1120/fo6 - 1. html accessed on 14th July 2012.

definite trace is 1903,[①] though there are indications that it may have first appeared a year or two earlier. The *Pocket Manual* was then published annually without interruption until 1941[②] when, finally, the annexation of the International Settlement and the internment of the largely foreign staff, who produced the book, caused it to cease publication. [③] Given the total Japanese control of China's coast and the state of war at that date between almost all foreigners who had previously been 'China Coasters', whether on the Axis or Allied side of the conflict, the book would have had no market in any case.

The contents of the *Manual* are a fascinating compendium of the complexity of the maritime trading world of China's early, 20th century ports as well as offering a considerable insight into the demands on a shipmaster engaged in entering and leaving them in an age before VHF radio, GPS and other electronic aids to navigation and systematic vessel traffic management schemes. They also reflect not only the internationalism that for all its faults, was integral to the maritime world of China in the period, but also a clear sense that the world of the China Coasters was also a Chinese world.

One sees this immediately one opens any volume by looking at the advertisements in the endpapers. Take 1928 as an example. To be sure of the ten advertisements the majority are for concerns either run by, owned by or majority owned by foreigners, but four (40%) are not. There is S. A. Lam, the sailmaker, Y. Ching Chong, the chandler, iron merchant and general dealer, whose advertisement also appears in Chinese as do those of Dick's Oilskins and the French owned and operated Kousin Dock. This pattern is

---

① Auction UK 2005, Lockdale Rare Coins, lot 1791 at http: //www. artfact. com/auction-house/lockdale-coins-ltd‒0k636kk90z? lu＝2005&tab＝2 accessed on 14th July 2012.

② In the HKMM collection all of the editions between 1921 and 1928 were edited by a G. Gundry. I have found no biographical details of G. Gundry, but he was probably a relation of R. Simpson Gundry (1838‒1924), the editor of the *North China Daily News* 1865‒1878, a prolific author of books about China, the first Secretary of the London based China Association, a business and general lobby, and later its President.

③ That the Chinese loss of the Battle of Shanghai, or Sōnghù Huìzhàn (淞沪会战, Battle of Songhu) in November 1937 did not put the *Manuel* out of print is a brutal statement of the extent to which the 'international' element of Shanghai as a port city was as much or more exclusive as inclusive. Although Shanghai's is a particularly vicious example in many ways, what underlies it is the fundamental tension that will almost certainly always exist between the imperatives of an international maritime centre, the demands of national political, legal and cultural sovereignty and autonomy and the need for secure self-identities for any city's inhabitants. Cosmopolitanism in any true sense has always been a hard, if often morally admirable row to hoe. For a brilliant exposition see Kwame Anthony Appiah, *Cosmopolitanism: Ethics in a World of Strangers*, New York: W. W. Norton & Co. , 2006.

evident in the earliest example the HKMM has, 1921, where three out of seven advertisements are for Chinese owned firms. However our last two examples, 1939 and 1940 indicate how far that had broken down following the defeat of Chinese forces in 1937, in that there are no Chinese interests at all represented in the advertisements.

A second example can be found in the two and a half to three pages of house flags of shipping companies that come early in each volume where 25% or so of the flags are of Chinese concerns and the rest cover shipping companies from some ten nations. ①

Equally, this is a period — the HKMM's small collection covers from 1921 to 1940 — when we can see the growth of a truly international maritime world being made manifest in the pages of the *Manual*. In 1921, in the general flags page we note that appearance of the code flags of the "New International Code of Signals", save that in this first appearance these are not 'new' but the flags of the 1897, primarily British 'International' code, which had somewhat fallen into desuetude as a result of the First World War. ② The key is the use of

---

① *China coaster's tide book and nautical pocket manual 1921*, Shanghai: North China Daily News and Herald Ltd., pp. 3~4; *1923, 1924, 1928, 1939, 1940*, pp. 3~5, hereafter *Manual* (*yyyy*).

② The alphabetic flags of the International Code first appeared as a British initiative in 1857 which was amended in 1887 and then discussed in the "International" Marine Conference in Washington in 1889 though it was not part of the formal agenda and nothing was agreed (see *Protocols of Proceedings of the International Marine Conference held in Washington DC, United States of America October 16 to December 31 1889*, 2 vols., Washington DC: Government Printing Office, 1890, vol. 1, p. v). This conference, despite what we should see today as its staggering lack of breadth of representation, is an important and integral part of the creation of an international maritime world in that it was here that for the first time, as Rules for the *Prevention of Collisions and Rules of the Road* (ibid., vol. 2, pp, 1363-1375), the major maritime nations agreed on systems of steering and sailing rules, lights, sounds, signals that became today's *International Regulations for Prevention of Collision at Sea*. After a great deal of further discussion, the British proposals on flags were adopted by all maritime nations — de jure or de facto — in 1897. The delegates came from Austria-Hungary, Belgium, Brazil, Chile, China, Costa Rica, Denmark, France, Germany, Great Britain, Guatemala, Hawaii, Honduras, Italy, Japan, Mexico, Netherlands, Nicaragua, Norway, Portugal, Russia, Siam, Spain, Sweden, Turkey, Uruguay, Venezuela and the USA. The only non-Europeans present were the Japanese delegates and two of the Chinese delegates, Cmdr Chen Ngan Tao and Lt Chia Ni Hsi of the Imperial Chinese Navy, the senior delegate being Captain A. M. Bisbee, a Coast Inspector and Harbour Master Chinese Maritime Customs of the Chinese Imperial Maritime Customs Service. For their official report on the Conference, see Captain A. M. Bisbee, Coast Inspector and Harbour Master and Commander Chen Ngan-Tao and Lieutenant Chia Ni-Hsi, officers of the Chinese Navy, *Report prepared for the Chinese Government by its Delegates* in Inspectorate General of Customs, The Statistics Department, *Classified catalogue of Chinese Maritime* (转下页)

pennants, not flags, for letters C, D, E, F and G. Not surprisingly, therefore, the *Manual* shows only the alphabetic flags, the numerical flags not having been internationally settled. In fact a truly 'new' and agreed International Code had to wait until 1932, when today's pattern of flags, including the numeric flags, was finally agreed.[①] So the HKMM's 1939 edition is the first in which today's code appeared. It would be interesting, and a useful test of the more general hypothesis of this paper that Shanghai was a nascent international maritime centre, to discover in which edition of the *Manual* the new code first appeared. The probability is 1931 or 1932.

The earlier *Manuals* up to 1920 had included a list of lights. However, as the Prefatory Note of the 1921 edition indicates,

> It has been decided to discontinue the list of China coast lights, etc., which, in view of the Customs' excellent publication of these aids to navigation, would appear redundant. [②]

Thereafter the contents were unvarying, though greater in volume for the

---

(接上页)*Customs Publications*, Tisntsin (Tianjin): La Librairie Francaise 1925, p. 43. At the conference China was declared to have no known regulations for preventing collisions or for the rule of the road, or at least none that had been communicated to its delegates (ibid. Vol. 1, p. 18)

① There is some ambiguity as to exactly how this transpired. All sources cite the International Radiotelegraph Conference in Madrid in 1932 as the source, yet the documents of the conference make no mention at all of flag signaling (see http://www. itu. int/en/history/radioconferences/Pages/1932MadridRadio. aspx accessed on 1th July, 2012) the sole reference to an agreed International Code of Signals being in relation to telegraphy (see *General Radiocommunication Regulations Annexed To The International Telecommunication Convention Final Protocol To The General Radiocommunication Regulations*; *Additional Radiocommunication Regulations Annexed To The International Telecommunication Convention*; *Additional Protocol To The Acts Of The International Radiotelegraph Conference Of Madrid*, *Signed By The Governments Of The European Region Madrid 1932*, London: HMSO, 1033 Sect 2(2), para 570, p. 104). Both the United Kingdom and America published the new code in 1931 (see http://www. worldcat. org/title/1931 – international-code-of-signals/oclc/2855778 accessed 14th July, 2012). There was no delegate from China at this conference, nor was there one from Japan.

② *Manual* (1921), Prefatory Note, p. v.. This in itself is interesting and shows that Shanghai's moves towards any genuine internationalism, recalling that the Imperial Maritime Customs Service was a Chinese government body and generally acted impartially as such (see Bickers., op. cit., pp. 192 – 205) for all that during its lifetime it employed in its more senior positions some 11,000 foreign nationals (Bickers, op. cit., p. 1), were slow since the Customs Service had been publishing annual lists of lights since 1872 and bilingually since 1877 (see www. bristol. ac. uk/... /customs/customsbibliographies/ bibseries3. xls accessed on 14th July 2012).

major ports like Shanghai and Hong Kong as the 1920s gave way to the 1930s. The 1921 volume had 361pp, a fold-out map of Victoria Harbour, Hong Kong, three fold-out charts relating to typhoons and typhoon warnings in China and Japan and, in a slip case bound into the cover, a table of distances and a launch and ferry timetable for services between wharves and jetties in Shanghai. The 1940 volume of 497pp had fold out maps for Shanghai, Hong Kong, Canton (Guangzhou) and Dairen (Dalian), two fold out distance tables, one for distances on the Yangzi River in an entirely new section at the end of the book before the miscellaneous section of navigational and commercial tables for things like distances off and currency conversion.

The body of the books was devoted to port information which differed according to the port. For Shanghai it included tides, signals, weather forecasts, pilot services, berthing signals, fire alarms, harbor layout, harbor notices affecting port operations, customs and customs signals and rules, a list of vessels regularly using the port and a full set of harbor regulations. Other ports were variations on the themes. The order of the ports was always the same, reflecting both comparative importance and, no doubt, British bias: Shanghai, Hong Kong, Canton (and Whampoa [Huangpu]), tides at Bangkok Bar, Amoy (Xiamen), Swatow (Shantou), Foochow (Fuzhou), Santuao (near Fuzhou), Chefoo (Yantai), Taku Bar and Tientsin (Tagu and Tianjin), Chinwangtao (Qinhuangdao), Newchwang (Niúzhuāng, Yingkou), Keelung (Jīlóng), Tamsui (Dànshuǐ), Antung (Āndōng, Dāndōng), Dairen/Dalny (Dalian). By 1939 the ports of Antung, Keelung and Tamsui had disappeared for obvious reasons to do with growing Japanese aggression.

It is evident that the main impulse behind the *Manuals* was servicing the world of the treaty ports, but also the rather wider world of much of the traditional China Seas trading area from the Gulf of Thailand to Japan. In that sense, of course, these are not publications of a truly international maritime centre, but they are unquestionably a move in that direction, occasioned as they may have been by the unequal relations imposed on China during the rise of aggressive and expansionary western imperialism. That said, in bringing in its train this entire idea of detailed, readily publicly available information about ports in a lingua franca understandable by most and that anyone could buy who had the money and the interest, the treaty port world helped China make a move towards this essential element of any international port.

4. Conclusion

This paper has presented three minor examples of the kind of "software" that a port city growing towards becoming an international maritime centre will spontaneously produce. It produces them because it is a contact zone where people speaking many languages come together in the pursuit of trade. And it produces them, as in the English language dominated treaty ports usually in response to the most likely lingua franca in a language or in languages for which there is likely to be the largest demand. An international port does this because fullness of information flow, transparency and predictability are essential to the effective conduct of business.

What is interesting is that in the context of the early 20th century China coast, all the examples we have looked at were produced in Shanghai. With the exception of the restricted domain of Hong Kong waters and the productions of the Harbour Master's Office, no equivalent seems to have been produced in Hong Kong. For key maritime equivalents to *The China Coaster's Tide Book and Pocket Nautical Manual*, for telegraphic code books and for bilingual maritime dictionaries, Hong Kong was happy to use the outputs of the colonial metropolis, London ... or Shanghai. What held Hong Kong back from overtaking Shanghai at this point, independent of issues of hardware, etc., was the overwhelming (and stuffy!) Britishness of the colonial world it inhabited, with that world's depressing effects on the spontaneous local production of publications for more than its parochial market.

Any port with ambitions to the status of an international maritime centre, on the assumption that it has a hinterland, exo-hinterland or transshipment producing demand of a size sufficient to generate sufficient shipping throughput, in addition to providing the essential hardware — docks, dockyards and wharves, terminals for a range of cargoes from the most specialized to general cargo,① etc. — must also be such as to enable, for it cannot either command, direct or ensure, the growth of the kind of software without which it will remain a "national" port, possibly with a huge volume of

---

① The point here being that a major international shipping centre must cater to all manner of shipping and hence must be a port serving a large hinterland or exo-hinterland over the gamut of trades. Thus an exclusive oil or dry bulk port is unlikely ever to be the seed that grows into an international maritime centre.

traffic, but without the ineluctable "extra" represented by a rich, varied and open contact zone. The claim is, in effect, that whilst an international maritime centre cannot be without the hardware, regulation and institutions essential to large scale shipping operations, these are not sufficient conditions. It is not a case of "If you build it, (they) will come". ① Because much of what "they" will come for will be the rich, invisible and spontaneous informal world that is the ready product of a largely free, mobile, outward looking, receptive, welcoming and progressive society. ② In short, what must develop, and what political, economic, social and cultural systems must be open to, is a typical contact zone with its dedication to communication from "outside" and to communicating with "outside" without losing that "porous frontier (that acts) as (a filter) through which the salt of the sea is gradually replaced by the silt of the land society" as information from "inside" percolates "out" and the rich diversity and constant change of the international world percolates "in". That is as true today as has been the case since the days of Ptolemaic Alexandria in the west and Tang Dynasty Guangzhou in the east. ③

The basic problem is, and it is arguable that it goes far to explaining the rival trajectories of Hong Kong and Shanghai, that there is an irresolvable tension — even antagonism — between the fluid cosmopolitanism of a city that is an international maritime centre, with its contact zone, polyglot, polycentric, shifting population and its idiosyncratic, never static cultural melting pot, and the more settled, rooted, change-resistant world of inland, beyond the "porous frontier".

Here, at present, Hong Kong has the advantage, although on the face of it, things may look otherwise. Hong Kong's port hardware is slipping behind Shanghai's as is its traffic. It will never have the vast hinterland offered by the lower Yangzi basin and in any case is rivaled by Shenzhen and Zhuhai as well as Guangzhou. Its seven million or so population is dwarfed by the over 23 million

---

① The correct quotation is "If you build it, he will come" and comes from the 1989 American movie *Field of Dreams* Directed by Phil Alden Robinson and starring Kevin Costner. It is now both widely misquoted and misattributed.

② Although this idea is closely connected with the economics of the Austrian School, and particularly Ludwig von Mises and Friedrich Hayek, it has very ancient roots. It can be found in the Axial Age in the thought of Zhuangzi (庄子, 369 BCE~286 BCE), who is the first recorded thinker to outline the idea of spontaneous order when he is reported to have said, "Good order results spontaneously when things are let alone" (顺物自然而无容私焉,而天下治矣).

③ Charles Benn, *China's Golden Age: Everyday Life in the Tang Dynasty*, Oxford: Oxford University Press, 2004.

in Shanghai municipality. But at present its status as an SAR under the principle of 'One government, two systems' (一国两制) creates a better context for a flourishing contact zone and, hence, for an international maritime centre. ①

---

① The evidence is equivocal, but the 'contact zone' mentality of Hong Kong people can be inferred from the University of Hong Kong, Faculty of Social Sciences' Public Opinion Programme (HKU POP), see the time series graphs at http: //hkupop. hku. hk/english/popexpress/ethnic/overall/poll/overall_poll_chart. html.

China Coasters: Shanghai, Hong Kong and the Publications of a Nascent International Shipping World

Stephen Davies

(CSSC Maritime Heritage Research Fellow,

Hong Kong Maritime Museum)

Abstract: By the early 20th century Shanghai and Hong Kong had achieved the status of major international ports because of western imperialism, the creation of treaty ports and colonial annexation. Each shared some attributes of an "ideal type" international maritime centre as a major "contact zone". Shanghai was not only the larger port it also had greater informal advantages because of its more cosmopolitan milieu. Hong Kong had more formal advantages because of British rule and Britain's leading role in world maritime affairs. The two port cities became the main ports on the coast of China. Symptomatic of Shanghai's "software" advantages as a potential international maritime centre were the products of its publishing world. These were geared to satisfy the needs of international and not merely local seafarers. Three examples are reviewed: the first known Anglo-Chinese Maritime Dictionary, the publications of the Imperial Chinese Maritime Customs, and the annual *China Coaster's Tide Book and Pocket Nautical Manual*. The turbulence of the 1940s and the creation of the People's Republic of China in 1949 deprived Shanghai of these informal advantages. The movement of Shanghai shipping interests to Hong Kong in the late 1940s, allied to the winding down of Britain's colonial empire permitted Hong Kong to build the informal "software" it had previously partly lacked and capitalize on its formal advantages. By the early 21st century it had become China's leading international maritime centre. For Shanghai to re-establish its earlier pre-eminence, it must move back closer to the "ideal type" creating the fluidity and openness of an outward orientated contact zone.

Keywords: Shanghai, Hong Kong, Port City, International Maritime Centre, Contact Zone, Ideal Type, Maritime Communications, Lingua Franca, Publications, China Coasters

论宋代南海贸易体系的形成

黄纯艳[*]

（上海　上海师范大学历史系　200234）

044

摘　要：宋代完成了对外贸易重心由西北陆路向东南海路的转移，在经济重心南移和宋朝政府鼓励海外贸易政策的推动下，宋代海外贸易空前繁荣，推动了亚洲海上贸易的发展，促使有稳定商品结构和市场关系、稳定贸易力量、稳定的市场区域的南海贸易体系最终形成，从而使亚洲政治经济格局及其运行形态发生了显著变化。

关键词：宋代　南海贸易体系　亚洲政治经济格局

　　古代亚洲存在着一个以中国为中心的经济贸易体系这是学界的共识。滨下武志认为这个贸易体系是以朝贡贸易体系为基础的亚洲经济圈，是 15、16 世纪以来随着对中国朝贡贸易及互市贸易等官营贸易及民间贸易的发展，形成的亚洲多边贸易网，是以中国海外印度为两个轴心，以东南亚为媒介的亚洲区域市场。[①] Janet Abu-Lughod 指出古代世界体系中存在着八个贸易圈，13 世纪及此前很长时期，阿拉伯海、印度洋和南中国海已形成三个有连锁关系的海上贸易圈。[②] 那么，从西亚、印度洋沿岸、东南亚到中国和东北亚是否成其为一个有内在联系的完整的贸易体系？如果是，这个贸易体系是否直到 15、16 世纪才形成？Janet Abu-Lughod 所说的三个贸易圈是否在经济上成为一个完整的市场体系？本文将通过对宋代南海贸易体系的形成的研究回答以上问题。

一、中国对外贸易重心转移

　　不论是陆上，还是海上，中国史籍有明确记载的对外贸易都是从汉武帝时代

---

[*]　作者简介：黄纯艳（1967—　），男，湖南永顺人，博士，上海师范大学历史系教授，研究方向：宋史。

[①]　滨下武志：《近代中国的国际契机：朝贡贸易体系与近代亚洲经济圈》（以下简称《近代中国的国际契机》），中国社会科学出版社，1999 年，第 36、10 页。

[②]　Janet Abu-Lughod, *Before European Hegemony*：*The World System A. D. 1250 - 1350*，Oxford：Oxford University Press，1989，pp. 251~253。

开始的。《汉书·西域传》称"西域以孝武时始通",不仅西汉政府与西域的交往自张骞出使后才开始,内地与西域的贸易也自此才开始大规模地展开。张骞之后,长安与西域之间,"使者相望于道,一辈大者数百,少者百余人","一岁中使者多者十余,少者五六辈,远者八九岁,近者数岁而反"。西域诸国也有不少使节跟随汉使出使汉朝,"外国使更来更去"。汉廷对西域国家"因使使赂赐,以镇抚之",同时也"求奇物",获取各国的宝货。① 商业的贸易也同时兴盛起来。各国通过商业贸易获得汉朝的商品,昔日贵汉财物,苦不能通的大宛已经"饶汉物",即"素有汉地财物,故不贪金马之币"。② 在汉武帝经营西域以前,地中海、伊朗和印度间已经存在一个经济交流圈,汉朝与西域间商路的开通,将中国内地与这个经济交流圈联系了起来。从而也把汉朝和当时西方最强盛的罗马帝国联系起来。罗马需要的中国商品至少百分之九十是丝绸,此外还有毛皮、铁、肉桂和大黄。③

《汉书·地理志》第一次明确记载了中国雷州半岛到东南亚和印度东海岸的航线。④ 在这一时期,罗马商人也通过海路到达汉朝的交趾,"后汉桓帝世,大秦、天竺皆由此道遣使贡献"。⑤ 但陆路仍旧是与中国的主要贸易渠道,海路始终未起决定性的作用。⑥ 汉朝与罗马的贸易主要通过中亚和西亚诸国商人中转,两者之间贸易的发展反映了汉朝丝路贸易的状况。

南北朝时期,西北丝路的交通和贸易继续发展。《三国志》卷三〇《魏书》称:"魏兴,西域虽不能尽至,其大国龟兹、于阗、康居、乌孙、疏勒、月氏、鄯善、车师之属,无岁不奉朝贡,略如汉氏故事。"西域诸国与中原的交往仍然很频繁。而且此时,内地通往西域的道路进一步扩展,由汉代的南北两道发展为三道,即使在东晋十六国最纷乱的时期丝路贸易也未中断,不仅北方的政权与西域保持着经济文化交流,西域直达南方的商路也是畅通的。⑦ 而且远达罗马的中国丝绸有增无减:380 年前后,罗马"服用丝绸,从前只限于贵族,现在已推广到各阶级,不分贵贱,甚至于最低层"。⑧ 南北朝时期,北方战乱渐少,丝路贸易再次繁荣。《洛阳伽蓝记》卷三形容道:"自葱岭已西,至于大秦,百国千城,莫不款附。商胡贩

---

① 《汉书》卷六一《张骞传》,中华书局点校本,第 2649 页;《史记》卷一二三《大宛列传》,中华书局点校本,第 3173 页。

② 《汉书》卷六一《张骞传》,第 2697 页。

③ G·F·赫德逊著,王遵仲等译:《欧洲与中国》,中华书局,1995 年,第 66、69 页。

④ 该记载所涉地名解释纷纭,李金明、廖大珂综合了各家之说,认为黄支为印度东海岸之建志,夫甘为缅甸的蒲甘,都元为越南南圻,邑卢没为暹罗的罗斛(即泰国的华富里),皮宗为苏门答腊,已程不为锡兰岛,见《中国古代海外贸易史》,广西人民出版社,1995 年,第 3 页。

⑤ 《南史》卷七八《海南诸国传》,中华书局点校本,第 1947 页。

⑥ 前引 G·F·赫德逊著:《欧洲与中国》,第 50 页。

⑦ 赵荣织:《纷乱时期中原封建王朝对西域的管理》,《西域研究》2002 年第 2 期;朱雷《东晋十六国时期姑臧、长安、襄阳的"互市"》,载《古代长江中游的经济开发》,武汉出版社,1988 年。

⑧ 前引 G·F·赫德逊著:《欧洲与中国》,第 50 页。

客,日奔塞下。"因乐中国风土而定居于洛阳的万有余家,洛阳城中"天下难得之货咸悉在焉"。

　　隋唐朝统一以后,西北丝路进入鼎盛时期。《隋书》卷六七载裴矩《西域图记序》称当时"自敦煌至于西海,凡为三道,各有襟带"。隋炀帝时曾在张掖有接受西域二十七国首领的大朝会,并在洛阳市中有大宴外国商人和使节的龙须宴,与会者数千人。唐代从陆路来到长安的西域胡人数以万计。向达《唐代长安与西域文明》一文已有叙述。纪宗安指出,由于西突厥兴起后积极介入丝绸贸易,控制了善于贸易的粟特人,并联合拜占庭打击波斯,与拜占庭展开直接贸易,贸易路线逐步北移到西突厥控制的中亚北部,将丝绸贸易推向了高峰。阿拉伯建立的大食帝国在 8 世纪初征服中亚,大力发展对外贸易,成为唐朝最重要的贸易对象。在西域地区,8 世纪中叶,回鹘的绢马将丝路贸易再一次推向高潮。①

　　魏晋南北朝隋唐时期,海上贸易也有了较大发展,显著的变化表现在几个方面:一是贸易的港口从徐闻、合浦转移到经济条件更好的交州和广州,唐代形成交、广、泉、扬四大港并立的状况,贸易条件得到改善;二是出现了新的航线,至迟在东晋时期已经出现从东南亚经过海南岛以东直达广州的航线;三是通过海路来华的外国商人和使节更多了。但是,有两个基本的因素决定了两汉直至隋唐时期,西北丝路在中国对外贸易路线占据主导地位:一是中国经济重心在北方,政治重心处于关中洛阳地区,南方沿海地区的经济尚不发达,对外贸易的商品供给在北方,以奇珍异宝为主的进口品的消费市场也在北方,其中京城是最大的市场;二是当时与中国贸易的主要国家是西域、中亚和西亚诸国,这些国家的商人是中国与西方贸易的主要贸易力量,担负了中国与欧洲之间的中间商。

　　宋代已经完全实现了对外贸易重心由西北陆路向东南海路的转移。宋代西北的贸易较五代有很大发展,但与海上贸易相比已经居于绝对次要地位。西域诸国仍通过陆路与宋朝保持着贸易,"西若天竺、于阗、回鹘、大食、高昌、龟兹、拂林等国虽介辽夏之间,筐箧亦至"。② 其中于阗和回鹘与宋朝的贸易最为频繁,特别是"熙宁以来远不逾一二岁,近则岁再至"。③ 不仅朝贡次数多,而且规模常常很大,如熙宁十年(1077 年)于阗国贡使携带的贡品仅乳香就有 31 000 余斤,市价 44 000 余贯。元丰三年(1080 年)于阗国进奉物品有乳香、杂物等 10 万余斤,数量之多,使熙州不敢解。④ 回纥、卢甘等西域诸国与于阗国一样,"赍蕃货,以中国交易为利,来称入贡","所赍物货上者有至十余万缗,下者亦不减五七万",实际上是借朝贡之名与"民间私相交易"。⑤ 但陆路贸易相对海上贸易已经

---

① 　参见纪宗安:《9 世纪前的中亚北部与中西交通》第四章《丝路贸易重心的北移及其原因》;第六章《6—9 世纪中亚北部地区东西文化交流盛况》,中华书局,2008 年。

② 　《宋史》卷四八五《夏国上》,中华书局点校本,第 13981 页。

③ 　《宋史》卷四九○《于阗传》,第 14109 页。

④ 　《续资治通鉴长编》(以下简称《长编》)卷二八五熙宁十年十月庚辰,中华书局点校本,第 2688 页、卷三○九元丰三年十月丁卯,第 2897 页。

⑤ 　李复:《潏水集》卷一《乞置榷场》,文渊阁《四库全书》影印本。

微不足道了。

首先，陆上贸易在汉唐时期虽十分繁荣，至宋代仍有一定规模，但尚未具有财政意义，宋朝已把市舶收入作为财政收入之一，从政府的市舶收入可以概见海上贸易的规模。宋高宗曾说"市舶之利颇助国用"、"市舶之利最厚，若措置合宜，所得动以百万计"。[①] 宋高宗所说反映了宋徽宗朝以后的基本状况。崇宁大观时期市舶每年平均收入约为 110 万单位，史籍有载的绍兴元年、绍兴七年、绍兴十年都为 100 余万单位，绍兴二十九年达到 200 万缗。北宋前期所见收入在30～80 万（单位有时以缗计，有时为复合单位）。[②] 说明海上贸易的规模已非西北陆上贸易所能企及。

其次，宋代设立了专门管理海上贸易的机构市舶司，制定了管理制度市舶条法。宋代沿海贸易港口数量的增多、管理方式的进步、进出口商品种类和数量的增长，国家先后在广州、杭州、明州、泉州和密州设立市舶司，在一些较小的港口，如温州、江阴、上海等地设立市舶务或市舶场，都表明不论贸易自身规模还是国家管理，对外贸易的发展重心都已经完全转移到东南海上。作为来华贸易主要力量的阿拉伯商人在宋代基本上都从海路来宋朝贸易。宋朝政府也鼓励来华商旅使节选择海路。宋太宗曾"诏西域若大食诸使是后可由海道来"。宋仁宗又令各国进奉"今取海路由广州至京师"。[③] 广州和泉州蕃坊中蕃商云集的景象在宋代的西北陆路贸易中已不可再现了。这些无疑表明对外贸易重心已转移到海路。市舶司的职责是"掌蕃货海舶征榷贸易之事，以来远人，通远物"。[④] 石文济把它概括为贡使的接待与蕃商的招徕、蕃舶入港的检查、舶货的抽解与博买等八个方面。[⑤] 市舶条法就是管理本国海商和来华外商的政策，如发放公凭、禁止私贩；制定商人立限回舶的规定；抽解和博买；编定船户户籍；设置蕃坊，管理来华外商；对贸易规模大的商人授予官职；由政府主持祈风祭海活动等。

宋代对外贸易重心向东南海上的转移是以南方经济发展和经济重心南移，以及造船技术和航海技术进步为基础的。经济重心南移的过程至北宋后期已接近完成，至南宋则全面实现了。[⑥] 在这样的背景下，东南沿海地区成为出口商品主要供给地和进口商品消费的中心。造船技术和航海技术进步使海上贸易在商业运输成本、运输规模、贸易周期等方面与陆上贸易相比，具有显著的比较优势。在传统贸易中，香药珠宝是中国最大宗的进口品，特别在宋代进口商品规模巨大

---

① 《宋会要辑稿》职官四四之二四、二〇，中华书局，1957 年。
② 参黄纯艳：《宋代海外贸易》之《两宋市舶收入表》，社会科学文献出版社，2003 年，第176 页。
③ 蔡絛：《铁围山丛谈》卷五，中华书局点校本，1983 年；《长编》卷一〇一天圣元年十一月癸卯，第 2342 页。
④ 《宋史》卷一六七《职官志七》，第 3971 页。
⑤ 石文济：《宋代市舶司的职权》，《宋史研究集》第七辑，台北："中华"丛书编审委员会，1974 年。
⑥ 郑学檬：《中国古代经济重心南移和唐宋江南经济研究》，岳麓书社，1996 年，第 11、17 页。

增长以后,香药成为最大宗的商品,而这些商品中大部分主要产地在东南亚和印度洋沿岸地区。这些因素决定对外贸易重心在宋代不可逆转地转移到海上。

二、南海贸易体系的形成

宋代经济重心南移和鼓励海外贸易发展的政策导致海上贸易的繁荣,中国对外贸易重心由西北陆路完全转移到东南海路,亚洲海路贸易从而空前繁荣,促使南海贸易体系最终形成。滨下武志等学者所强调的15世纪以后亚洲贸易体系及中国的中心地位[①]是自宋代形成并一脉相承的。南海贸易体系在宋代的形成有三个明确标志:

一是形成了稳定的商品结构和互补性的市场关系,即以中国瓷器和丝绸为主的手工业品与东南亚和印度洋沿岸地区的香药珠宝为主的资源性商品的交换。Janet Abu-Lughod指出,中国是亚洲贸易的最主要动力,中国的丝绸和瓷器是世界市场上需求最大的两项商品,同时中国也是东南亚和南亚生产的香料的主要消费者。[②]《宋会要》职官四四之一八、一九记载绍兴三年进口品总计212种,其中香药177种、珍宝11种、手工业品14种,其他资源性商品10种,资源性商品超过90%。《诸藩志》卷上列举了15处(涉及占城、三佛齐、单马令、凌牙斯国、佛罗安国、蓝无里、阇婆、南毗、真腊、渤泥等数十个国家和地区)中国商人前往贸易时所贩售商品,瓷器所有15处皆有销售,丝织品为12处,仅居其后,其次是金、酒、银、铁、米、糖、漆器,香药商品除檀香为3处外都为1~2处。这基本上反映了中国出口商品和转贩商品的构成。《宋史》卷一八六《食货下八》称"凡大食、古逻、阇婆、占城、勃泥、麻逸、三佛齐诸蕃,并通货易,以金、银、缗钱、铅、锡、杂色帛、瓷器,市香药、犀象、珊瑚、琥珀、珠琲、镔铁、鼍皮、瑇瑁、玛瑙、车渠、水精、蕃布、乌樠、苏木等物",反映的也是手工业商品与自然资源性商品相互交换的贸易。《诸蕃志》卷上所记载的土产物和商人兴贩所用商品也反映了这一结构,如三佛齐:"土地所产瑇瑁、脑子、沉速暂香、粗熟香、降真香、丁香、檀香、豆蔻……番商兴贩用金、银、瓷器、锦绫、缬绢、糖、铁、酒、米、干良姜、大黄、樟脑等物博易";阇婆国:"出象牙、犀角、真珠、龙脑、瑇瑁、檀香、茴香、丁香、荳蔻、荜澄茄、降真香、花簟、番剑、胡椒、槟榔、硫黄、红花、苏木、白鹦鹉,亦务蚕织,有杂色绣丝、吉贝绫布","番商兴贩用夹杂金银及金银器皿、五色缬绢、皂绫、川芎、白芷、朱砂、绿矾、白矾、鹏砂、砒霜、漆器、铁鼎、青白瓷器交易"。宋商到麻逸、三屿、真腊、单马令、凌牙斯、佛啰安、蓝无里等国的贸易都是如此。

中国因自然环境的局限不能大量产出所需大宗进口商品香药珠宝,海外诸

---

①　前引滨下武志:《近代中国的国际契机》,弗兰克:《白银资本:重视经济全球化中的东方》(中央编译出版社,2000年),李露晔:《当中国称霸海上》(远流出版社,2000年)等。

②　前引Janet Abu-Lughod著,第327页。

国因技术的局限依赖于中国出口瓷器和丝绸等手工业品。这种互补性的贸易供需稳定,利润丰厚。

二是形成了稳定的贸易力量,即作为基本力量的中国商人和阿拉伯商人,以及日益增长的亚洲其他地区的商人。整个中古时期,阿拉伯船只和商人都在波斯湾、红海和印度海岸的贸易中居于主导地位。[①] 中国对外贸易中汉唐时期中亚和西亚商人充当着主角,宋代阿拉伯商人则是重要的贸易力量。来华的外商中阿拉伯人数量最多。广州和泉州的蕃坊里住有大量阿拉伯人。《萍洲可谈》卷二记载广州蕃坊"蕃人但不食猪肉而已",显然是信仰伊斯兰教的商人。泉州留下阿拉伯人的遗迹,反映了宋代大量阿拉伯人在泉州的活动情况,如泉州城内外发现有阿拉伯人石墓。[②]《诸蕃志》卷上记载大食商人施那帏"侨寓泉南,轻财乐施",修丛冢以掩舶贾之遗骸,与现今发现的阿拉伯蕃客墓相印证。至今犹有完整拱门的宋代阿拉伯人清净寺,及大量伊斯兰教宗教碑刻等都是阿拉伯人在泉州活动的见证。

宋朝允许本国商人出海贸易,"并海商人遂浮舶贩易外国物",特别是"福建一路多以海商为业"。[③] 包恢在《敝帚稿略》卷一中称:"贩海之商无非豪富之民,江淮闽浙处处有之"。广西濒海之民出海经商者也不少:"或舍农而为工匠,或泛海而逐商贩。"[④]"福建、广南人因商贾至交趾,或闻有留于彼用事者",而高丽"王城有华人数百,多闽人因贾舶至者"。[⑤] 宋代早期中国帆船更喜欢在马六甲海峡与印度商人交易,后期中国船也乐意到印度的港口与阿拉伯人交易。[⑥] 实际上北宋还有"华人诣大食,至三佛齐修船,转易货物"。[⑦] 中国海商数量庞大,造船技术、航海技术和商品结构上有优势,在亚洲海上贸易中发挥着主导作用。

同时亚洲其他地区的商人也日益活跃。此前印度商人集团(Vanig = grāma)在印度洋东部的贸易中发挥着主导作用,10 世纪早期由于南中国海和印度洋贸易的迅猛发展,爪哇(宋称阇婆)港口贸易和商人发展起来,出现了当地的商人群体(Banigrāma)。[⑧]"三佛齐之海贾以富豪宅,生于泉者,其人以十数。"[⑨]《攻媿集》卷八六还记载了一个死于明州的真里富国大商。宋商等其他地

---

① 前引 Janet Abu-Lughod 著,第 274 页。
② 《美山宋元时代阿拉伯人的墓地》、《云麓宋迹调查及阿拉伯人墓地的发现》,载福建省泉州海外交通史博物馆编:《泉州海外交通史料汇编》,中国海外交通史研究会、福建省泉州海外交通史博物馆,1983 年,第 73~81 页。
③ 《宋史》卷二六八《张逊传》,第 9222 页;《苏轼文集》卷三〇《论高丽进奉状》,中华书局点校本,1986 年,第 847 页。
④ 《宋会要辑稿》食货六六之一六。
⑤ 《长编》卷二七三熙宁九年三月壬申,第 6692 页;《宋史》卷四八七《高丽传》,第 14053 页。
⑥ 前引 Janet Abu-Lughod 著,第 274 页。
⑦ 《萍洲可谈》卷二,大象出版社点校本,2006 年,第 151 页。
⑧ Jan Wisseman Christie,"JavaneseMarkets and the Asian Sea Trade Boom of the Tenth to Thirteenth Centuries", *Journal of the Economic and Social History of the Orient*, Vol. 41,No. 3(1998),pp. 344~381.
⑨ 林之奇:《拙斋文集》卷一五《泉州东坂葬蕃商记》,文渊阁《四库全书》影印本。

区商人在东南亚的贸易主要依靠与东南亚本地商人的合作完成。如麻逸国,"商舶入港驻于官场前……交易之例,蛮贾丛至,随籈篱搬取物货而去……蛮贾乃以其货转入他岛屿贸易,率至八九月始归,以其所得准偿舶商"。商人到渤泥国,"鸣鼓以召远近之人,听其贸易"。而到三屿等国的中国商人则"先驻舟中流,鸣鼓以招之。蛮贾争棹小舟,持吉贝、黄蜡、番布、椰心簟等至,与之贸易"。① 往来于中国的还有高丽和日本商人。《攻媿集》卷三曾记载"高丽贾人有以韩干马十二匹质于乡人者"。《淮海集》卷三六称,鲜于侁奏表说到:高丽"自欲商贾,听往闽、越州"。《诚斋集》卷一二〇载:有海舶数百艘漂到宋朝,皆为高丽贾舟风飘至。《开庆四明续志》卷八记载了日本商人来明州贩易倭板、硫黄、倭金的情况。这些商人也是重要的贸易力量。

　　三是形成了有稳定贸易关系的市场区域。贾志扬认为 10 到 13 世纪由于宋朝重商政策和贸易发展的推动,海运贸易繁荣,北至东北亚,南到东南亚形成为一个"贸易世界",东北亚第一次被深入地整合到国际贸易网络中,东南亚进入到"商业时代",贸易和国家发展发生根本性转变。例如,10 至 13 世纪贸易的繁荣对爪哇(阇婆)国内经济产生了深远影响,爪哇群岛贸易网络产生,农业经济、市场模式、货币税收制度,以及消费习惯和产品结构都发生了变化。爪哇还取代南印度成为中国市场黑胡椒和红花染料的主要供应者。② Janet Abu-Lughod 指出 13 世纪及此前很长时期,阿拉伯海、印度洋和南中国海已形成三个有连锁关系的海上贸易圈(同时也是地理区域和文化区域):最西边是穆斯林区域,中间是印度化地区,最东边是中国的"天下",即朝贡贸易区。③ 从上述市场关系和贸易力量构成而言,这三个贸易圈在宋代已经成为一个整体的贸易体系,可称为南海贸易体系。南海贸易体系在地理空间上北到中国和高丽、日本,西到印度洋沿岸地区和西亚。东南亚是这个贸易体系商品和人员流动的枢纽,其中三佛齐最处"诸蕃水道之要冲","东自阇婆诸国,西自大食、故临诸国,无不由其境而入中国者"。"大食诸番所产,萃于本国","商贾转贩以至中国"。由中国往印度洋和西亚贸易,从"广州自中冬以后,发船乘北风去,约四十日到地名蓝里,博买苏木、白锡、长白藤。住至次冬,再乘东北风",至故临"易小舟而往"大食。自大食国到中国,则"至故临国易大舟而东行,至三佛齐国乃复如三佛齐之入中国"。④ 滨下武志所说的以朝贡贸易为基础的亚洲地域经济圈的地理范围是以中国海外印度为两个轴心,以东南亚为媒介的亚洲区域。⑤ 这正是宋代南海贸易的基本范围并一以贯之的沿袭。

---

① 《诸蕃志》卷上《麻逸国》、《渤泥》、《三屿》,分见 273、265、276 页。
② 贾志扬(John Chaffee):《宋代与东亚的多国体系及贸易世界》,《北京大学学报》2009 年第 2 期;前引 Jan Wisseman Christie 文。
③ 前引 Janet Abu-Lughod 著,第 251～253 页。
④ 《岭外代答》卷二《三佛齐国》、《故临国》,卷三《航海外夷》、《大食诸国》,中华书局点校本,1999 年,第 86、91、99、126 页,《诸蕃志注补》卷上《三佛齐》、《大食》,香港大学亚洲研究中心,2000 年,第 46、173 页。
⑤ 前引滨下武志著:《近代中国的国际契机》,第 36、10 页。

上述可见，在宋朝海外贸易的推动下，南海、印度洋沿岸地区、东北亚之间有了稳定而密切的贸易联系。这一区域的贸易形成了以中国出口品为主的手工业商品与以东南亚和印度洋沿岸生产的香药珍宝为主的资源性商品相互交换的互补性贸易的市场关系。阿拉伯商人和中国商人成为这一区域并驾齐驱的最重要的贸易力量，东南亚、日本、高丽等地的商人也积极参与贸易，共同维持这一区域的贸易运行。可以说，这一区域贸易已经具备了独立运行的稳定的基本要素，已经形成为一个明确的贸易体系。在这个贸易体系中，南海地区是最重要的中心，其中的中国是推动贸易发展最主要的力量，东南亚是联系这一区域贸易的最重要枢纽，因此我们可以称这一贸易体系为南海贸易体系。元明清时期南海的贸易仍然具备上述三个要素，是宋代南海贸易的继续发展。

余论：南海贸易体系形成的影响

南海贸易体系为海外各国与中国的交往提供了新的机制。宋朝以市舶体制管理与除交趾外的海路各国的商业贸易，[①]各国与中国的经济联系日益密切，贸易需求和愿望极大增长，经济贸易成为诸国与中国交往的主要动力。勃泥国国书称，商人蒲卢歇遇风飘至其国，"闻自中国来，国人皆大喜，即造舶船，令蒲卢歇导达入朝贡"，并表示愿"每年修贡。虑风吹至占城界，望皇帝诏占城，令有向打（勃泥国王名）船到，不要留"。[②] 其朝贡目的之一是请宋朝约束占城，保持航路通畅，以更好保障双方的贸易。朝贡还可获得丰厚回赐，同时也是商业贸易的机会。大中祥符九年（1016）宋朝规定"海外蕃国贡方物至广州者，自今犀象、珠贝、拣香、异宝听赍持赴阙"，其余"非贡奉物，悉收税算"，"赐与所得贸市杂物则免税算，自余私物不在此例"。[③] 贡使用回赐物品贸易可免商税，非贡品则需征税。如此，朝贡贸易比市舶贸易更有利可图，成为扩大贸易的机会，如"蒲端使多市汉物、金银归国"等。[④] 朝贡贸易带来的良好关系也有利于开展与宋朝的商业贸易，两者是相互促进的。

南海贸易体系形成促使中国对外交往重心逐步转向海路。史籍所载北宋境外"朝贡诸蕃"有于阗、高昌、吐蕃、沙州、达靼、甘州、夏国、大理国、定安、女真、渤海、高丽、日本、交趾、占城、三佛齐、阇婆、勃泥、注辇、蒲端、丹流眉、墲渤、佛泥、真腊、宾同陇、蒲甘、天竺、层檀、勿巡、大食、大食陁罗离慈、大食俞和卢地、西天大食国、波斯、拂菻、陁婆罗、麻罗拔、邈黎、三麻兰、蒲婆罗、古逻摩

---

① 黄纯艳：《宋朝与交趾的贸易》（《中国社会经济史研究》2009 年第 2 期）指出，交趾与宋朝的贸易被置于广西边境互市管理体制，不纳入市舶管理体制。
② 《宋史》卷四八九《勃泥传》，第 14095 页。
③ 《宋会要辑稿》蕃夷七之二〇。
④ 《宋会要辑稿》蕃夷四之九五。

迦等四十一国，①其中海路入宋者三十国，约占 73%。北宋朝贡体系的数量构成重心已经转至海路。若动态地看，北宋朝贡体系在北方日益收缩，南方有所拓展。而在唐代，境外朝贡诸国主要来自西北和北方。《唐六典》卷四所载唐玄宗朝朝贡的七十余国中南海诸国仅狮子、真腊、尸利佛誓、林邑等数国，数量最多的是西北丝路沿线各国。

北宋朝贡体系数量构成以海路为重心、以经济贸易为主要动力的格局成为此后朝贡体系构成和运行的基本模式。南宋时西夏、高丽、大理和西北诸政权退出宋朝朝贡体系后，境外朝贡国完全来自南海诸国。②《明会典》记载十七个境外"朝贡诸番国"即日本、朝鲜及十五个南海诸国，③是具有与明朝开展惟一合法的勘合贸易即朝贡贸易的国家。这一制度将朝贡和贸易合二为一，把海外国家对中国的经济需求作为使其朝贡的手段。④《明会典》卷九七、九八还记载了六十二朝贡国，除日本和朝鲜外都是南海诸国。清朝将西北诸番归属理藩院，而朝贡诸国完全指海路各国，即朝鲜、暹罗、琉球、安南、苏禄、南掌、缅甸。⑤ 清初仍将朝贡贸易作为惟一合法的贸易，并实行海禁政策，康熙二十四年后开放非朝贡国与中国的互市贸易，因朝贡贸易可以免税，各国皆愿向清朝朝贡。⑥ 明清朝贡国，除朝鲜外，⑦朝贡的主要目的是贸易利益。

汉唐时期"东亚世界"的日本和朝鲜半岛诸国学习中国律令制度，建立中央集权制国家，形成东亚世界以汉字、儒学、律令和佛教为共同性的基本特点（韩昇增加了教育和技术要素，并把日本继朝鲜半岛之后全面接受唐文化，形成东亚文化格局作为东亚世界形成的重要标志。高明士特别强调了东亚世界作为教育圈和文化圈的特点）。⑧ 文化是此时东亚世界运行的基本动力。到宋代高丽已完成学习律令制度建构国家体制的过程，与宋朝交往时文化学习已退居次要，如高

① 《文昌杂录》卷一"主客所掌诸番"（大象出版社点校本，2006 年，第 115、116 页）、《宋朝事实》卷一二《仪注二》（文海出版社，1967 年，第 513～516 页）和《玉海》卷一五三《元丰佛泥来朝》（广陵书社，2003 年，第 2818～2819 页）、《长编》卷七六大中祥符四年六月甲子（第 1727 页）、《宋会要辑稿》蕃夷七之二〇。朝贡国包括实非政府使节而被宋视为朝贡者民间活动。

② 前引黄纯艳：《南宋朝贡体系的构成与运行》。

③ 《明会典》卷九六《朝贡一》，文渊阁《四库全书》影印本。

④ 万明：《中国融入世界的步履：明与清前期对外政策比较研究》，社会科学文献出版社，1997 年，第 73、74 页。

⑤ 《大清会典》卷五六《朝贡》，文渊阁《四库全书》影印本。

⑥ 前引万明著，第 335 页。

⑦ 全海宗和史华慈指出朝鲜向清朝朝贡以政治考量为重，但它是惟一完全遵守朝贡制度的"模范藩属国"，见费正清编：《中国的世界秩序：传统中国的对外关系》，中国社会科学出版社，2010 年，第 81、294 页。元明时期的高丽和朝鲜也如此。

⑧ 参西嶋定生：《中国古代国家と東アジア世界》之第二篇《古代東アジア世界の形成》，東京大学出版会，1983 年，第 399 页；堀敏一著，韩昇等译：《隋唐帝国与东亚》，云南人民出版社，2002 年，第 4 页；高明士：《天下秩序与文化圈的探索：以东亚古代的政治与教育为中心》，上海古籍出版社 2008 年，第 227～235 页；韩昇：《东亚世界形成史论》，复旦大学出版社，2009 年，第 53～70、276～279 页。

丽人所说"我国文物礼乐,兴行已久,商舶络绎,珍宝日至,其于中国实无所资"。政治上弃宋从辽后其入宋朝贡的主要目的是经济利益,即"高丽之臣事中朝也,盖欲慕华风而利岁赐耳"。① 日本此时也已完成国家体制建构,专注于唐风向和风的内化,没有与北宋政府间的朝贡关系,与宋朝交往的经济贸易需求超过政治和文化需求,日宋关系进入到"日宋贸易时代"。② 故堀敏一将商贸关系称为"宋代以后东亚世界的特征",且是"东亚世界的重要特征"。③ 南海诸国与中国的交往更是以经济贸易为目的。费正清等认为朝贡体制的传统模式是朝贡加贸易,两者是一套机制不可分离的组成部分。滨下武志更明确地强调朝贡行为的根本特征是商业贸易,贡赐贸易和商业贸易是朝贡体系的推动力和基础,他因而将朝贡体系称为朝贡贸易体系。高明士对此提出质疑,认为"外国学者将朝贡解释为商业性的交易行为,而称作朝贡贸易,这是没有把历史问题归历史来处理"。朝贡于中国"在于维持'礼'的秩序",诸国"朝贡的主要目的之一,在于摄取文化"。④ 他的研究以汉唐东亚世界为对象,特别强调朝鲜半岛和日本对中国文化的"慕化"。但汉唐"东亚世界"在朝贡体系中具有特殊性,不仅当时内亚游牧民族注重贸易需求的情况与其不同,⑤宋代以后东亚世界关系形态更发生了重大变化,不能以汉唐东亚世界的特殊形态否定宋代以后朝贡体系以贸易为基础的整体状况。

---

① 《高丽史》卷八《文宗世家二》,奎章阁藏本;《文献通考》卷三二五《四裔考》,中华书局,2012 年,第 8962 页。
② 前引贾志扬(John Chaffee)文。
③ 前引堀敏一:《隋唐帝国与东亚》,第 8、11 页。
④ 参前引《中国的世界秩序:传统中国的对外关系》,第 69、70、103、104 页;前引高明士著第 24、51 页;前引滨下武志:《近代中国的国际契机》,第 36 页;《中国、东亚与全球经济:区域和历史的视角》,社会科学文献出版社,2009 年,第 23、24、25 页。
⑤ 前引堀敏一著,第 6 页。

A Discussion on the Nanhai Trading System Formed in Song Dynasty

Abstract: The center of Chinese foreign trade shifted from the northwest on land to the southeast at sea completely in Song Dynasty. Because of the southward movement of economic center and the govenmental policy which encouraged the development of overseas trade, overseas trade developed unprecedentedly, and Nanhai trading system which had stable commodity structure and relationship of market, stable trade power, stable area of market, formed finally in Song Dynasty. Thus, asian political and economic pattern and its mode of operation changed obviously.

Keywords: Song Dynasty, Nanhai Trading System, Asian Political and Economic Pattern

上海航运业与宁波帮之研究

林士民*

（宁波　宁波市文物考古所　315010）

摘　要：通过对上海港与宁波港大量历史资料的对比研究，从中可以看出上海兴起的历史原因与发展成新型国际性都市的内在因素。在形成世界性城市过程中发展航运业是支撑这个城市与世界文明对话的关键。而上海的航运业从国内发展到国际，进一步促进了世界性的通商贸易与文化交流。宁波商帮代表人物虞洽卿、董浩云开创的航运业为上海的发展建立了丰碑，更为上海的繁荣与持续发展带来了生机。

关键词：宁波商帮　港城崛起　航运业基地

一、上海港与宁波港的关系

从唐到明，宁波是我国东南沿海对外通商贸易与文化交流的主要口岸之一。宁波（明州）在很长的历史时期内曾是东亚、东北亚以至东南亚地区活跃的海港城市。1840 年鸦片战争后，包括宁波在内，被列强指定的五口通商的海港城市有广州、厦门、福州、上海等。在与资本主义列强的通商贸易、文化交流中，由于各个口岸交通运输腹地不同，所固有的文化底蕴深浅不一，所以在两种文化的碰撞中，它们的交流情况也是不同的，其结果也是不一样的。现将宁波与上海略作比较，可以清楚地看到上海发展的历史原因。

（一）古老的东方大港明州

明州（宁波）在唐时设有市舶使，由明州州官兼任，五代设"博易务"，北宋朝廷在宁波设置市舶司，为北宋时期"三司"之一，南宋明州市舶司直属户部管辖，明代一度与广州、泉州成为"三司"之一，当时朝廷指定广州通南海诸国，泉州通琉球，明州通东亚的日本与朝鲜。所以说在较长的历史时期中，明州（宁波）一直

＊　作者简介：林士民，男，浙江宁波人，研究员，研究方向：海上丝绸之路。

是一处国际性的港口，[①]这个国际性的港口的主要特点有：

第一，有着发达的造船业。在唐代明州商帮涉足远洋，开拓了商贸活动范围，开始成为东亚贸易圈的主力军。[②] 这些明州商帮，不但长期进行海运贸易，而且还修造海船，促进了明州港的航运业的大发展。[③] 北宋明州打造的出使高丽使团所用的"神舟"与客舟，其规模之大，技术之先进，世界上也是罕见的。宁波出土的北宋海船与明代战船，仅首创的减摇龙骨这一项装置即具有世界先进水平，比外国使用这种装置要早七个世纪。[④]

第二，有畅通的千里水道，腹地广阔。宁波地处长江（钱塘）口的南岸。由于宁波是中国大运河（即隋唐大运河和京杭大运河）的终点出海口，又是海上丝绸之路的入海口交汇港，因此水道畅通。所以自唐代以来外国的使者与商旅，都从明州港入口，顺运河可直达历代朝廷的京都，又可在沿途贸易与文化交流，特别是供应、安全都有保障，这就促进了海内外的航运业的发展。[⑤]

第三，唐代开始，成为汉文化输出的主要口岸。明州在唐代仅老市区就有寺庙十几座。像天童寺、阿育王寺，不仅规模大，而且成为东亚的佛教外传的主要寺庙。到了两宋时代，明州成为汉文化输出的主要口岸。[⑥] 其主要原因在于明州有着深厚的文化底蕴，仅全国文物保护单位就有 20 多处。[⑦]

（二）上海港城的崛起，成为东亚的一处重要港埠

上海应该说是一处未被开垦的处女地，它的发展从 1840 年后开始，可以说上海是一个转折与转型的新兴城市。它是一处吸纳型的城市。五口通商向外开放为新生的生产力发展和我国近代经济提供了必要的条件，上海城市适逢发展机遇，这里举两个例子：

第一，上海成为发展的大港口。五口通商后的上海口岸的对外开放，促进了世界贸易的发展与科学文化的交融。其中海上航运业是纽带，上海正因为有了发达的航运业，才使它成为一座世界性的通商大埠。在未开埠以前，我国船舶进出只从广州港，而 1843 年开埠后，外国船舶始来上海。由于上海具有优越的经济地理条件，因而使我国对外贸易的中心由广州移到上海，各国船舶进出上海港的数量迅速增加。[⑧]

---

①　林士民等：《万里丝路——宁波与海上丝绸之路》，宁波出版社，2002 年，第 120 页。
②　林士民等：《万里丝路——宁波与海上丝绸之路》，宁波出版社，2002 年，第 54 页。
③　林士民：《宁波造船史》，浙江大学出版社，2012 年，第 41 页。
④　林士民：《宁波造船史》，浙江大学出版社，2012 年，第 43 页。
⑤　林士民：《宁波造船史》，浙江大学出版社，2012 年，第 79 页。
⑥　林士民等：《万里丝路——宁波海上丝绸之路》，宁波出版社，2002 年，第 119 页。
⑦　国家文物局主编：《中国文物地图集·浙江分册》，文物出版社，2009 年，第853 页。
⑧　王志毅：《中国近代造船史》，海洋出版社，1986 年，第 29 页。

表一　上海和广州进出口船舶数表

年　代	上　　海		广　　州	
1845			302 艘	136 850 吨
1847	162 艘	26 735 吨		
1854			320 艘	154 157 吨
1855	437 艘	157 191 吨		
1863	3 400 艘	984 300 吨	867 艘	300 500 吨

从表一可以看出上海开埠之初,进出口船舶吨数仅及广州的五分之一;到19 世纪 50 年代中期,则与广州大致相等;而到 1863 年,其船舶数和吨数都达广州同年三倍多。值得注意的是 1847 年到 1863 年,仅仅十几年间,上海进出口船舶吨数竟增长了二十六倍之多。这一切"表示上海在鸦片战争以来是何等迅速地突飞猛进"。①

第二,全球化眼光下看宁波商帮。宁波商帮中有识之士纷纷涉足上海,频繁地进行商贸活动,推动了上海的建设。有传统的宁波帮实业家,深深地意识到上海崛起后的地位和作用,抓住了上海开埠发展的机遇,抢滩大上海,率先在近代上海经济、贸易、航运、金融等领域做出了成绩,尤其在航运、金融业更是独占鳌头。

从开埠到 1937 年,仅据《上海宁波人》统计,上海仅宁波商人先后开设或出任经理的重要的钱庄、银行、保险公司、交易所就有 105 家,创办各种重要工业企业101 家,参与投资创办的驰名商号 28 家。这些企业对激活上海的近现代经济起了相当大的作用。在这批企业家中就有著名的严信厚、叶澄衷、虞洽卿、朱葆三、周宗良、刘鸿生、孙衡甫、俞佐庭等人。李珹在《宁波人在上海经济领域开拓企业的历程》一文中云:"20 世纪二三十年代是旅沪宁波人势力极盛之时,他们以宁波旅沪同乡组织为基础,充分发挥其擅长经商的才能与优势,逐渐渗透到上海经济的各个领域,在上海金融、航运等行业中,宁波人更是占据了举足轻重的地位。"

《创业上海滩》云:"在 20 世纪 30 年代作了一个统计,上海工商界名人 1 836人中,宁波籍人士就有 453 人,占四分之一,宁波人在上海的'王者地位'由此可见一斑。此时以贸易为先导,金融为依托,航运为纽带,工业为基础的商人集团——'宁波帮'发展成熟,并驰誉海内外。"②全国闻名的上海最繁荣的商业大街——南京路,始建于 1865 年,到 20 世纪 30 年代达到了鼎盛时期,呈现一片繁荣景象。但谁也不会想到,在这样繁荣的"中华商业第一街"中竟有三分之一的商号由宁波商人搭着门面。"从外滩到虞洽卿路(即今上海西藏路)除去四大公司外,华人开办的大小商号 150 家,其中将近 50 家是宁波人所开或发起组织的,

---

① 《捷报》1896 年 4 月 2 日,本文转引王志毅:《中国近代造船史》,海洋出版社,1986 年,第24 页。

② 乐承耀:《宁波帮经营理念研究》,宁波出版社,2004 年,第 162 页。

涉及到 20 个行业……"①这从一个侧面说明了上海的崛起过程中,宁波商人也作出了一定的贡献。

(三) 世界性新型都市的形成

上面列举了开埠后上海发展的一面,反映了宁波商帮投身于上海的历史事实。这里值得一提的是,宁波商帮世代坚守宁波。上面已述宁波是一个古老的港口城市,有着悠久的历史文化底蕴,但在与西方文化交融中,宁波帮看到了宁波在开埠后将被上海港所取代的未来。虽宁波率先接受西方先进技术购买"宝顺"机动轮,为清政府洋务派李鸿章所赏识,但不久上海也效仿宁波购得洋船。②

二、上海航运业的崛起与发展

上海作为一个港口城市的崛起与发展,航运业是其发展的纽带。经济、科技、文化的交流发展,交通航运是关键。不论是古代,近代还是现代,凡是港口发展快的城市,其航运业一定是发达的。上海港的发展,也是靠航运业来支撑的。

在五口通商中,先是广州、福州、厦门、宁波,最后才是上海。我们现在可以从历史角度来分析一下这些口岸的发展状况。广州是我国绵延千年的南海明珠,是中国海上丝绸之路千年的见证,不管是外国商船入中国,还是中国商舶出南洋,都要经过这个"丝路"枢纽。福州、厦门是沿海港口,但它们与广州一样,没有一个直通京都的广阔的腹地,唯独宁波这个口岸位于中国大运河(浙东运河段连接京杭大运河)的出口处,又与海上丝绸之路入口汇聚,港口地理环境优越,不冻不淤,千里水道直通各代的京都,从唐代开始东亚、东北亚以及东南亚来中国的使节与商旅,都喜欢从明州港出入,这在历代文献中屡见不鲜。③ 上海港开放崛起后,由于它的地理位置优越,是长江三角洲中前沿港口,随着航运业的发展,上海不久就接收了 1840 年前的宁波港的航路和腹地优势,迅速成为中国沿海的一处新兴的现代化的港口都市。它不仅可以与世界各国通商贸易与文化交流,而且海运业在国内占据领先地位。

现根据所掌握的史料略加论述。

(一) 航运业以上海港为中心,向沿海地区、长江内地以及向南洋辐射发展

由于航运业的发展,促使了上海经济、文化的发展,上海一跃成为世界著名

---

① 陈春舫:《宁波人撑了南京路半边天》,《上海商业》2005 年第 8 期。
② 郑绍昌主编:《宁波港史》,人民交通出版社,1989 年,第 137 页。
③ 林士民:《万里丝路——宁波海上丝绸之路》,宁波出版社,2002 年,第 30、53、119、244 页。

的大都会。这里以宁波商帮中代表人物虞洽卿为例,通过历史的回忆,我们可以看到上海航运业发展中带有关键性的事件。

1. 宁波人创立的宁绍商轮公司

虞洽卿认为"商务之发达端赖交通之利便,而航业盛衰尤觇国势",[①]"轮船一业兴,商贸运输攸关,实为振兴实业之枢纽",[②]他以上海为中心,立志要改变洋人控制的局面。

从1869年美商旗昌轮船公司开辟沪(上海)甬(宁波)定期航线起,[③]沪甬线即成为中国轮船业的主要定期航线之一。到1908年,沪甬线上定期班轮有英国太古公司之北京轮、法商东方公司之立大轮及招商局的江天轮。三公司垄断了该航线,肆意抬高票价,虞洽卿等绅商向三公司提出不允。虞等召集宁绍两地商人,自行组织创办轮船公司。1909年5月公司已经邮传部、农工商部批准立案,[④]宁绍商轮公司创立,成为"以华商名义,使用大型轮船,面对外国侵略者强大竞争压力,在一条航线上坚持下来,取得胜利的第一家民族轮船企业"。[⑤]这里也说明当时宁波虽然腹地等优势为上海所接收,但作为提供人力资源的古老港城还是有相当的实力的。

1918年底虞所办的公司已拥有大轮船等8艘,航运总吨位计6 102.3吨。[⑥]

2. 以上海为枢纽拓展航运业

1918年虞的公司已注册的营业航线包括长江及南北洋各主要航线。[⑦]当时除了以"三北轮埠股份有限公司"的名义充实船只、扩展航线外,虞洽卿还同时增设了两家支公司——宁兴轮船公司、鸿安商轮公司。在添设"宁兴"、收购"鸿安"后,公司绝大部分股份亦由虞洽卿及其亲属拥有,实为独资公司。[⑧] 1919年虞独资经营的航运业已拥有12艘商轮,总吨位达1.409 7万吨。[⑨]

上海到武汉有定期班轮开驶,在长江沿海一些商埠均设有码头,还拥有趸船栈房等固定资产。虞为了进一步拓展航运业向政府贷款,增资轮船公司。在得到政府巨额贷款及六厘保息之允诺后,即1920年1月15日决定将三北轮埠公司的资本从100万元增加到200万元,[⑩]从而使其三家公司总资本达到320万元,加上其他轮运配套产业的投资,1920年时虞洽卿在航运业中的资本估计共

① 金普森主编:《虞洽卿研究》,宁波出版社,1997年,第229页。
② 1919年11月虞洽卿至交通部函,《交通史·航政篇》,第1064页。
③ 茅伯科主编:《上海港史》(古近代部分),人民交通出版社,1990年,第163页。
④ 《宁绍商轮公司禀准立案》,《申报》1909年4月26日,《农工商部部令》,《申报》1909年5月2日。
⑤ 樊百川:《中国轮船航运业的兴起》,中国社会科学出版社,2007年,第414页。
⑥ 据三北档案中所载船只吨位数统计。三北档案现藏上海长江轮船总公司档案科。
⑦ 参阅《交通史·航政篇》第1册,第391~396页。
⑧ 金普森主编:《虞洽卿研究》,宁波出版社,1997年,第231页。参考"鸿安商轮公司股东名单"(1919年9月18日),三北档案有关条。
⑨ 据三北档案中所载船只吨位数统计。三北档案现藏上海长江轮船总公司档案科。
⑩ 金普森主编:《虞洽卿研究》,宁波出版社,1997年,第233页。

有 450 万元之巨。①

资本的大量投入，效益也是明显的。1920 年鸿安公司行驶在上海至长江航运线的长安、德兴两轮及货栈、码头等项营业，共计盈余 18 万元；三北公司在沪汉线定期航行的虽只有一艘华利轮，但由于不定期轮班多，故营业收入也较大，该年公司利润净达 30 万元以上。② 与此同时虞增购、租用轮船，扩充船队规模，投入长江线定期航行。截至 1927 年虞共购进 18 艘轮船，计 2.5 万余吨。③ 他已拥有了一支在国内民族资本航运中无以匹敌的大型船队。另一方面虞采用租船扩大营业发展航线，更为引人注目。1921 年底虞租船总数达到 10 艘，此时虞洽卿所租用轮船占其使用轮船总艘数的 40%、总吨位的 34%。④ 1924 年开通了上海至九江航线，1925 年又开通了汉口至宜昌航班，1927 年虞设立宜万渝三华公司，直航宜昌、重庆间，还开通了上海到长沙的航线。在长江航运中，唯独虞洽卿独挂中国国旗，并大书"中国商轮"字样于两弦间。⑤ 至此长江全线均有虞洽卿的航轮在行驶。

3. 以上海为基地发展沿海航运业

虞的公司基地在上海。1927 年虞购得万象轮后，即开通沪闽（福州）定期航班，接着虞以敏顺、惠顺、升平等多艘大型轮船开通了上海至天津航班。为了"竞争南洋航运，发展其近海航业"，⑥又以华山、泰山、衡山、明山四轮辟上海至粤（广州）等南洋航线，间或派轮船驶往外洋。为了发展远洋的航线，虞还十分重视各埠间的配套工程，如各码头、栈房及仓库的添建等。他在 1934 年广州沙面租界新增 3 000 吨平安号大趸船 1 艘，以"便利客货"。⑦ 至 1936 年，该公司已拥有轮船 30 艘、拖轮 5 艘、驳船 12 艘，共计 5.2082 万吨，并在镇江、南京、汉口、重庆、福州、广州、天津等 20 多个城市设立了分公司（或代理处）。⑧

南京国民政府时期，战火连绵，时局不靖，世界经济危机的爆发更是直接影响了虞洽卿航运业的正常发展。在种种困难的情况下，其航运业非但没有在困境中被消灭，相反有所增长。到全面抗战大爆发前后，虞的航运船队规模达 82 艘，91 694.44 吨，有人统计这个数字几占全国轮船总吨位的七分之一。⑨

凭借个人的毅力和灵活经营的手段，虞洽卿非但没有被外商挤垮，而且其航运业在 20 余年中获得飞速发展，其轮运公司不仅在沪闽线上清除了外轮，⑩而

---

① 上海工商联档案史料 293 卷，《虞洽卿小传》。

② 《申报》1921 年 2 月 12 日《航务消息零拾》。

③ 据三北档案中所载船只吨位数统计。三北档案现藏上海长江轮船总公司档案科。

④ 樊百川：《中国轮船航运业的兴起》，中国社会科学出版社，2007 年，第 637~645 页。该书中"1921 年华资大中型轮船企业在重要航线配船统计表"。

⑤ 董敏：《近年来扬子江上游行业概说》，《航运学刊》第 2 卷第 6 期。

⑥ 《申报》1934 年 6 月 26 日《三北新辟南华航路》。

⑦ 《三北公司开驶南洋版》，《航运月刊》1934 年 9 月第 2 卷第 20 期。

⑧ 《三北轮埠有限公司广告》，《航运月刊》1936 年 10 月第 4 卷第 3 期。

⑨ 参照"三北轮埠公司船舶现状'统计表'"，《虞洽卿小传》中《工商人物传记》之一，上海工商联档案室史料 293 卷。

⑩ 据 1947 年 6 月 27 日鸿安、三北、宁兴拟订《复兴计划草案》，详见三北档案有关条。

且在长江线及其他的南北洋航线均成为外资轮船公司强有力的竞争对手。在竞争中虞所称"杜斯漏厄"、"挽已失之权利,扩未来之航业"①并未流为空谈。

虞洽卿在创立了我国最大的一支民营航运业船队的同时,亦为整个民营行业做了许多实际工作。他领导的上海市航运公会(1934年6月改名为"上海市轮船业同业公会")更为中国近代航运业的进步作出了相当的贡献。

(二) 航运业从上海走向世界,国内航运发展到国际航运

中国既是一个大陆国家,也是一个海洋国家。古老的中华民族,有着广阔的海洋文化,航海的内涵丰富。上海作为海港城市崛起,航运业成为这个东方大城市对外交通贸易与文化交流的主要产业之一。发展航运业,是推动海上丝绸之路文明对话的重要手段。其中,董浩云,作为宁波商帮的代表人物,"中国东方外货柜航运公司"的创办人,被誉为是"世界七大船王"之一。

董浩云是20世纪中国现代远洋航海事业的先驱。他的奋斗与成功是中国现代航运史发展的缩影和写照。董浩云将中国伟大的航海家郑和视为学习的楷模,年轻时他亲眼看到凭借不平等条约,各国船只在中国横行霸道,"大好锦绣河山,几(既)无一片净土",从此他便将自己的事业与国家、民族的强大兴盛联系在一起。他在日记中经常写道,他所从事的一切都要"为国人争光","为世界航运史添上新的一页",更"愿为国人航运史开一纪元"。董浩云的艰苦创业和董氏集团的快速发展,实现了董浩云的志愿。② 1946年董浩云以上海为基地,成立了中国航运公司,以沿海经营为主,同时积极拓展远洋运输业务。当时他已拥有7艘海船,共4万吨,此外还受委托代理5万吨海船。1947年"天龙"号轮从上海码头出发,直航欧洲法国。1948年"通平"号轮从上海码头出发,直航美国旧金山和南美洲。这两艘远航轮,可以说开辟了中国在世界的不定期远洋货运的先河。1959年董氏集团(香港)建造了7万吨的"东方(亚)巨人"号,这是当时亚洲人拥有的最大船舶,也是世界十大油轮之一。1979年又建造56、48万吨级的"海上巨人"号油轮,创世界纪录。③

1962年可载旅客的货运班轮"如云"号建成,开辟了远东到美国东岸的定期航线。1966年著名的客货班轮"东方皇后"号投入运行,开辟了东南亚航线。1966年购买2艘客船经营美国西海岸客运线,而后又购进4艘美国总统轮船公司的客轮经营加勒比海和大西洋客运航线。1969年以后董氏集团大力发展集装箱运输业务,先后开辟了远东到美国东北和西海岸、远东到欧洲、远东到中南美洲等多条航线。董氏集团的"东方海外航运公司"也改名为"东方海外货柜航运公司"。董氏集团紧跟时代步伐,造了多艘超级油轮,"海上巨人"号至今仍为世界最大的油轮。董氏集团1957年时才拥有20万吨海轮,1974年达到542

---

① 《申报》1909年5月3日《补录宁绍商轮公司呈请立案文》。
② 董建平等:《董浩云的世界》,三联书店,2007年。
③ 乐承耀:《宁波帮经营理念研究》,宁波出版社,2004年,第137页。

万吨,到 1980 年则拥有 120 余艘大海船共 1 000 万吨的庞大船队了。这个船队不但有各种主要的货运船型,也有豪华客船、运输船等,经过短短的几十年的努力奋斗,其业务航线也基本覆盖世界各大洲的主要港口。[①] 董氏集团从上海基地起家开拓世界性的交通贸易航线,为中国的航运业树立了一块光辉的里程碑,董浩云先生也被誉为"现代郑和"。

[①] 详见《董浩云日记》与《董浩云的世界》两书。2007 年 4 月郑会欣的后记;2004 年 9 月董建华等序言。

Study of Shanghai Shipping Industry and Ningbo Businessman Group

Summary: Through comparative research of large number of historical data about Shanghai port and Ningbo port, we can see the historical causes and internal factors of the development of Shanghai into an international city. In the formation of worldwide urban, the development in the shipping industry is the key to the support of the dialogue between the city and the civilizations in the world. The development of Shanghai shipping industry from domestic to international further promoted international trade and cultural exchanges. Shipping industry pioneered by the Ningbo Commercial representatives Qiaqing Yu and CY Tung contributed greatly to the development of Shanghai, and brought more prosperity and sustainable development of the Shanghai.

Keywords: Ningbo Businessman Group, the Rise of Shanghai Port, the Shipping Industry Base

19 世纪买办的垄断地位和延伸网络

李培德*

（中国香港　香港大学亚洲研究中心）

摘　要： 19 世纪的买办，凝聚力甚强，这可从买办的推荐和保证制度反映出来。香港的广东人买办韦光、罗伯常、何东、莫仕杨、容良等，无论是个人或家族，多以世袭或互相保荐的方式来垄断，将影响力由一个群体，一个地方扩散到全国，远至日本。买办利用此种既非市场又非制度的方法来展开商业活动。进入 20 世纪，由于民族主义抬头，买办制度受到冲击，有不少外商认为不需要买办中间人的角色去进入中国市场，因此买办制度逐渐走向衰落。

关键词： 买办　汇丰银行　三井洋行　非制度的网络　保证人制度

一、引　言

　　"买办"一词，其实最早起源于中国，是明代地方衙门向民间采购日常用品专设的职位，鸦片战争前亦曾见于广州公行贸易制度，是十三行行商为来华外商所设的一种仆役。买办的现代意义和真正发展，是香港开埠和上海通商以后发生的事。买办，绝不仅为洋商专用，在 20 世纪的中国，中国的船务企业如招商局都有雇用自己的买办。目前，海内外学者对买办即同时为独立商人，与洋商进行业务交易，对近代中国经济扮演推动角色，都有一致的看法。

　　香港割让及五口通商后，大批西方商人涌入中国，其中尤以英商最为活跃，他们无不以香港为发展远东商贸的基地，建立起包括东亚及东南亚的区域网络，由于他们重用广东买办，无疑对广东买办网络的形成有极大的促进作用。19 世纪的买办，族群凝聚力甚强，这可从买办的推荐和保证制度反映出来。香港的广东人买办韦光、罗伯常、何东、莫仕杨等，无论是个人或家族，多以世袭或互相保荐的方式来控制，甚至垄断一家洋行的所有买办职位。上海通商后崛起的买办如徐润、唐廷枢、郑观应，无一不是通过血缘关系取得买办职位。广东买办凭血

---

*　作者简介：李培德，香港人，祖籍山东，香港大学亚洲研究中心专职研究员，专研中国近代经济、商业史，目前在搜集和研究 19 世纪以来在华英商华籍买办的文献。

缘、地缘关系填塞新开的买办位置,将影响力由一个群体,一个地方扩散到上海及全国,甚至海外如日本,反映了 19 世纪华人社会的特质,即重视血缘和地缘关系。当然,若从这些买办的角度来看,凭血缘和地缘等人际关系极可能是他们寻求帮助和解决问题的最有效方法。买办利用此种既非市场,又非制度的独特方式来展开各种商业活动,正可说明人际网络的正面功能,使他们的商业活动区域得以扩展开去。

二、广东买办的兴起及延伸网络

广州,无可否认是中国第一个对外开放的城市,与外界接触有悠久的历史。清政府为管理对外贸易而设立公行制度,由包括行商、通译、买办所组成。正如威廉·亨特(William Hunter)所说,买办对于外商来说,角色最为重要,几乎所有与洋行有关的大小事务,从检验银两成色、会计、雇用工人(包括厨子、苦力)、翻译,及与中国商人交涉等等,无一不由买办负责。[①] 虽然公行制度于鸦片战争后取消,但并不意味买办从此绝迹,反而进入一个新的发展阶段。过去由于全国的对外贸易都集中于广州进行,广东人于公行制度时期垄断买办职位,已成不争的事实。[②] 如郝延平所指,他们绝大部分来自珠江三角洲,如香山、南海、番禺。近代中国买办的兴起,有以下几点原因:1. 当买办成为独立的自由商人后,聘用买办多与裙带、地缘等关系有关;2. 公行制度虽被取消,与此同时香港及其他中国商埠相继开放,外国在华洋行数目激增,大大刺激了洋商对买办的需求;3. 西方商人于中国进行贸易,无论语言或处理本地事务等各方面,都需求助于买办,其中尤以英商最懂得利用买办。但是,不得不指出,外商最倚重买办的,并非语言或人际关系,而是卸除所有与中国商人交易的风险。[③]

一般来说,从 19 世纪中叶,外商所雇用的中国买办,以广东人为最多。根据郝延平对英美洋行的研究,如表一所示,于 1850 年代至 1860 年代美商琼记洋行(Augustine Heard & Co.)所雇用的 24 名买办,全是广东人,而怡和洋行(Jardine Matheson & Co.)于 1850 年代至 1900 年代共雇用了 32 名买办,其中广东人有 18 人之多,超过总数的一半。宝顺洋行(Dent & Co.)于 1830 年代至 1860 年代共有 21 名买办,其中有 14 人为广东人。值得一提的是,亦正如郝延平所指,广东买办之优势不只限于中国,更延伸至日本及东南亚。[④] 由于洋商开

① William C. Hunter, 'Fan Kwae' at Canton Before Treaty Days 1825 – 1844, London: Kegan Paul, Trench & Co., 1882, pp. 53~59.
② Yen-p'ing Hao(郝延平), The Comprador in Nineteenth Century China: Bridge Between East and West Cambridge, MA: Harvard University Press, 1970, p. 13.
③ 邝势男:《香港的买办制度》,载黎晋伟主编:《香港百年史》,香港:南中编译出版社,1948 年,第 130 页。
④ 郝延平指出了西方商人雇用广东买办而非日本人买办的原因,见前引氏著 The Comprador in Nineteenth-Century China: Bridge Between East and West, pp. 51~59.

拓东亚市场多借广东买办之力,其中尤以日本横滨、长崎为甚,这或可说明广东人于日本,亦同样存在关系网络。①

表一　19世纪外资洋行雇用的广东籍买办统计　　　（单位:人数）

	宝顺洋行	琼记洋行	怡和洋行
年代	1830~1860	1850~1860	1850~1910
买办总数	21	24	32
已确认籍贯	14	21	21
广东买办	14	21	18
在香港广东买办	2	4	6
在上海及中国其他城市广东买办	19	16*	26

资料出处: Yen-p'ing Hao, *The Comprador in Nineteenth Century China:Bridge Between East and West*, Cambridge, MA:Harvard University Press, 1970, appendixes.

* 于横滨和西贡各有2名广东买办。

任职买办的条件若何? 谁人可当买办? 至今学界未有一个统一的说法。一般来说,英语应是首要条件,但非必要,洋商考虑的往往是买办的人际网络和承担风险的能力。可以说,从人际关系和承担风险所反映的信用,是最重要的条件。不少买办只会操一些简单词汇,甚至完全不懂外语。根据1862年于广州出版,由唐廷枢编写的《英语集全》,促进买办与外商之间沟通的"买办问答",全是洋泾浜英语(Pidgin English),是以自己的语言加以注音,能发出相近的音便可,并不要求准确。其内容正如图一所示:

See that the money is weighted（英语）

思咧地蚊尼衣士威（用广州话注音的洋泾浜英语）

要看佢兑过呢的银（广州话）

Iu hon kui toi kwo ni tik ngan（用英语注音的洋泾浜广州话）

由于《南京条约》将中国对外贸易从管制的枷锁中释放出来,买办很快就代替了行商,成为外商与中国进行交易的代理人,同时又成为与外商交易的华商的保证人。1842年后,公行制度废除,一些曾为行商的商人仍参与私有化的茶、丝贸易,而买办亦成为私人代理商,不像过去只为政府管制贸易的代理人。通译于公行制度废除后离开了行商,被新兴的海关大量吸收,或自行经办与海关业务有关

① 横滨华侨社会中,以广肇帮势力最大,亦以广肇帮来横滨最早。参考伊藤泉美:《横滨居留地之中国人商馆》,载横滨居留地研究会编:《横滨居留地之诸相》,横滨:横滨开港资料馆,1989年,第115~118页;《横滨华侨社会之形成》,载《横滨开港资料馆纪要》第9号(1991年),第1~28页。

国家航海　第三辑

National
Maritime Research

19世纪买办的垄断地位和
延伸网络

067

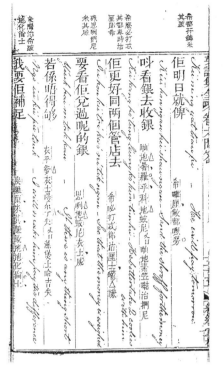

图一　《英语集全》里的"买办问答"

资料出处：唐廷枢著《英语集全》(广州：纬经堂，1862年)。

的行业。正如梅爱莲(Andrea McElderry)根据她对中国条约港雇员保证制度的研究指出，[①]新的买办保证制度已不再由行商或代理商推荐所熟识的人般简单，个人的连带保证责任已成为普遍接受的不成文规定。替买办保证的人亦须知道，将承担一切可能由买办引起的风险。当洋商正依赖这种制度来确保买办的信用时，买办则利用他们的关系网络来增添雇员，或利用买办的权力来维持他们在商场上的影响力。

表二　买办向上海外资银行缴交的保证金额及每月领取薪金　　（单位：两）

银　行　名　称	保证金金额	每月薪金	由买办雇用职员人数
华俄道胜银行（Russo-Chinese Bank）	150 000	200	25
汇丰银行（Hongkong and Shanghai Banking Corporation）	100 000	200	50

---

① 见梅爱莲著的两篇文章："Guarantees and Guarantors and in Chinese Economic Reforms", in *Journal of Intercultural Studies*, Nos. 17 and 18 (1990-1991), pp. 41～50; "Doing Business with Strangers: Guarantors as an Extension of Personal Ties in Chinese Business", in Kenneth G. Lieberthal, Shuen-fu Lin, and Ernest P. Young (eds.), *Constructing China: The Interaction of Culture and Economics*, Ann Arbor: Center for Chinese Studies, University of Michigan, 1997, pp. 147～170.

银 行 名 称	保证金金额	每月薪金	由买办雇用职员人数
麦加利银行（Chartered Bank of India, Australia & China）	100 000	250	25
横滨正金银行（Yokohama Specie Bank）	40 000	100	12
东方汇理银行（Banque de L'Indo-Chine）	40 000	150	12
花旗银行（International Banking Corporation）	40 000	100	11
宝信银行（Guarant Trust Co. of New York）	40 000	不明	9
华比银行（Banque Belge Pour L'Etranger）	30 000	不明	8
和兰银行（Netherlands Trading Society）	30 000	不明	9
德华银行（Deutsch Asiatische Bank）	没有具体要求	不明	16
义丰银行（Società Coloniàle Italiana）	没有具体要求	75	10

资料出处：上海东亚同文书院调查《中国经济全书》第2辑，上海：东亚同文会，1908年；台北：南天书局翻印，1989年，第345～350页。

　　有关买办向外商缴纳巨额保证金，早已被学界所讨论。最值得注意的并非买办和洋商的雇佣关系，而是买办作为独立商人与雇主以外其他商人的生意往来。华商欠外商债固然有之，但外商欠华商钱而产生的纠纷亦为不少。① 从表二可见，买办每月领得的薪金数额远远小于他们向洋商缴交的保证金。很明显，买办的主要收入来源不在于固定的薪金，而在于其他途径。目前香港历史档案处保存了为数甚多的19世纪香港华人遗嘱，②其中有不少相信是属于香港买办的。首先，黄亚广，广东顺德人，替香港士乜丫者行（Messrs. Smith, Archer & Co.）当买办。从他的遗嘱中可见他不仅对其儿子将来成为买办有所期待，同时更揭示了当买办的必要条件。黄氏安排了一笔不超过五千元的款项，作为将来谋求买办职位所需要的保证金。黄氏的遗嘱是这样写的：

　　　　假如我的任何一位儿子要当洋行买办或副买办，恳请我的财产托管人

① Eiichi Motono（本野英一），*Conflict and Cooperation in Sino-British Business，1860–1911: The Impact of the Pro-British Commercial Network in Shanghai*，London：MacMillan Press；New York：St. Martin's Press，2000.

② Carl T. Smith（施其乐），"Hong Kong Chinese Wills：1850–1890", in Carl T. Smith, *A Sense of History：Studies in the Social and Urban History of Hong Kong*，Hong Kong：Hong Kong Educational Publishing Co.，1995，pp. 3～37.

完成我的愿望,替他们作担保,并给予一笔为数不超过港币五千元的担保费……①

虽然,黄氏并没有提及他的儿子会于那一家洋行工作,或他会向谁推荐,但我们可从他的遗嘱得知充当买办的条件是:1. 人事担保;2. 保证金约五千元。②

三、广东买办的人际网络及活动区域

当英国人取得香港并开始拓展商贸事业,买办制度很快就被引入香港,③直至 20 世纪 60 年代止,香港成为使用买办制度最久的中国城市。早于 1850 年代,香港华人社会出现了一批精英,他们多为成功的买办、商人、工程承包者。在这批华人精英当中,有不少是广东买办,包括韦玉、何东、罗伯常等,他们甚至成为本地华人社会领导层的核心,与英国统治者最能融合。④ 从他们早期的发迹故事可见省、港、澳、沪之间的区域活动网络。

韦光,是香港著名买办,韦玉是他长子。韦光的成功故事正好说明 19 世纪广州、澳门、香港之间粤商流动的区域关系。他的父亲是美商 Benjamin Chew Wilocks 及 Oliver H. Gorden 买办。韦光年幼时遭家庭遗弃,流落澳门街头行乞。后来得一传教士的帮助,前赴美部会(American Board of Commission for Foreign Missions)于新加坡办的马礼逊教育协会(Morrison Education Society)读书,从此改变了他的一生。他返回香港,开展他的事业。首先,于包剌洋行(Bowra & Co.)当买办。1857 年,出任有利银行(Chartered Mercantile Bank of India, London & China)的首任买办,直至身故。⑤ 韦玉,字宝珊,香港著名富商。1879 年,韦玉继承父业,接掌有利银行买办职位,成为韦氏家族第三代买办。1896 年,韦玉被委任为立法局的非官守议员,为香港开埠有史以来第四位

① 香港历史档案处藏香港历史档案系列 144:香港高等法院(遗嘱)第 245 号(1867 年 8 月)。
② 见李培德《早期香港买办的人际网络》,载朱燕华、张维安编:《经济与社会——两岸三地社会文化的分析》,台北:生智文化事业有限公司,2001 年,第 141~153 页。本文使用的洋行译名多采自黄光域编:《近代中国专名翻译词典》,四川人民出版社,2001 年。
③ 最早插足香港的三家外资洋行包括宝顺洋行,于 1820 年代起便活跃于广州和澳门;怡和洋行,于 1832 年成立于广州;劫行(Gibb, Livingston & Co.),于 1836 年成立于广州。见 Arnold Wright, *Twentieth Century Impression of Hongkong, Shanghai, and Other Treaty Ports of China*, London: Lloyd's Greater Britain Publishing Co., Ltd., 1908, pp. 210~214.
④ Hui Po-keung (许宝强), "Comprador Politics and Middleman Capitalism", in Tak-Wing Ngo (ed.), *Hong Kong's History: State and Society under Colonial Rule*, London and New York: Routledge, 1999, pp. 30~45.
⑤ Carl T. Smith, *Chinese Christians: Elites, Middlemen, and the Church in Hong Kong*, Hong Kong: Oxford University Press, 1985, pp. 62~69.

华人议员。韦玉弟韦朗珊，1882 年起任大东电报公司（Eastern Extensions & Great Northern Telegraphs Co.）买办，三年后同时兼任香港汇丰银行副买办，直至 1895 年止。

1865 年，罗伯常成为香港汇丰银行的首任买办，他的买办职位一直维持至 1877 年身故为止。罗氏出身于广东黄埔，他于香港发展的事业可谓十分成功。罗氏于 1877 年去世，根据他的遗嘱显示，他将所有财产都交给他的第三子罗鹤鹏。罗鹤鹏不仅继承父亲的遗产，更接替其于香港汇丰银行的买办职位。

从以上韦玉和罗伯常的个案来看，19 世纪的香港洋行买办，特别是一些重要的商行，大多由世袭或保荐产生。

1859 年日本神奈川开埠，引来大批洋商，而洋商又从香港、上海带来一批广东买办。这些广东买办多引荐自己的兄弟或同乡，几乎垄断了横滨开埠初期的所有买办职位。举例来说，天祥洋行（Dodwell & Co.）买办 Ah Qwai，于 1859 年来横滨，1916 年逝世时将其职位传给儿子。法国邮船公司（Société des Services Contractuels des Messageries Maritimes）买办黎炳垣，于 1886 年至 1910 年任职期间，先后引荐了自己的兄弟 Lai Chun Woon 和 Lai Kui Woon。香港的琼记洋行于当时不仅在中国，甚至在日本，都有扩充业务的需要，为广东买办网络之延伸提供了一个重要的机会。1859 年，时任琼记洋行买办的莫仕杨，当他知道琼记将于福州开设分行（称隆顺行）时，即举荐他的好友唐能出任。如图二所示，在他所写下的保证书里谓：

> 立担保单人亚杨（作者按：即莫仕杨），为因举荐唐能往福州隆顺行喝公司应口承充买办，但行内事务或有亏空银两，系担保人填还，如有火烛贼盗与及异外等弊，即与担保人无涉，恐口无凭，立单为据。

琼记洋行的另一买办陈三谷，1860 年当他知道琼记洋行将于横滨开设分行时，他捷足先登，向洋行保荐其长子陈玉池，正如他于保证书内写道：

> 立保单人陈三谷，为担领长男陈玉池前往日本国央喝行当买办之职……倘有意外不测之事，各安天命，如果怀私走骗，统为陈三谷是问……①

洋商对聘用买办的要求，看来保障风险是最基本的了。因此，非一般商人愿意随便替别人担保，正如下面陈荫堂当沙逊洋行买办的保证书所说，所有的责任均由担保人负责。可以想见，买办与担保人的关系非比寻常。当然，买办本身亦可作另一买办的担保人。这正如一个钱币的两面，买办基于利益所致，对探索新开的买办职位，特别敏锐。

---

① 横滨开港资料馆编：《横滨中华街——开港から震灾まで》，横滨：横滨开港资料馆，1994 年，第 26～30 页。

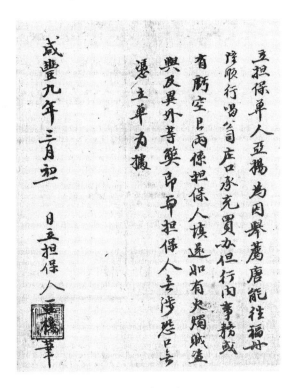

图二 买办保证书之一

资料出处：Yen-p'ing Hao, *The Comprador in Nineteenth Century China: Bridge Between East and West*, Cambridge, MA：Harvard University Press, 1970, p. 156.

立保单德盛振号，今保到广东香山县人陈荫堂先生，在老沙逊洋行经理买办，银钱出入，倘有用空，向保人理涉。如遇盗贼水火以及市面倒帐，各安天命，与保人无干，恐口无凭，立此保人存照（图三）。

何东，于 1883 年至 1900 年期间担任怡和洋行买办，被誉为 19 世纪中国通商口岸里最富有的华人。何氏一生接受过多国政府颁赠的勋章和荣誉，其中包括英国勋衔和多个中国政府荣誉奖章。何氏被称为领导中国保险、航运、外贸业的巨子。他是 18 家设于香港及上海知名企业的董事，其中又是某几家公司的主席或最大股东。何氏投资于内地一些官督商办企业，并与中国官员维持良好关系。何氏于香港、澳门、上海、青岛、伦敦都有不少房地产。无可否认，他于 19、20 世纪之交，成为首屈一指的巨富。何氏是怎样积累财富的？相信这和他担任怡和洋行买办有密不可分之关系。

何东可以说是买办世家。由他本人任怡和洋行买办时起，他陆续保荐了他的两位兄弟何福和何甘棠任怡和洋行的助理买办，直至他本人退休将买办的职位正式传给他们为止。何东的养子何世荣于 1912 年至 1946 年期间担任香港汇丰银行买办。据说何世荣能得此职位，全赖何东担保，交了巨额的保证金，打破了当时汇丰银行买办保证金的最高纪录。何世荣的四位兄弟，随后亦成为买办，

图三 买办保证书之二

资料出处：本野英一著：《伝統中国商业秩序の崩壊——不平等
条約体制と"英語を話す中国人"》，名古屋：名古屋大学出版会，2004
年，第221页。

计：何世耀——有利银行；何世光——沙逊洋行（Sassoon & Co.）；何世亮——
怡和洋行；何世奇——安利洋行（Arnhold & Co.）。[1] 何甘棠子何世华亦为买
办，而何福子则继承父业，成为怡和洋行买办。此外，据学者所指，何东家族充分
利用"姻亲网络"，与不同企业的买办联结，包括香港九龙码头及货仓有限公司
（Hongkong & Kowloon Wharf & Godown Co., Ltd.）买办黄金福（何东四女
何纯姿家翁）、日本邮船会社（Nippon Yusen Kaisha）买办谢家宝（何福五女何婉
璋家翁，娶何甘棠女何柏龄为妻）、怡和洋行买办的罗长肇（何东长女何锦姿家
翁）及蔡立志（女嫁给何甘棠次子何世杰）。[2]

从表三可见，汇丰银行于1865年创办后的一百年间，分别在香港及上海雇
用了7名买办。这批被汇丰看中的买办，均为本地的望族，例如香港的罗伯常、
刘渭川和何东家族；上海的席氏和龚氏家族。买办职位由一家族控制，尽可能地
维持"代代相传"。

---

① 前引 Arnold Wright, *Twentieth Century Impression of Hongkong, Shanghai, and
Other Treaty Ports of China*, p. 178.
② 郑宏泰、黄绍伦：《香港大老何东》，香港：三联书店，2007年，第208～216页。

表三　汇丰银行香港及上海买办(1865～1965)

香港买办			上海买办		
姓　名	任　期	籍　贯	姓　名	任　期	籍　贯
罗伯常	1865～1877	广州黄埔	王槐山	1865～1874	浙江余姚
罗鹤朋	1877～1892	广州黄埔	席正甫	1874～1904	江苏苏州
刘渭川	1892～1906	广东香山	席立功	1904～1922	江苏苏州
刘伴樵	1906～1912	广东香山	席鹿笙	1922～1929	江苏苏州
何世荣	1912～1945	香　港	龚子渔	1930～1937	江苏吴县
唐宗保	1945～1953	广　东	龚星五	1937～1941 1945～1949	江苏吴县
李纯华	1953～1965	广东香山	龚振方	1949～1950	江苏吴县

资料出处：Carl T. Smith, "Compradores of the Hongkong Bank", in Frank H. H. King (ed.), *Eastern Banking: Essays in the History of the Hongkong and Shanghai Banking Corporation*, London：Athlone, 1983, pp. 93～111；马学强著：《江南望族——洞庭席氏家族人物传》，上海社会科学院出版社，2004年。

如果说何东家族垄断了怡和洋行及香港汇丰银行的买办职位，那么香港的莫氏和容氏家族则分别囊括了太古洋行(Butterfield, Swire ＆ Co.)和麦加利银行(后称渣打银行)几乎所有的买办职位，与何东齐名，成为香港有名的买办家族。莫应溎是广东中山人，由他的祖父莫仕杨于1870年任太古洋行买办起，历他的父亲莫藻泉和兄长莫干生，可谓三代为买办，长达六十余年。有趣的是，不仅莫家可任买办，还因裙带关系，连同莫家的姻亲亦可占去不少太古洋行如帮办、华经理、高级文员等职位，正如莫应溎本人所说：

> 我父亲那一代，除我的伯父云裳因照科举考试，没有进入太古洋行工作以外，其余几房叔父，后来都成了太古洋行各分支机构的买办；姻亲中，因我们莫氏家族的援引，后来成为太古洋行的各种附属机构的买办、职员及船上买办的，为数更不可胜数。……至于因我们的介绍，到太古洋行各单位工作的族人，百年来累计已达千人以上。①

如表四所示，莫氏家族成员占去太古洋行大部分的重要职位。值得一提的是，这种家族群体网络，更可延及外姓的姻亲，甚至关系要好的朋友。

麦加利银行首任买办容良，中山人，可谓将买办职位世代相传，完全不假手外人。由容良本人开始，先传其子容宪邦，再传给其孙容子名，最后到曾孙容次岩，可谓历四代不衰。容家在香港金融界显赫一时，容子名曾任香港银行办房团

① 莫应溎：《英商太古洋行近百年在华南的业务活动与莫氏家族的关系》，载《广东文史资料选辑》第44辑，广东人民出版社，1985年，第95、129页。

表四 莫氏家族所占太古洋行买办职位

姓　　名	与莫应溉关系	于太古洋行职位
莫仕杨	祖父	香港太古洋行买办
莫藻泉	父亲	香港太古洋行买办
莫干生	兄长	香港太古洋行买办
莫应溉	本人	副买办、糖业部华经理
莫芝轩	四叔	上海太古洋行买办
莫襄甫	五叔	广州太古洋行买办
莫季樵	堂兄	青岛太古洋行买办
莫泳如	堂兄	华人船务处、太古燕梳分局
莫仲逮	堂兄	船上买办
莫久畅	堂兄	船上买办
莫庆荣	侄儿	香港太古洋行保险部
莫庆锵	侄儿	香港太古洋行
莫鹤鸣	本族亲戚	海口代理处
陈景华	姨丈	佛山轮船买办
蔡功谱	姨丈	船上买办
黄卓庵	襟弟	糖业部华经理
卓惠愚	姻亲	广州太古洋行
唐绍雄	姻亲	广州太古洋行货仓买办

资料出处：莫应溉：《英商太古洋行近百年在华南的业务活动与莫氏家族的关系》，载《广东文史资料选辑》第44辑，广东人民出版社，1985年，第77～181页；麦国良：《掌管太古洋行六十年的三代华人买办——莫仕杨、莫干生、莫应溉祖孙》，载《中山文史》第20辑，广东省中山市政协中山文史编辑委员会，1990年，第67～72页。

(Banking Compradores' Association)主席。① 其实，一家洋行的买办职位统由一家族所包揽，并不罕见。就算不完全垄断，但长时期占据者，亦有不少例子可寻。例如卢仲云，中山人，先后于德华银行及和嚼银行任买办，曾派驻荷兰及荷属爪哇群岛，历数十年之久，卢氏亦曾出任香港银行办房团主席。此外，陆霭云，广东高要人，先后为横滨和香港的乌思伦燕梳公司（New Zealand Insurance Co., Ltd.）买办，长达数十年之久。②

　　广东买办于19世纪，可谓叱咤一时，几乎垄断所有外国在华洋行的买办职

---

① 吴醒濂编：《香港华人名人史略》，香港：五洲书局，1937年，第42页。

② 前揭吴醒濂编：《香港华人名人史略》，第44～45页。

位。他们在香港同具影响力,在香港商业社会享有较高的地位。广东买办凭血缘、地缘关系填塞新开的买办职位,将影响力由一个群体,一个地方扩散到中国各大城市,甚至海外。① 其中,尤以对上海的影响最为突出,举例来说,香山人徐润于 1852 年经澳门和香港到达上海,得其叔父徐钰亭、徐荣村之介绍,于他们服务的宝顺洋行工作。徐润最初由买办副手做起,及后正式接掌叔父的职位,成为正买办。徐氏一族可谓三代买办,除他本人及两位叔父外,他的一个儿子为上海德商买办,两个侄子分别于宝顺洋行和礼和洋行(Carlowitz & Co.)工作。

与徐润情况相似,他的同乡郑观应亦于年少时取道澳门到上海,得到于洋行工作的叔父郑廷江照顾。1859 年,郑得徐润介绍,先进入宝顺洋行任助理,后到外商合盛祥茶行任买办和经理。1874 年,郑氏获聘为上海太古洋行买办,直至 1881 年他离开太古加入轮船招商局为止。后来郑介绍了他的同乡杨贵宣,继承他成为太古洋行的买办。

另一位香山同乡唐廷枢,同样得到同乡林钦的保荐,于 1863 年担任怡和洋行买办。1872 年,唐廷枢为出任轮船招商局总办而于卸任怡和买办之前,推荐其兄唐茂枝填补他的空缺。上海怡和买办之职位,唐氏家族可谓长期控制,直至最后由唐氏之孙唐日昌任最后一任买办为止。徐、郑、唐三氏不仅皆为香山同乡,而且互相有关系。郑是唐的亲戚,亦是徐的世交。如学者所指,"广东人到沪,因家族、宗族、邻里关系,互相牵引,像滚雪球一样,人数越来越多"。②

广东买办虽然懂得与洋商打好关系,勇于投资新兴事业,但不能就说可以永远维持广东买办的优势。到了 19 世纪末 20 世纪初,擅长于买卖蚕丝及经营钱庄的江浙买办,于上海逐渐取代广东买办的地位。根据学者的研究,广东商人始终不敌崛起于本土的江浙两省商人。在粤沪两帮商人竞争上海道台的位置时,显示出广东买办无法抵御江浙两省商人。③

广东买办不仅于上海遇到激烈的竞争,在横滨亦与当地日本商人不和。据学者指出,日本商人称广东买办为"管夫さん"(读音 kanfusan,英文 comprador 的误称)。日本商人对广东买办最反感的是垄断商业,并收取过多的中间人费用,遂有所谓"收回商权运动"之产生,日本政府决心全面取消买办,广东买办在日本的数目遂大为减少。④

国家航海 第三辑
National
Maritime Research

延伸网络

19 世纪买办的垄断地位和

075

---

① 李吉奎:《近代买办群体中的广东帮——以上海地区为中心》,载《学术研究》1999 年第 12 期,第 103~110 页。

② 冯尔康:《清代后期广东人移徙上海及其群体》,载氏著:《清人生活漫步》,中国社会出版社,1999 年,第 209 页。

③ 见梁元生:《上海开埠后广东帮与宁波帮的竞争》,收入氏著:《晚清上海——一个城市的历史记忆》,香港中文大学出版社,2009 年,第 23~40 页。

④ 不过,据日本兵库县立大学陈来幸教授向笔者指出,进入 20 世纪仍有个别企业如横滨正金银行在日本国内使用买办,以联络国内华侨商人。日本于 1960 年代,仍有个别华侨当买办,笔者感谢陈教授的提示。

四、小 结

19世纪的广东买办，族群凝聚力甚强，这可从买办的推荐和保证制度反映出来。香港的广东买办韦光、罗伯常、何东、莫仕杨、容良等，无论是个人或家族，多以世袭或互相保荐的方式来控制，甚至垄断一家洋行的所有买办职位。上海开埠后崛起的广东买办如徐润、唐廷枢、郑观应，无一不是通过亲戚的帮助，以取得买办职位。广东买办凭血缘、地缘关系填塞新开的买办位置，将影响力由一个群体，一个地方扩散到全国，甚至海外如日本，反映了19世纪华人社会的特质，即重视血缘和地缘关系。当然，若从这些买办的角度来看，凭血缘和地缘等人际关系极可能是他们寻求帮助和解决问题的最有效方法。广东买办利用此种既非市场，又非制度的独特方式来展开各种商业活动，正可说明人际网络的正面功能，这使他们的商业活动区域得以扩展开去。

进入20世纪，由于中国民族主义抬头，排外拒外运动兴起，买办制度在中国受到极大的冲击。与此同时，有不少外商认为要进入中国市场，不再需要假手于买办中间人的角色，因此，买办制度逐渐走向衰落。1899年，日本三井洋行率先停用买办。[①] 一些如美资的洋行，亦相仿效三井的做法。此外，买办的信誉问题亦受到考验，多宗的买办倒闭案件使外商对买办的要求亦愈为严格，不断提高担保金额或抵押品之价值。因此，要进入买办行业的门槛亦大为提高，让人却步。

值得一提的是，香港割让及五口通商后，大批西方商人涌入中国，其中尤以英商最为活跃，他们无不以香港为发展远东商贸的基地，建立起包括东亚及东南亚的局域网络，由于他们重用广东买办，无疑对广东买办网络的形成，有极大的促进作用。到了20世纪二三十年代，广东买办的优势随政治、社会和经济因素之转变而发生变化，亦逐渐走向衰落。相对于19世纪而言，洋商对买办的依赖逐渐减低，但要求却不断提高，这都造成了广东买办消失的一个重要原因。

1953年，香港汇丰银行委任最后一名买办李纯华，李是汇丰第四任买办刘伴樵的外甥。1960年汇丰将买办的名称改为"华经理"（Chinese Manager），五年后李氏正式退休，他的位置改由新任的更为高级的"联席经理"（Joint Manager）沈熙瑞接替。据学者指出，沈为江浙人士，1949年前于内地任中央银行副总裁，委任他为联席经理有助于拉拢当时在港甚为活跃的上海工业家。沈氏的出现，宣告了广东买办于香港历史的终结。[②]

---

① 见山村睦夫：《日清戦後における三井物会社の中国市场认识と'支那化'——綜合商社の形成と中国市場》，《和光経済》25卷3（1990年3月），第85～141页。
② Frank H. H. King, *The Hongkong Bank in the Period of Development and Nationalism*, *1941 - 1984*, Cambridge: Cambridge University Press, 1991, p. 630.

The Monopoly and Extended Networks of Chinese Compradores in the 19th Century

Abstract: In the 19th century, the cohesive power of Chinese compradores was extremely high due to two factors. One is the hindrance of entry of compradoreship to non-members of the same ethnic group. Another is the guarantorship. Cantonese compradores like Wei Guang, Lo Bochang, He Dong, Mo Shiyang and Yong Liang, monopolized all the compradore positions by order of succession and interlocking guarantorship. Their influences were extended from one group to all over China and even to Japan. Chinese compradores were used to adopt this non-institutional method to extend their business activities. Entering into the 20th century, due to the rise of Chinese nationalism, many foreign firms in China ceased to recruit compradore since they thought they did not have to rely on the intermediate role played by the compradores in exploring the China market. As a result, the compradore system in China came to a standstill.

Keywords: Compradore, Mitsui Co., Hongkong and Shanghai Banking Corporation, Non-institutional networks, Guarantor system

《顺风相送》校勘及编成年代小考

张　荣*　　刘义杰**

（北京　海洋出版社　　100081）

摘　要： 1935 年，向达先生于英国牛津大学鲍德林图书馆内寻获《顺风相送》和《指南正法》，抄录回国。后经向达先生校注，1961 年以《两种海道针经》为名出版，世人始见我国明清两代航海针路簿之庐山真面目。《顺风相送》问世以来，论者多从该书的成书年代进行考论，而鲜及其他。本文以《顺风相送》影印件对向注本《顺风相送》进行校勘，纠正向注本转录时造成的错误。

此外，本文认为《顺风相送》乃以浯屿港为起航港的航路指南，浯屿水寨的弃守和漳州月港的兴起与《顺风相送》的编成年代具有极强的相关性，通过论证，本文认为该书的编成时间应在隆庆至万历初的 16 世纪中叶。同时认为，《顺风相送》等已知的明代航海针路簿都源于明永乐元年尹绶编绘的《海道图经》，并经过火长们累次校正后编成的，因此，《顺风相送》的作者只能是火长们而非吴朴。最后，本文还就浯屿地望进行了简单考证，指出将浯屿港注释成金门岛是向注本的一大失误。

关键词： 顺风相送　向达　校勘　编成年代　浯屿

前　　言

　　1935 年，向达先生由北平图书馆派往英国牛津大学图书馆为交换馆员，替牛津大学整理中文图书，[①]因而得以在牛津大学鲍德林图书馆发现两种我国古代被视为"舟子秘本"的海道针经，遂抄写回传国内。其中一种封面题名为《顺风相送》（图一），1961 年，即以《顺风相送》为名与另一抄本《指南正法》合刊，以《两种海道针经》名目，冠以"中外交通史籍丛刊"之名由中华书局出版。两种海道针

＊　张荣（1974—　），女，陕西人，机械设计学士，海洋出版社编辑，研究方向：中国造船史及航海史。
＊＊　刘义杰（1958—　），男，福建人，历史学学士，海洋出版社编审，研究方向：中国海外交通史，郑和。
①　此据沙知：《向达学记》中《向达的自传》，三联书店，2010 年。

经均经向达先生校注,学界因以为重,凡研究中外关系史及相关学科者,莫不奉为圭臬。2000年,中华书局复将《两种海道针经》与同为向达先生校注的《西洋番国志》和《郑和航海图》结集,以"中外交通史籍丛刊"第一辑的形式再次出版。

据香港陈佳荣先生介绍,何毓衡先生曾据英国牛津大学赠送给美国国会图书馆的《顺风相送》影印件,标注后于1966年在台北由中国文化学院海洋研究所编印的《海洋会刊》中刊出,但此《顺风相送》照排本与向注本相较,并非全本。本文据以校勘的,乃中华书局出版,向达先生校注的《顺风相送》,简称向注本。

向达先生于牛津大学鲍德林图书馆抄得《顺风相送》,随后向国内学界传达了他的发现。虽是向达先生的转抄本,但却是

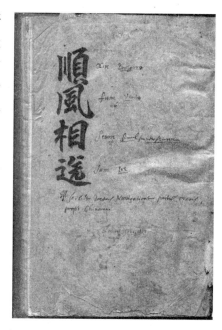

图一 现收藏于英国牛津大学鲍德林图书馆中的《顺风相送》

国人第一次得以目睹向来被称为"舟子秘本",火长手中的海道针经的真面目。为研究中外关系史、海外交通史、中国航海史和造船史提供了一份极为珍贵的文献。

《顺风相送》手抄本一经发现,便受到专家、学者们的重视。1951年,中国科技史研究专家王振铎先生在其《司南指南针与罗盘(下)》[1]一文中,首先引用了《顺风相送》中的有关文字,其注文中说明引文来自向达先生的手抄本。1961年《顺风相送》出版后,作为中外关系史,尤其是海外交通史和东南亚史研究的主要参考文献而备受关注。其中,大量征引该书资料,以补充明清时期东西洋资料不足的,当数陈佳荣、谢方和陆峻岭编辑的《古代南海地名汇编》,[2]余不赘述。向注本《顺风相送》的出版对学术界的贡献是不言而喻的。

关于《顺风相送》的成书年代,向达先生认为,"我们推测,此书很可能成于十六世纪"。[3]但随着对《顺风相送》研究的深入,中外学者对它的成书年代莫衷一是。近来,香港陈佳荣先生撰《〈顺风相送〉作者及完成年代新考》[4]一文,总结了数十年来《顺风相送》的研究成果,他在文中列举了林林总总12种之多的编成年代说法,时间跨度几达有明一朝。其中,更有陈国灿和郭永芳两位先

① 王振铎:《司南指南针与罗经盘(下)》,中国科学院考古研究所:《中国考古学报》第五册,1951年。
② 见陈佳荣、谢方、陆峻岭:《古代南海地名汇编》,中华书局,1986年。
③ 向达:《两种海道针经》,两种海道针经序言,中华书局,1961年。
④ 引自南溟网,http://www.world10k.com/.

生著有专文①探讨《顺风相送》一书编成的年代问题，然亦各持一家之说。陈佳荣先生在其文中又提出了"《顺风相送》全书应完成于1593年左右"的新说法。近年，更因钓鱼岛争端，我国学者多引用《顺风相送》中有关记载，用来证明钓鱼岛早在明朝初年就已经归入我国版图。持此说者，多以永乐元年（1403年）为成书年代。而本书编成的下限则殆无疑义，因为牛津大学鲍德林图书馆所藏原抄本有捐赠者劳埃德主教的题名，捐赠时间为1639年（图二）。故，《顺风相送》的最后编成时间应在明末。

图二 《顺风相送》封四有捐赠者劳埃德主教的题名和赠书时间

综而观之，长期以来，对《顺风相送》的研究，还大都集中在它的成书年代上，其他如它在航海、中外关系、东南亚国家历史地理等的研究则较为贫乏。

一、《顺风相送》校勘与说明

中华书局向注本《两种海道针经》之《顺风相送》，迄今已再版两次，4个印次，总印数逾万。自它现世以来，研究者向来将向注本视为经典，引用其中文字，从不疑有其他。然笔者近日得到一套完整的鲍德林图书馆馆藏《顺风相送》钞本的影印件，将之与向注本《顺风相送》对校，发现其中颇有些脱漏与差误之处，故不揣简陋，冒昧校勘（表一），并对发现的问题略加整理，俾望对《顺风相送》的研究有所助益。

表一 《顺风相送》校勘表

序号	页码	行列	向注本文	原　文	所在条目	属　性
1	21	倒3	巫	座	序	字误。原文有误，由向先生校改，本书尚有多处，不一一列出

① 陈国灿：《明初航向东西洋的一部海道针经——对〈顺风相送〉的成书年代及其作者的考察》，载武汉大学历史系编：《史学论文集（第一集）》（1978年）；郭永芳：《〈顺风相送〉最初的成书年代及其作者质疑》，《中国东南亚研究会通讯》1986年第3～4期。均据陈佳荣文。

序号	页码	行列	向注本文	原　文	所在条目	属　性
2	27	倒6	船身不可偏	船身不可偏西	定潮水消长时候	落字
3	34	倒1	古老	老古	各处州府山形水势深浅泥沙地礁石之图	词误
4	37	7	夜门不可行船	夜间不可行船	同上	字误
5	37	倒4	是正边正路	是北边正路	同上	字误
6	38	5	北边打水	北边正路打水	同上	落词
7	39	3	古老	老古	同上	词误
8	39	倒4	古老	老古	同上	词误
9	40	4～5	古老	老古	同上	词误
10	41	7	往回牵星为记	往回牵星为准	同上	字误
11	42	倒4～3	东边麻里东山	东边麻东山	灵山往爪蛙山形水势法图	多字
12	49	倒2	艮丑针□更	艮丑针更更	福建往交趾针路，回针	字误
13	52	12	远看看真屿	远过看真屿	福建往暹罗针路，回针	字误
14	52	14	恐犯玳瑁州，仔细行船。	恐犯玳瑁州笼，恐犯玳瑁鸭。用单丑针五更。船取罗湾头，外有玳瑁州，仔细行船。	同上	落行
15	52	3	浯屿开船掟［舟旁］内开，	浯屿开船掟［舟旁］内过，	浯屿往大泥吉兰丹	字误
16	57	倒7	用单子一路	用单子十更，一路	顺塔往旧港及苎盘针路	数字误
17	58	倒4	两个屿似鸡笼样，西南边有一屿	两个屿似鸡笼样，西边底长，北边拖尾。门中有一个屿，离山用单壬及壬子针，十更船，见假马山，远看似帽样。西南边有一屿	顺塔往旧港及苎盘针路，回针	落行

序号	页码	行列	向注本文	原　文	所在条目	属　性
18	58	倒3	远看三个大山，近看六七个	远看三个大山，**渐**近看六七个	同上	落字
19	58	倒2	东头底西头底	东头**高**西头底	同上	字误
20	58	倒2	南有门好行船	南**边**有门好行船	同上	落字
21	59	1	西北路打水	西北**正**路打水	同上	落字
22	59	11	寅针一更	**酉**针一更	赤坎往柬埔寨针	字误
23	59	11	山嘴名曰此前	山嘴名曰**佛山**，此前	同上	落词，地名误
24	59	12	有一小平州	有一小平**洲**	同上	字误
25	60	倒2	用单申八更	用单**甲针**八更	柬埔寨往大泥，回针	字误
26	61	倒3	门有大山当头夹	门有大山当头**来**	暹罗往大泥彭亨磨六甲	字误
27	63	3	庚西八更	**用**庚西八更	罗湾头往六甲针	落字
28	63	倒6	苎盘开船，五更	苎盘开船，**丙午**五更	苎盘往丁机宜针	落方位
29	67	4	八更见苏律门	八更见**苏律**	万丹往池汶精妙针路	多字，地名误
30	67	倒4	天山明亮见之	天**色**明亮见之	同上	字误
31	70	8	丁丑三更	丁**午**三更	大泥往池汶针路	方位误
32	71	3	东边西浅	东边**有**浅	浯屿往杜蛮饶潼	落字
33	73	11	单戎旁水	单戎旁**术**	马神往高兜令银	字误，地名误
34	74	7	二更到芦水澳	二更到芦**木**澳	阿齐回万丹	字误，地名误
35	74	倒4	掘心蛮港口	**堀**心蛮港口	猫律回加里仔蛮	字误，地名误
36	74	倒4	有人物	有**人家**	同上	字误
37	77	倒2	渤住速山	渤住**连**山	阿齐往傍伽喇，回针	字误，地名误
38	79	倒6	伽里马塔山	伽里**塔马**山	古里往忽鲁谟斯，回针	字误，地名误
38	84	10	东蛇罗	东蛇**龙**	暹罗往马军，回针	字误，地名误
39	84	倒4	东西蛇罗山	东西蛇**龙**山	苎盘往文莱	字误，地名误

(续表)

序号	页码	行列	向注本文	原　文	所在条目	属　性
40	86	11	坤壬四更	坤申四更	瞒喇伽往旧港	方位误
41	88	倒4	沙马歧头	沙马枝头	太武往吕宋	字误
42	90	1	十更取麻干洋了讨□[自造生字]山	十更取麻干洋了讨欝山	吕宋往文莱	字误,地名误
43	91	6	崎尾边平过,夜不可睡,	崎尾表平,遇夜不可睡,	松浦往吕宋	字误
44	91	倒3	船,取铳城,妙矣。	船,丑艮,取铳城,妙矣。	同上	落方位
45	92	2	过夜不可睡	遇夜不可睡	吕宋回松浦	字误
46	92	3	浯屿,放彩船	浯屿洋,放彩船	同上	落字,地名误
47	92.	倒2	竹山边,见	竹山边过,见	泉州往勃泥即文莱	落字
48	95	倒7	子癸五更	子癸十更	杉木回浯屿	数字误
49	97	8	美山妙,佳眉	美山,妙佳眉山	琉球往日本针路	落字,地名误
50	98	6	便是南犯	便是南杞山	琉球回福建	落字,字误。地名误
51	98	9	下是秋日澳	下是秋目澳,俗名即阿根美["俗名即阿根美"误作注文]	日本港山形水势	注文误
52	98	10	山川。	山川,俗名即夜鸣高及弥志。["俗名即夜鸣高及弥志"误作注文]	同上	注文误
53	98	倒2	女澳内浦港	女澳内浦港,俗名即里之微["俗名即里之微"误作注文]	女澳内浦港	注文误
54	98	倒1	片浦港	片浦港,名曰加刀里["名曰加刀里"误作注文]	同上	注文误

序号	页码	行列	向注本文	原　文	所在条目	属　性
55	98	倒1	阿久根	阿久根，即是红车里。["即是红车里"误作注文]	同上	注文误
56	99	1	泊津	泊津，即腔挑马里。["即腔挑马里"误作注文]	同上	注文误
57	99	2	野马掘沙	野马堀沙	同上	字误
58	99	2~3	取支岐	取志岐	同上	字误

注：表中页码为中华书局 1982 年第 2 次印刷本的页次，2000 年版页次亦同 1982 年版。两种版本使用同一纸型印刷，故编排与页数均相同。全书共 99 页，前辅文 20 页，正文从第 21 页至第 99 页止。

如表，序列了校勘中发现的绝大部分不同之处，向注本中个别字句的不同并未列在本表中，一是因为个别不同之处是向达先生对原本明显差错的订误，是正确的；二是个别文字原为简体字，向注本将其还原成繁体字，这些地方也就不予列入。从表中可见，向注本与原钞本间存在一些不同，都是在转录中出现的笔误，今举其大要者，简释如下。

1. 阙文　除几处单字衍文与缺失外，大段阙文有两处：其一在第 52 页的"福建往暹罗针路，回针"条目中；其二在第 58 页的"顺塔往旧港及苎盘针路，回针"条目中，分别漏抄文字 22 字和 35 字，显系错行引起的。

2. 针位与更数　此类差错共计 8 处，除两处漏去方位外，其他都是字形相近而引起的错误。如"顺塔往旧港及苎盘针路"（第 57 页）条，"用单子十更"，误为"用单子一更"；"赤坎往柬埔寨针"（第 59 页）条，"酉针一更"误为"寅针一更"；"柬埔寨往大泥，回针"（第 60 页）条，"用单甲针八更"误为"用单申针八更"；"苎盘往丁机宜针"（第 63 页）条，"苎盘开船，丙午五更"误为"苎盘开船，五更"，缺失针路；"大泥往池汶针路"（第 70 页）条，"丁午三更"误为"丁丑三更"；"瞒喇伽往旧港"（第 86 页）条，"坤申四更"误为"坤壬四更"；"松浦往吕宋"（第 91 页）条，"船，取铳城，妙矣"应为"船，丑艮，取铳城，妙矣"；"杉木回浯屿"（第 95 页）条，"子癸十更"误为"子癸五更"。以上更数和针位的差错需要引用者在引用时加以修正。

3. 地名　地名差错主要有四处。其一，"赤坎往柬埔寨针"（第 59 页）条，"山嘴名曰此前"处漏抄地名"佛山"，全文应为"山嘴名曰佛山，此前"；其二，"万丹往池汶精妙针路"（第 67 页）条，"八更见苏律门"，"门"为衍字，应为"八更，见苏律"；其三，"阿齐往傍伽喇，回针"（第 77 页）条，"渤住速山"应为"渤住连山"；其四，"暹罗往马军，回针"（第 84 页）及"苎盘往文莱"（第 84 页）两条，因繁体字"龍"与"羅"形近，均将"蛇龙"误为"蛇罗"，导致"东西蛇龙山"误为"东西蛇罗山"。由于上述错误,导致"苏律门"和"东西蛇罗山"被误成地名,向达先生在其校注本中将其作为地名词条收录,致使其他工具书也收录了这三个地名,如《古代南海地名汇编》①。另外,第 98 页"琉球回福建"条,向注本有一"望下势便是南犯"句,无法解释。核校原文,实是"望下势便是南杞山"的误录。"杞"与"犯"字形相近,难以辨别,且又漏录一"山"字,才使全句不可解读。明清时期,福建通往北方海区和东洋的航线上,"南杞山"一直都是较为重要的地名,《郑和航海图》中注记为"南己山",明中叶后,多种航海图上一般都将其注记为南杞山,《指南正法》即注记为南杞。此处今地为南麂山,南杞、南己、南麂音同字不同。

4. 错简　在第 98 页以后的"日本港山形水势"条目中,不知何故,均将原条目中原文的小字注文移作页下注,未能见识原文者,容易误解注文为校注者添加的注释。

5. 其他　如上表所列,有些差错并不影响大观,无需注解,如"老古"多处误为"古老",请读者使用时更正便可。

二、浯屿水寨弃守与《顺风相送》编成关系

《顺风相送》一书记录有数十条国内外东西洋航线,作为航线的起航港也有数十个。国内起航港绝大部分在福建境内,例外的仅有广东的南亭门(东莞)和南澳两处。而福建境内的起航港除五虎门(福州)和长枝头(泉州)外,便是太武、浯屿港,见表二。

表二　以浯屿、太武为起航港的针路

序　号	针　路	起航港	回针港
1	往柬埔寨针路	浯屿	浯屿
2	浯屿往大泥吉兰丹	浯屿	太武山
3	太武往彭坊针路	太武	太武
4	福建往爪哇针路	浯屿	浯屿
5	浯屿往杜蛮饶潼	太武、浯屿	浯屿
6	浯屿取诸葛担篮	太武	浯屿
7	浯屿往茗维	太武、浯屿	
8	太武往吕宋	太武	太武
9	浯屿往麻里吕	太武	太武
10	福建往琉球	太武	

---

①　详见陈佳荣、谢方、陆峻岭:《古代南海地名汇编》第 414 页之"苏律门",第 266 页之"东蛇罗"和第 267 页之"东西蛇罗山"条目,中华书局,1986 年。

从表中可见,浯屿与太武实为一处,浯屿为港口,太武乃望山,故在针路簿上,或浯屿,或太武,或二者合而为一,都是指作为漳州外港的浯屿港。《顺风相送》在"各处州府山形水势深浅泥沙地礁石之图"的条目中既作如是说:"太武山内浯屿,系漳州外港,二十托水。"这与航海家常以山形地貌特征作为港口标识的传统相符。由于这本针路簿的主要起航港在浯屿、太武,有理由认为,这是一本以浯屿港为起航港的专用针路簿,掌握和使用它的,应该是福建漳州一带的讲闽南话的火长,书中诸如"老古"、"崑峷(崑身)"等闽南方言文字,非闽南人无法解读。①

明代的浯屿港与我国同时代的其他港口不同,它原是水寨军港,是福建水师的海防要塞,在明政府将之内迁废弃后,才成了民间走私商人和盗贼的驻泊地,也就是所谓的走私商港,当浯屿港连同漳州月港由于种种原因而在明末衰败,浯屿港作为曾经盛极一时的港口也渐渐消失在历史的视野中,渐而不名。因为《顺风相送》是浯屿港专用的航海指南,所以,浯屿港的兴废衰亡恰好为我们提供了推测《顺风相送》编成时间的可能,同时也证明在《顺风相送》使用的年代里,正是浯屿港作为漳州月港外港兴起的时期。

浯屿,为今福建漳州龙海县所属位于小担岛和镇海角之间的一座小岛。明代为福建五大水寨之一,是为福建海防要塞,为漳州府海澄县辖地。明嘉靖时编修的《漳州府志》②卷首"漳州府图"中有浯屿地理位置标示,见图三。

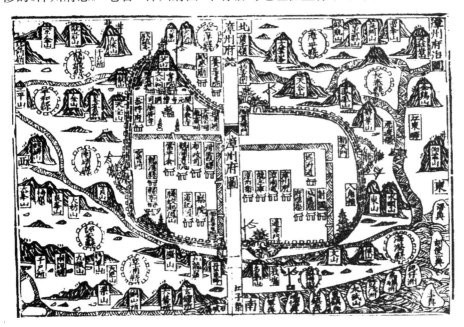

图三　明《漳州府志》中标绘有浯屿太武的地理位置图

---

① 航海术语"崑峷"不知何意。张燮《东西洋考》作"昆申";慎懋赏《四夷广记》作"坤申",以为针位,当误。

② 谢彬编纂:嘉靖《漳州府志》卷首《漳州府志图》,万历元年重刊本。

据志书记载，浯屿之名，始于宋代。"嘉定间，海寇犯围头，真德秀移宝林兵戍围头，应浯屿、料罗等处。"①料罗在今金门岛，金门岛仍有料罗湾地名。"国朝洪武初，闽中屡被倭患，沿边设水寨三：福州之烽火门、兴化之南日、泉州之浯屿是也。"②洪武初年，浯屿已建水寨，先隶属泉州府管辖，不久后归漳州辖区。《厦门志》记："洪武二十一年（1388 年），江夏侯周德兴于沿海要害处置巡检司十八个。复于大担、南太武山外置浯屿寨，控泉郡南境。…… 明景泰三年（1452 年），巡抚焦宏以孤悬海中，移厦门中左所。"③浯屿水寨因此与其他四处水寨并称福建五大水寨。如上述，浯屿也是最早被弃守的水寨，明景泰三年，浯屿水寨被转移到嘉禾中左所即今厦门岛上。后又从厦门再迁往晋江石湖，但都仍其旧名，叫浯屿寨，故明代福建水师驻守的浯屿水寨虽三迁其地，都仍叫做浯屿寨。为与原址浯屿区别起见，浯屿寨原址所在的浯屿则被称作"旧浯屿"。明嘉靖十三年（1534 年）修纂的《漳州府志》中说："浯屿，林木苍翠，上有天妃庙，官军备倭者置水寨于此，今迁于嘉禾，此地遂为盗泊舟之所。"④嘉靖编志时水寨早已迁至嘉禾多年，浯屿立时成了海盗的驻泊港。

浯屿水寨迁移至厦门的时间，尚有正统初年⑤（1436 年）和成化年间⑥（1465～1486 年）两种说法，总之，由于明永乐至景泰年间，我国沿海较为平静，导致孤悬海上的浯屿水寨因官军驻守困难而被内迁，不管何种说法，至迟到成化年间，浯屿肯定已经被弃守，嘉靖初年，浯屿已成"贼窟"。

浯屿从明初建水寨成为海防要塞到景泰以后被放弃，在我国海外交通史上是一个重要的转折点，也是我国海禁与开海的一个重要标识。浯屿所处位置极为重要，它是漳州港通向外海的唯一通道，对于漳州月港来说，浯屿通，则海路通。明初之所以将浯屿建成为福建五大海防要塞，就是因其地理位置极为险要。官军备倭防海常年驻守于此，在厉行海禁政策的明朝前期，有水师重兵把守的浯屿阻断了福建通往东西洋的海路。所以，一旦浯屿弃守，闽南海外通商大门顿时洞开，浯屿立马成了海上私商的驻泊地，成为海寇、倭贼和被称为"佛朗"的葡萄牙、西班牙和荷兰殖民者的巢穴。浯屿水寨弃守后，《漳州府志》曰："贼舟径趋海门，突至月港，无人拦阻。"⑦显见浯屿在地理位置上对漳州月港是何等的重要。

因此，浯屿水寨弃守是漳州港兴起的先决条件，没有浯屿水寨的弃守，便不可能有漳州月港的兴起。这里的"盗"和"贼"，就是冒犯海禁政策通番的闽南人。

---

① 《厦门志》卷三《兵制考》引自《真西山奏议》。
② 谢彬编纂：嘉靖《漳州府志》卷之七《兵防志·水寨》。
③ 《厦门志》卷三《兵制》。
④ 嘉靖《龙溪县志》卷之一《地理·山》。
⑤ 《备倭记》云："永乐间设烽火、南日、浯屿三水寨。正统初年徙浯屿寨于厦门，后又移晋江石湖。"引自《厦门志》卷三《兵制》。
⑥ "按浯屿水寨，旧设在大担、太武山外，可以控漳泉二府。成化年间有倡为孤岛无援之说，移入内港厦门地方。"见谢彬编纂：嘉靖《漳州府志》卷之七《兵防志·水寨》。
⑦ 谢彬编纂：嘉靖《漳州府志》卷之七《兵防志·水寨》。

浯屿宣告弃守的时间当在景泰三年,因为,景泰四年(1453 年)始任漳州知府的谢骞,到任后不久就发现"近海如月港、海沧诸处,民多货番为盗",①可见浯屿变成海外通商贸易港的时间应在景泰年间。于是,谢骞在漳州沿海各县实行编甲连坐制度,企图控制当地百姓的"货番"行为。但浯屿闸门已开,民间海外通商贸易已势不可挡。"成、弘(1465～1505 年)之际,豪门巨室间有乘巨舰贸易海外者。"②从谢骞编甲的时间判断,浯屿水寨被弃守的时间似应在景泰三年。经过一段时间的发展,浯屿作为私商驻泊地的地位已经声名远播。嘉靖年间,首先来华的葡萄牙人受阻于广东后,北上的落脚点首先便是浯屿。"(嘉靖)二十六年(1547 年),佛郎机番船泊浯屿,巡海道柯乔、知府鲁璧、龙海知县林松发兵,攻船不克。二十八年(1549 年),有倭寇驾船扬帆直抵月港。"③该条目下注云:"时漳泉月港贾人辄往贸易。官军还,通贩愈盛。"海禁与开海就在这种斗争中发展,浯屿也因开海渐占上风而兴盛。民间走私贸易在闽南漳州一地已成燎原之势。随着隆庆(1567～1572 年)开海,漳州月港便替代泉州和福州港,成了福建境内最主要的通番船舶的港口,漳州月港大船难以入内,浯屿便成了它的外港,故漳州月港即浯屿港。

浯屿为漳州港的外港而成为连通东西两洋枢纽后,以此作为主要起航港的火长们需要编写一本以浯屿为起航港的专用针路簿,此即我们今日见到,明末流传到英国的《顺风相送》。由此推测,只有在景泰三年浯屿作为水寨被弃守后,逐渐成为漳州月港的外港而承担起起航港的这段时间里,才是《顺风相送》开始编纂的时间,这个时间应在明成化年以后,而真正成形当在与"佛朗"人大肆通商贸易的嘉靖中叶后,这些都可以从《顺风相送》的针路上和四处出现"佛朗"这种特殊称谓上反映出来。另外,从慎懋赏编辑《四夷广记》和张燮编撰《东西洋考》的针路中,可以判断慎懋赏和张燮都见识过《顺风相送》这一针路簿,他们引用的针路都可从《顺风相送》的相关针路上得到,他们书中针路错乱不解之处,也都可用《顺风相送》来校正。由此推测《顺风相送》编成的时间在慎懋赏《四夷广记》和张燮《东西洋考》之前,在隆庆到万历初年间。

这个推测,也可从《顺风相送》海外航路上得到印证。书中主要航线大都从福建出发,遍布东西两洋,西洋最远处尚有忽鲁谟斯,较之明初郑和航海时代,此时已经没有了横渡印度洋前往非洲大陆的航线,但还有经阿拉伯海和波斯湾的航线。而明万历以后,葡萄牙人东来,阻断了马六甲海峡航线,我国船舶已经罕有西出印度洋海域的记录。其时,"大西洋货物尽转移至吕宋,而我往市,以故不复相通如元时矣"。④ 同在牛津大学鲍德林图书馆发现不久的明代《东西洋航海图》中,对印度古里以西航线如阿丹和忽鲁谟斯航线都已不绘入图中,仅有简单

---

① 光绪《漳州府志》卷二五《宦绩二・谢骞》。

② 张燮:《东西洋考》卷七《饷税考》,中华书局,1981 年,第 131 页。

③ 光绪《漳州府志》卷四七《灾祥》。

④ 何乔远:《闽书》卷之一四六《岛夷志》。

的针位和更数的注记,显示该图编绘时确如何乔远在《闽书》中所说的那样,中国船舶已不再通航印度洋了。这也从另一面说明《顺风相送》编成时间略早于《东西洋航海图》,当在万历初年的一段时间;大异于《郑和航海图》,《顺风相送》中的东洋航线却极为繁多,尤其是在东洋航线上有四个地方提到"佛朗"这些西洋商人和商船的存在,说明《顺风相送》与张燮的《东西洋考》[①]及明代《东西洋航海图》[②]之间存在某种关联。

因此,根据浯屿水寨弃守与漳州月港的兴废推测《顺风相送》的成书年代,我们赞同向达先生"此书很可能成于十六世纪"[③]的推论,但可以缩短到16世纪的中叶,即隆庆至万历初。

三、有关《顺风相送》作者的猜测

如上所述,《顺风相送》的作者,应该是常年驾船航行于东西两洋,"波路壮阔,悉听指挥",司针的火长们,依据明代各种针路簿的明确指示。针路簿这种海道针经,都是历代火长包括番火长校正和总结航海经验的结果,绝非文人雅士能在书房中编辑而成的。

《顺风相送》中有篇被向达先生认为是"序"的文字中有"予因暇日,将更筹比对,稽考通行,较日于天朝南京直隶至太仓并夷邦巫里洋等处更数,针路,山形水势、澳屿浅深,纂写于后,以此传好游者云尔"[④]的记述,但考之《顺风相送》一书,既无南京和太仓的针路,巫里洋更在航路之外,因此,可以假设这段文字与《顺风相送》并无多大的关联,只是转录过程中遗留的断简残篇,此"予"非《顺风相送》真正作者。

正因为全书未见作者名,唯一可作凭信的这个"予"又将自己排除在外,于是关于《顺风相送》的作者便有了种种推测。最近,香港陈佳荣先生在上引文中认为吴朴就是《顺风相送》的作者,他"同意韩振华、田汝康、黄盛璋等先生的意见。若以董谷介绍及郑若曾、郑舜功、顾炎武诸家引用情况看,《顺风相送》应即《渡海方程·海道针经》,相当《渡海方程》的上卷针经部分"[⑤]。他认为《渡海方程》的作者吴朴也是《顺风相送》的作者,且认为《顺风相送》是吴朴《渡海方程》的上、下两卷中的上卷部分,进而断定《顺风相送》的成书时间与《渡海方程》的时间一致,

---

① "苏律山,有红毛番居此,不宜进泊。"见张燮:《东西洋考》卷九《舟师考·西洋针路》。"苏律门,乃是佛朗所住之处。"《顺风相送》,万丹往池汶精妙针路。

② 《明代东西洋航海图》现藏于英国牛津大学鲍德林图书馆,该馆根据惯例,按捐献者将之命名为《雪儿登中国地图》,我国有关专家以我国传统命名法称之为《明代东西洋航海图》,相关研究文章见中国海外交通史博物馆编:《海交史研究》2011年第1期和第2期。该图在吕宋岛上注记有"红毛住"字样。

③ 向达校注:《两种海道针经》,两种海道针经序言,中华书局,1982年。

④ 向达校注:《顺风相送》序,中华书局,1982年,第21页。

⑤ 引自南溟网,http://www.world10k.com/.

国家航海 第三辑 National Maritime Research 《顺风相送》校勘及编成年代小考 089

都在 1593 年。

但我们很难苟同这一推断。考之明代具有海道针经的文献,著名者有萧崇业之《琉球过海图》,郑舜功之《日本一鉴·浮海图经》等,而吴朴的《渡海方程》,仅载在明人董谷《碧里杂存》笔记中,据介绍,

> 《渡海方程》,嘉靖十六年(1537 年)福建漳州府诏安县人吴朴者所著也。其书上卷述海中诸国道里之数,南自太仓刘家河开洋,至某山若干里,皆以山为标准。海中山甚多,皆有名,并图其形。山下可泊舟,或不可泊,皆详备。每至一国,则云此国与中国某地方相对,可于此置都护府以制之。直至云南之外,忽鲁谟斯国而止,凡四万余里。且云至某国,回视北斗离地止有几指。又至某国,视牵牛星离地则二指半矣。北亦从刘家河开洋,亦以山纪之。所对之国,亦设都护府以制之,直至朵颜三卫,鸭绿江尽处而止,亦约四万余里云。[1]

可惜此书除董谷外未见他人著述,明时既已失传。其后郑若曾著《郑开阳杂著》,收有《太仓使往日本针路》,太仓即刘家河,论者以为或许这个针路就是转录自吴朴《渡海方程》东洋航线部分。但与《顺风相送》中的东洋针路比较,两者几无相似之处。

众所周知,海道针经(或称更路簿、针路簿、海底簿、水程等等)向为火长手中秘籍,私相授受,秘不示人。一本具有实际指南意义的针路簿没有数代火长"累次校正",很难成为具有实用价值的航海图。因此,如将《顺风相送》的作者认定为某一人,从道理上看是牵强的。而没有航海经历的文人雅士修饰、整理后的所谓海道针经,恐怕只能是纸上谈兵。如明慎懋赏编辑整理的《四夷广记》,其收录的各洋针路,多以己意更改,拿来与《顺风相送》中的针路比较,失真、擅改之处甚多,已经失去航海图的本义。[2] 张燮《东西洋考》以严谨著称,但其《舟师考》中的针路,也有随意更改的嫌疑。吴朴虽生活在漳州,乃一介书生,似无火长的经历,仅凭道听途说,要编成《顺风相送》这样的具有实践意义的针路簿,可能性微乎其微。

我们认为,《顺风相送》是火长们长期积累的结果,正如它的"序言"中所说:该"针路簿"乃"永乐元年(1403 年)奉差前往西洋等国开诏,累次校正针路、牵星图样、海屿、水势山形,图画一本"后形成的。值得注意的是,这种海道针经源于永乐元年的说法数见于明代其他"针路簿"中,说明明代针路簿的起源都有一个共同的底本,这或可成为探讨《顺风相送》作者的另一途径。

---

[1] 董谷:《碧里杂存》下丛书集成初编,商务印书馆,1937 年。
[2] 慎懋赏:《四夷广记》之"东夷广记",有"福建往日本针路更数",以之与郑若曾的《郑开阳杂著》中的"福建使往日本针路"比较,可见慎懋赏的"针路更数"错漏脱简甚多,不足为凭。

　　史载，明成祖"靖难"之后，立即派出各路使节，要将其改朝换代的结果昭告天下。严从简说："永乐初元，遍谕海外诸蕃，告即位。遣御史尹绥往其国。绥受命自广州发舶，由海道抵占城，又由占城过淡水湖菩提萨州，历鲁般寺而至真腊。"①《明实录·太宗实录》于永乐元年六月记："分遣给事中杨春等十二人为正副使颁诏安南、暹罗诸国。"八月，又"遣官往赐朝鲜、安南、占城、暹罗、琉球、真腊、爪哇、西洋苏门答腊诸蕃国"。② 史载，永乐元年出使西洋诸蕃国有名姓的使节除上述二人外，尚有杨渤、吕让、丘智、闻良辅、宁善、王哲、成务、蒋宾兴、王枢、马彬、李兴、尹庆、夏止善、赵䢇③共十六人，他们都航海以往，回国复命时，而能将出使中"凡海道所经，岛屿萦回，山川险恶，地境连接，国都所见，悉绘为图以献"④的，仅有尹绥一人而已。⑤ 尹绥的这种出使后将所经历海道山川形势绘图成册，形成出访报告上报朝廷的行为与北宋末徐兢上《宣和奉使高丽图经》一脉相承，是我国古代外交使节的传统制度。尹绥此举博得永乐帝龙颜大悦，尹绥所绘制的海道图经应该归档存放，以备查询。明朝常例，出使西洋的使节要到兵部库房索取以往"出使水程"作航海参考，⑥永乐皇帝命郑和等人出使西洋，亦应"诏索"尹绥"出使水程"供下西洋各船队参考。由此才会引发出《顺风相送》等多种明代针路簿自言其始于永乐元年的感慨。今所见几种永乐以后的针路簿，无不标明是以永乐元年的海道图经为底本进行"累次校正"的。如庄为玑先生20世纪50年代在福建惠安秀涂港航海世家郭氏家中曾发现一本名为《海底簿》的针路簿，该《海底簿》序言中说："永乐元年，奉旨差官郑和、李兴、杨敏等，出使异域，前往东西岸等处。一开谕后，下文索图，星槎、山峡、海屿及水势，图为一书，务要选取山形水势，日夜不致误也。"⑦再如，福建集美航海学校收集到一本《宁波温州平阳石矿流水表》，它的序言中也说："永乐元年，奉旨差官郑和、李恺、杨敏等，出使异域，弓往东西洋等处，开输贡累累，校正牵星图样，海岛、山屿、水势，图画一本。务要选取能识山形水势，日夜无歧误也。"⑧姑且不论郑和等人是否在永乐元年出使西洋，但都一致认同本于永乐元年。即便迟至清康熙年间，琉球国使臣程顺则在其所著的《指南广义》中，亦指出这本作为中琉航海指南《指南广义》的底本亦源自明永乐元年描绘的海道

① 严从简：《殊域周咨录》卷之八《真腊》，中华书局，1993年。

② 据红格本影印《钞本明实录》，《太宗文皇帝实录》卷之一六至二六，线装书局，2005年。

③ 据谈迁：《国榷》卷一三，永乐二年，四月，记有"前浙江布政司右参政赵䢇使安南还"事，则赵䢇当为永乐元年闰十一月随礼部郎中夏止善出使安南的使节。

④ 严从简：《殊域周咨录》卷之八《真腊》，中华书局，1993年。

⑤ 慎懋赏：《四夷广记》"真腊国疆里"中也有尹绥出使真腊的记载，但显然是抄自严从简书。其中所谓"永乐元年御史尹绥至真腊路程"，也转录自严从简，并非针路。所记"浙江温州至真腊路程"，针路里程转录自元人周达观之《真腊风土记》，亦非尹绥针路。

⑥ 事见严从简：《殊域周咨录》卷之八"琐里、古里"。

⑦ 庄为玑：《晋江新志》上册，第五篇，明清志，二、永乐盛事，(一)郑和到泉。泉州志编纂委员会编，1985年。第274页。

⑧ 转引自郑鹤声、郑一钧：《郑和下西洋资料汇编》(增编本)中，第1146页，海洋出版社，2005年。

针经(图四)。

程顺则说"康熙癸亥(康熙二十二年，1683 年)，封舟至中山，其主掌罗经舵工，闽之婆心人也。将航海针法一本，内画牵星及水势山形各图，传授本国舵工。并告之曰：此本系前朝永乐元年差官郑和、李恺、杨敏等前往东西二洋等处开谕各国"①时的产物。程顺则的说法与《顺风相送》、《海底簿》和《宁波温州平阳石矿流水表》序言中的说法如出一辙，也都认为他们的针路簿都来自永乐元年的一个底本。程顺则是看不到《顺风相送》的，因为此时的《顺风相送》已经深藏在牛津大学的鲍德林图书馆中。由此可知，明清时代，流传在福建火长手中的针路簿都有一个共同的来源，它们都转抄自同一底本，火长们根据各自航线的需要，或取底本中一段如《指南广义》，或累次校正后补充和完善如《海底簿》和《宁波温州平阳石矿流水表》，编成自己需

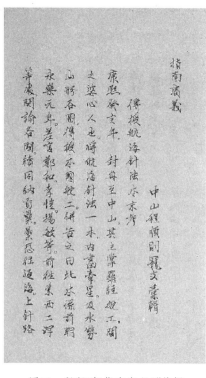

图四　程顺则《指南广义》"传授航海针法本末考"

要的针路簿。至于《顺风相送》，也是汲取了底本中西洋航线的部分而扩充了东洋航线，甚至完全删除了南京及太仓航路。其抄录自某种针路簿的痕迹在该书的"各处州府山形水势深浅泥沙地礁石之图"条目中显示得尤为明显，以致向达先生校注时对其中个别文字、段落莫名其妙，实际上这些无法解读的文字正是火长抄录时残留的片段，是底本中的片言只语。

如上所述，仅从所见的明代文献记载，永乐元年出使西洋的使节中，编绘有海道针经的，仅有尹绥一人而已。因此，有理由认为，尹绥是《顺风相送》等明代海道针经的最早的作者之一。《顺风相送》等明清时期流传于火长手中，且秘不示人的针路簿，或许都来源于永乐元年尹绥编绘的海道针经，所以，这些针路簿才会异口同声地说自己针路簿的源头都是永乐元年的那个底本。即便《郑和航海图》也可能与尹绥编绘的海道针经的底本有着渊源关系。因为郑和初次下西洋时在永乐三年，曾让"上大悦"的尹绥海图应该正好是郑和参考和使用过的海图之一。在永乐元年采集编绘的针路簿的基础上，各路下西洋的船队中的火长都参与了航路的校正，最后才出现了较为完整的《郑和航海图》。至于《郑和航海图》中出现的"过洋牵星图"，乃是各路下西洋船队中聘请的"番火长"参与校正针路的结果，这也与《顺风相送》所反映的西洋航路上印度洋航线有牵星文字的记载相吻合。说明，不管是《郑和航海图》还是《顺风相送》都是火长们长期积累，不

---

① ［琉球］程顺则：《指南广义》，传授航海针法本末考。

断补充和校正的结果，非一朝一夕之功，亦非一人一己所能为之事。更值得一提的是，即便是源自永乐元年的海道针经，也是继承了前人航海的成果，永乐元年的底本，可以上溯自元代或更早前的海道针经。

从时间节点上看，生于此时此间的漳州诏安人吴朴，也有可能参考过《顺风相送》这种针路簿。但从董谷记述的文字记载看，吴朴《渡海方程》中航路的起航港为太仓的刘家河，而不是近在咫尺的浯屿港或月港，且吴朴编制的《渡海方程》，"每至一国，则云此国与中国某地方相对，可于此置都护府以制之"，[①]其编绘记录《渡海方程》的目的是"齐家治国平天下"的书生理想，与作为海上走私商船上使用的针路簿《顺风相送》则大相径庭。针路簿非火长不能为，他人假手如慎懋赏、张燮者，终难究其事。吴朴虽为闽南本地人，但以其心忧天下的宗旨编著《渡海方程》的行为看，断难作为海上走私贸易的航路指南。他在编辑他的《渡海方程》时一定参考过火长们的针路簿如《顺风相送》并转抄于《渡海方程》中，倒是可以得地利之便的。但断定吴朴是《顺风相送》的作者，则缺乏说服力。

四、浯屿地望纠偏

《顺风相送》与浯屿，互为表里，对浯屿地望的准确认识，是研究《顺风相送》的基础。恰在如此关键的节点上，向注本出了差错。向达先生在注"浯屿"词条时说："明代浯屿原指浯洲屿，即福建金门岛。后迁至厦门湾内，今小担岛与镇海角间有小岛名曰浯屿。本书《相送》与《正法》所提到之浯屿，仍指金门岛而言。中古时代海舶自泉州放洋，此为最重要之发舶港。"[②]向达先生在序言中还进一步发挥说：明代"中国到东西洋各地去多从福建出发，出发的港口有大担、浯屿、北太武、泉州和福州。大担、浯屿、北太武都可归入金门岛，为这时候最重要的到东西洋去的出口港"。[③] 这里向达先生将浯屿认定为浯洲屿，即金门岛，并进而认为金门岛是明代我国海外交通的主要起航港。

向达先生对浯屿的这种注释，影响极大，引用其说者比比皆是，不遑多考，如谢方先生点校之张燮《东西洋考》，亦循此说，"浯屿，今我国福建省金门岛"。[④]其他如廖大珂《福建海外交通史》或因受向注本影响，将浯屿、金门与厦门浯屿都作为明代海外交通港口。

将浯屿误作浯洲屿，注释成金门岛，不能不说是《顺风相送》注释中最令人遗憾的地方。其实，明清两代，官方文献及地方志书中，浯屿的地望非常清楚明确。"浯屿寨属海澄，地在同安极南，孤悬大海中。洪武间，江夏侯所置五寨之一。左

① 董谷：《碧里杂存》下卷《渡海方程》。
② 向达校注：《两种海道针经》，中华书局，1982年，第244页，"浯屿"。
③ 向达校注：《两种海道针经》，两种海道针经序言，中华书局，1982年。
④ 谢方点校，张燮：《东西洋考》附录《地名今释》，中华书局，1981年，第284页。

连金门，右临岐尾，水道四通。"①《厦门志》："浯屿，在厦门南大海中，水道四通，为海澄、同安二邑门户，屿对金门之陈坑。"②都很清楚将浯屿与金门视作两地，是两座相邻的岛屿。这种认识直到清末，当地志书的作者也从未将浯屿与旧名浯洲屿的金门相混淆。《泉州府志》中，记载了一条厦门至南澳的海道，其中将浯屿海域周围描述得极为清楚："浯屿澳，内打水四五托，沙泥地，南北风可泊船。取汲屿首尾两门，船皆可行。惟尾门港道下有矵（沉）礁，船宜偏东而过，识者防之。屿外势东南有小屿曰东椗，驶船之准。屿之东有礁曰九节礁。屿之北即青屿，船行防之，不可太近。海澄县属，至麦坑约十余里，有汛防。"③由此观之，当时的人们对浯屿与金门岛的认识并未出现混乱。

与浯屿仅有一字之差的浯洲屿，早在明初就改称金门了，时在明朝洪武年间。明初，江夏侯周德兴在浯洲屿上建防倭城寨，以固若金汤之意，将浯洲屿改称金门。《金门志》载："金门，旧名浯洲，又名仙洲；明初，改今名。"④同书记载："金门城在浯洲之南，离县城八十里；水程一百里，一潮可至。北阻山，东西南阻海。洪武二十年，置守御千户所于此，周德兴筑。"⑤自明初改浯洲屿为金门，浯洲屿之名渐次不用，但不是浯屿的前身。浯屿与金门的关系，可借明代人的洪受《浯屿水寨移设料罗议》厘清：

　　重镇而必设于浯屿者，盖其地突起于海中，为同安、漳州交会要区，而隔峙于烈屿、大小担之间，最称冲险。贼之自东南外洋来者，此可以捍其入；自海沧月港而中起者，此可以遏其出。稍有声息，指顾可知。江夏侯之相择于此者，盖有深意焉。其移于厦门也，则在腹里之地矣。夫惟水寨移于腹里，则把总得以纵欲偷安，军官亦效尤而废弛。贼寇猖獗于外洋，而内不及知；逮知而哨捕，贼已盈𪴐去矣。甚至官军假哨捕以行劫，而把总概莫之闻焉；使或闻之，则亦掩饰罔上以自救过。故水寨不复于浯屿，其乱不可已也。⑥

料罗为金门岛东部之海湾，浯屿水寨迁往厦门后，洪受以为迁金门之料罗更好，可见浯屿与金门，虽一水之隔，但风马牛不相及也。

将浯屿误作浯洲屿，滥觞于顾祖禹。顾祖禹的《读史方舆纪要》在福建泉州府同安县的有关条目中，首先混同了浯屿与浯洲屿。他在"浯洲屿"中说："浯洲屿，（同安）县东南大海中。陆行至县九十里，水行五十里。屿广袤五十余里，有山十数。最高者曰太武，状若兜鍪，隔海望之，若仙人倒地。又有海印岩、石门关诸胜，其地亦名五澳，实番人巢窟也。明初设浯澳水寨于此。"此处已误将明初所

---

① 光绪《漳州府志》卷二二《兵纪一·浯屿寨》。
② 道光《厦门志》卷二。
③ 《泉州府志》卷二五《海防·附南洋海道考》。
④ 光绪《金门志》卷二《沿革》。
⑤ 光绪《金门志》卷四《城寨》。
⑥ 光绪《金门志》卷五《兵防制·附录》。

设浯屿水寨记录在浯洲屿上。接着在"浯屿寨"中又说:"浯屿寨,在县东南。水寨也。《志》云:洪武初,江夏侯周德兴置寨,与福州之烽火,兴化之南日为三寨。景泰间,复增漳州之铜山,福州之小埕,共为五寨。寨置于浯洲屿太武山下,实控泉州南境,外扼大、小担二屿之险,内绝海门、月港与贼接济之奸。成化中,或倡孤岛无援之说,移入厦门内港,仍曰浯屿寨。"①这里误将浯屿水寨"置于浯洲屿太武山下",而不知福建漳州太武山有南北之分,浯屿在南太武山下,金门在北太武山下,这是顾炎武因不识太武山而将浯屿与浯洲屿误成一地的原因。向注本《顺风相送》可能受顾氏影响,也错将浯屿当成了浯洲屿。其由此生发出的金门岛为明代福建一贸易港口的说法是不可取的,凡治《顺风相送》者,对此要多加小心。

五、结　　语

向达先生在英国牛津大学鲍德林图书馆发现两种海道针经,转录回国并加校注,公开出版,佳慧学林。但转录之中出现差错,应在情理之中,因此,重新校勘也就显得尤为必要。校勘的结果相信对《顺风相送》一书成为一个完本,对将来的研究,应该是有所助益的。

因为校勘,引发出对《顺风相送》一书作者及成书年代的推测。对《顺风相送》的成书年代最具有指向意义的,应该是本书所描述的主要航海起航港浯屿的兴废问题。浯屿作为水寨存在的时间里,漳州月港很难兴起,正是浯屿水寨的弃守,给漳州月港打开了方便之门。有了兴旺的漳州月港,作为外港的浯屿港才有可能被火长们专书编制成针路簿,因此,景泰三年以后,浯屿水寨弃守可以看作《顺风相送》一书开始编辑的起始点。随着漳州月港在隆庆开海后的发展,到万历初年,一本适合以浯屿港作为起航港的针路簿就编成了,这个时间与向达先生提出的16世纪吻合,但可以将之缩短到16世纪中叶的隆庆至万历初的这段时间里。

《顺风相送》等诸多明清针路簿都认为其底本源于明永乐元年的某种海道针经,从仅见文献考察,很可能这个永乐元年海道针经的作者之一是出使真腊的尹绶,只有他回国时绘制了海道针经,得到皇帝的赞赏。此后,不管是郑和还是其他人,他们出航时应该都参考过尹绶编绘的海道针经,在此基础上,历代的火长们经过不断更新和校正,形成了各自的针路簿。从这意义上说,真正具有实践意义的航海指南针路簿都是火长们的杰作,是不可能在书房中编绘出来的。由此推测创作了《渡海方程》一书的漳州吴朴不太可能成为《顺风相送》的作者。

由于受到顾祖禹的影响,向达先生在注释"浯屿"时,误将浯屿当做浯州屿,故径直将浯屿注释成金门岛,并因此生发出金门岛是明代主要航海始发港的结论。本文因将浯屿作为论据和论点中的主要参考,因此不得不对浯屿的注释略作说明,浯屿地望的纠偏应该有助于对《顺风相送》的进一步研究。

---

① 　顾祖禹:《读史方舆纪要》卷九九《福建五·泉州府·同安县》。中华书局,2005年。

Research on the Annotated *Shun Feng Xiang Song* and its Composed Time

Abstract: In 1935, Mr. Xiang Da found *Shun Feng Xiang Song* (*Favourable Winds in Escort*) and *Zhi Nan Zheng Fa* (*General Compass-Bearing Sailing Directions*) in the Bodleian Library, University of Oxford. He transcribed the manuscripts and brought them back to China. After collating and annotating by himself, in 1961, Mr. Xiang Da published *Liang Zhong Hai Dao Zhen Jing* (*Two Maritime Itineraries*), which was the first time that people saw the Chinese nautical chart dated back to Ming and Qing Dynasties. Since the advent of *Shun Feng Xiang Song*, scholars have been argued about its composed time; only few have ranged over other topics. In this paper, the writer will collate the annotated *Shun Feng Xiang Song* consulting the original manuscript from Bodleian Library.

The paper also argues that *Shun Feng Xiang Song* is the navigation directions, and Wuyu Gang is the port of sailing in the directions. The abandon of Wuyu water castle and the rise of Zhangzhou Yuegang are highly associated with the composed time of *Shun Feng Xiang Song*. Through demonstration, the writer thinks that the manuscript's composed time should be from Ming Longqing period to the beginning of Ming Wanli in the mid-16th century. The writer also argues that *Shun Feng Xiang Song* and other known nautical charts are originated from Yin Shou's charts in the first year of Ming Yongle period. Furthermore, all the charts were compiled after being proofed repeatedly by Huozhang. Therefore, the writer of *Shun feng xiang song* should be Huozhang, not Wu Pu. Finally, according to Wuyu's landmark, the paper provides a demonstration that Wuyu Gang is wrongly noted as Jinmen Dao in the annotated *Shun Feng Xiang Song*.

Keywords: *Shun Feng Xiang Song*, Xiang Da, annotation, composed time, Wuyu

明代上海地区主要官船述略

祁海宁*

（南京　南京市博物馆　210004）

摘　要：本文按照今天上海市的行政区划范围，对明代这一区域内运行的漕船、兵船、驿递船等三种主要官营船只的用途、数量和相关情况进行了概括性的梳理。通过官船这一角度，透视了明代上海地区经济、国防、交通运输等方面政府职能的运行状态。

关键词：明代　上海　官船　漕船　兵船　驿递船

　　上海地处典型的江南水乡，境内河道纵横，水网密布，自古船运即便于陆运，船只是支撑这一地区经济发展的重要载体；同时上海又当江海之汇，无论是战时还是平时都是海防、江防的最前线，船只又是保卫和平环境、支持战争运行不可缺少的利器。因此，船只是研究上海地区经济发展史、国防史、交通运输史等学术领域一个非常重要的视角。

　　众所周知，明清时期的松江府是今天上海市的主源。明初，松江府辖上海、华亭两县。嘉靖年间，从两县中析分出青浦县。清代又先后析分出娄县、金山、奉贤、南汇等县。民国时期将华亭、娄县并为松江县，同时又再析出川沙县。今天作为直辖市的大上海，不仅包括了上述诸县的行政管辖区域，而且又增加了嘉定、宝山、崇明三个县级行政区的范围。这三县的范围在明代皆隶属于苏州府（以及其下的太仓州）管辖。因此，如果按照今天大上海的范围讨论相关历史问题，就不仅要考察松江府的情况，还需涉及苏州、太仓相关的区域。

　　本文拟按照今天上海市的行政区划范围，考察明朝时期这一区域内由政府负责修造、管理和使用的各种官营船只的总体情况。本人认为，明代上海地区的官营船只主要有三种，即漕、兵、驿，它们分别承担了经济、国防和交通三个方面的重要职能。

* 　作者简介：祁海宁（1972—　），男，汉族，江苏南京人，南京大学历史学硕士，现为南京市博物馆副研究馆员。研究方向：宋元明清考古、船史研究、南京历史文化等。

一、漕　　船

明代自永乐迁都北京之后，北方军国之用在极大的程度上仰赖于南方漕粮的供应，漕运成为支撑国家正常运转的大动脉。而在承担漕粮的六省之中，南直隶下属的苏、松两府负担最重，是明王朝名副其实的经济命脉。明代漕粮总数早期并不确定，从每年二三百万石逐渐增至四五百万石，最高潮的宣德年间曾达到年运六百七十余万石的规模。自成化八年（1472 年）起，方始确定为每年四百万石。据《明会典》卷二七《漕运》所载，其中苏州府承担的漕粮正额为：兑运米六十五万五千石，改兑米四万两千石，共计六十九万七千石，占到全国漕粮总数的 17.4%，比浙江全省一年六十三万石的总额还高；而松江府承担的漕粮正额为：兑运米二十万三千石、改兑米二万九千九百五十石，共计二十三万二千九百五十石，占到全国漕粮总数的 5.8%，与湖广全省一年二十五石的总额基本相当。

以上仅为漕粮的正额，正额之外还有各种名目的杂耗，用来充当漕粮的运费和造船之费。苏州、松江等府的兑运米之中，"每石加'耗米'五斗六升，又'两尖米'一斗，共六斗六升"；另外还有"脚米"——"每石征'脚米'六升，折银给运官、同有司，为买办物料修船之费。"而改兑米加耗，苏州、松江"每石俱三斗二升"。[①] 通计各项杂耗，接近正额的 70%。由此可见，明代苏、松地区漕粮负担之重。漕粮的征缴与运送，由此在当地经济生活中占据了举足轻重的地位。

漕粮的运送除了少量走海运外，自永乐十三年（1415 年）会通河全线浚通起，绝大部分经运河北运。漕粮的运送方式几经变革，初期以支运和民运为主。所谓"支运"，是指产粮地方派人将漕粮运至淮安、徐州、济宁、临清等地的粮仓交收，然后由各地卫所专门抽调运军从粮仓中支出，转运至北方。这种民、军分段，接力运送的方法，是永乐、宣德时期漕运最主要的方式。另外还有所谓的"民运"，即令产粮地方自备船只，自派人员运粮至北京、通州等地。比如，"（永乐）十六年，令浙江、湖广、江西布政司，并直隶苏、松、常、镇等府税粮，坐派二百五十万石，令粮里自备船只，运赴通州河西务等处上仓"；"宣德二年，令浙江、江西、湖广，并直隶苏、松等府，起运淮安、徐州仓粮，拨民自运赴通州仓"。[②] 支运和民运皆需要从产粮地区征调民夫直接负责运粮，往返途中的花费与各种盘剥极为繁重，不仅大大增加了产粮地区农民的经济负担，而且妨害农时，导致很多应役民夫田地荒芜、破产逃亡。因此，除了漕粮本身的重压之外，不合理的运输要求成为了套在产粮地区农民身上又一道枷锁。而且苏、松地区运粮的负担尤为沉重。正统十四年，在新的漕运方式兑运已经稳步推行的情况下，仍然"令苏州府委官

---

① ［明］申行时等修：《明会典》卷二七，中华书局，1989 年，第 200 页。
② 《明会典》卷二七，第 195 页。

督粮里及殷实大户人等，自运京储"。直至成化六年（1470 年），方才最终"奏罢苏、松等府民运粮，仍旧军运"。① 由于支运与民运造成的矛盾突出，自宣德五年（1430 年）起，明政府推出了"兑运"法，即产粮地区将应缴的漕粮交兑给附近卫所的运军，由运军负责运送至京。由于运军工作量增加，由产粮地区通过"加耗"的方式给运军以相应的补助，此即是漕粮正额之外尚需"加耗"的由来。兑运法推行后，虽然产粮地区实际交兑的漕粮总数增加了，但是由于不需要亲自运粮，相应地减轻了农民的负担。从此，兑运逐渐成为漕运的主要方式。由于运军运力不足，存在"兑运不尽"的现象，因此支运并未立即全部停止，每年仍有部分漕粮需要苏、松等产粮区民运至淮安等仓，再由运军接运。不过，支运的数量在不断减少，兑运的比例在不断增加。至成化十一年（1475 年），"罢民运淮、徐、临、德等仓粮，令军船径赴水次领兑，运付京、通二仓交纳"。② 同时根据运送距离远近，量加耗米，这就是所谓的"改兑"法，至此有明一代的漕运方式最终定型。

　　无论采用何种漕运方式，皆需要大量的船只。漕运早期，民运占据一定比例，船只需要产粮区民夫自备，通常以"雇觅"的方式解决。这说明在产粮地区，存在着一大批可供长途运载的民船。不过，其数量毕竟有限，运军旗下的专用漕船才是漕运的主力。在会通河开通前的永乐十二年（1414 年），明政府即着手组建内河运军，"令湖广造浅船二千只，岁于淮安仓支粮运赴北京"；"又令北京、山东、山西、河南、中都、直隶徐州等卫，俱选官军运粮"。③ 宣德五年（1430 年），随着"兑运"法的推行，明政府接受漕运总兵平江伯陈瑄的建议，以驻守东南各地的卫军承担漕运的任务。④ 在漕运总兵之下设十三把总，分管运军——即南京二总、江南直隶二总、江北直隶二总、中都总、浙江二总、山东总、江西总、湖广总，以及负责海运的遮洋总，统称为十三总。运军驾驶的漕船除海运所用的少量"遮洋船"外，绝大部分为内河"浅船"，每艘运粮四百石左右——因运河很多河段水浅，船只吃水不可太深。明初漕船的数量并不固定，"每年会议粮运合用船只，临时派造，以为增减。天顺以后始定天下船数为一万一千七百五十艘，合用官军十二万一千五百余员名领驾"。⑤ 其后，这一规模大体保持至明末。

　　对于苏、松而言，与其关系最为密切的是"江南直隶二总"之中的下江总，它由镇江卫、太仓卫、苏州卫、镇海卫、留守中卫、骁骑右卫、羽林右卫、嘉兴守御千户所、松江守御千户所等九个卫所抽调的官兵组成，直接负责环太湖地区漕粮的兑运。⑥ 其中松江守御千户所驻守松江府城，与今天的上海直接相关，根据《漕

① 《明会典》卷二七，第 195 页。
② 《明会典》卷二七，第 195 页。
③ 《明会典》卷二七，第 195 页。
④ ［清］张廷玉等撰：《明史》卷九〇，志第六六《兵二·卫所》，中央研究院历史语言研究所汉籍电子资料库本，第 2195 页。
⑤ ［明］席书编次，朱家相增修：《漕船志》卷三，玄览堂丛书初辑本第九册，台北：正中书局，1981 年，第 77 页。
⑥ 参见《明会典》卷二七，第 196、197 页。

船志》的记载,松江所下辖的漕船数量为五十只。① 这一数字的意义极其有限,因为明代在上海区域内穿梭忙碌的漕船远远不止此数。前述松江府一年"二十三万二千九百五十石"的漕粮正额占全国漕粮总数的 5.8%,因此所需漕船在全部"一万一千七百五十艘"的漕船总额中应占相同比例,即约 680 只;另外,苏州府承担的漕粮正额占全国漕粮总数的 17.4%,每年需用漕船 2 044 只。假设嘉定、崇明等地应缴的漕粮,大致占苏州府正额十分之一的话,那么亦需占用漕船 204 只。也就是说,明代专门为上海地区服务的漕船约为 880 余只。

明代漕船数量庞大,使用年限短,修造的任务极为浩繁。明初洪武时期,河、海运船大多派给产木的湖广、四川等地建造,南京龙江提举司也承担过部分建造任务。永乐年间,明政府在淮安、临清两地分别设立清江、卫河两提举司,专司漕船修造。两厂原先分工,"南京、直隶、江西、湖广、浙江各总里河浅船,俱造于清江;遮洋海船,并山东、北直隶三总浅船,俱造于卫河"。② 不过宣德以后,为了减少船料的运送,分担两厂的建造任务,规定"江南直隶、湖广等三都司浅船各归原卫所自造"。③ 江南各卫所有修造权之后,起初皆分散建造,松江所下辖的漕船,很可能就是在松江府内择地建造的。不过各卫"散造"的船只往往"板薄钉稀",质量参差不齐,影响正常漕运。因此以后又将各卫船只修造任务集中于江南几处船厂,称为"团造"。嘉靖三年(1524 年)工部规定:"更定各总浅舡团造之处,中都、江北直隶五总,北直隶、山东、遮洋三总俱于清江厂造;江西、湖广二总于各府造;浙江一总于杭州厂造;江西九江等五卫于芜湖造;镇江等六卫于苏州造。"④

修造漕船需要消耗大量的造船材料,费用巨大。江南直隶漕船自宣德以后归各卫自造,根据用材的不同,造价不一:"凡杉木、楠木者十年一造,每只用银一百四十一两四钱六分,底船准二十八两;杂木者七年一造,每只用银九十六两七钱一分,底船准二十一两五钱八分,余俱'军三民七'出办;松木者五年一造,每只用银七十四两六钱三分,'军三民七'出办,底船不准银数,听拆卸相兼成造。"⑤《明会典》的这段记载明确说明,江南直隶各卫漕船修造费用以"军三民七"的方式解决,即粮户承担其中的 70%,运军负担 30%。而运军负担的船料费用,经常从他们的"行粮"、"脚米"中扣取,归根到底还是来源于粮户,因此粮户承担的造船费用实际上远超 70%。

以上只是江南直隶各卫本身漕船修造所需,其他的漕船是否就与江南直隶无关呢? 答案是否定的。《漕船志》记载:"先年每岁应用运船,造于各省者皆有司自行派料成造;造于提举司者,合用杉、楠等木俱派四川、湖广、江西出产处所;浙江、江南直隶不出木者,买办送纳。"⑥说明江南直隶不仅要负责本省的自造船

---

① 《漕船志》卷三,第 96 页。
② 《漕船志》卷一,第 32、33 页。
③ 《明会典》卷二○,第 1002 页。
④ 《明世宗实录》卷四四,中央研究院历史语言研究所校印本,1962 年,第 1143 页。
⑤ 《明会典》卷二○,第 1004 页。
⑥ 《漕船志》卷四,第 126 页。

只,还需以"买办送纳"的方式承担清江、卫河两提举司所造漕船的部分船料。成化十六年(1480年)以后,两提举司所需船料改为通过荆州、杭州、芜湖三处抽分厂抽征,同时"每年该兑民粮三百三十万石,每石加耗一斗,着落各把总官员照时价卖银,解二提举司给军"。① 即通过兑运米加耗的方式,解决两提举司船料价不足的问题。苏州府每年兑运米"六十五万五千石"、松江府每年兑运米"二十万三千石",因而每年须分别承担"六万五千五百石"和"二万三百石"的提举司造船料价。上述船料只是每年固定的常额,碰到特殊情况,还要临时加征。比如正德六年(1511年),大批漕船被农民起义军焚毁,第二年明政府即下令"兑改粮米,每石量加银三分,以为造船之费"。②

总之,上海地区涉及的明代苏、松两府,不仅要承担本地卫所漕船的修造费用,而且还要分担两提举司修造漕船的费用,交纳的漕粮愈多,分担的造船费用就愈大。也就是说,明代在上海地区穿梭的880余只漕船,其修造费用中的很大比例需由当时的上海人民承担。

二、兵　　船

有明一代倭患为祸甚烈,自明初建国迄万历援朝,影响前后长达二百五十余年。上海地处东海之滨,"倭舶自东南而来,华亭、上海首当其冲,次嘉定,次太仓……"③在备倭、抗倭的时代背景下,明政府在苏、松等沿海地区构筑了一整套较为严密的军事防御体系,而军用船只——兵船,在这一体系中发挥了重要作用。明代上海地区的兵船,按所属军事机构的不同,大致可分为卫所兵船和巡检司兵船两大类。

明代上海地区的主要卫所,除了设于松江境内著名的金山卫之外,还应包括设于苏州府嘉定县、位于吴淞江口的吴淞守御千户所,和设于太仓州、位于崇明岛上的崇明守御千户所。

金山卫位于松江华亭县东南之筱馆镇。洪武十七年(1384年),明太祖朱元璋命信国公汤和巡视海疆,自山东至浙西沿海择地规划筑城,金山卫应为其中之一。④ 洪武十九年(1386年),安庆侯仇成在筱馆建成卫城,因该城与海上的大、小金山相对,故而命名为金山卫。金山卫下辖左、右、前、后、中、中前、中后七个千户所,明初额定兵员为13 357人,正德年间经过裁汰,仍有兵员11 297人。按明代兵制,一卫一般设前、后、左、右、中五个千户所,每所一千至一千二百人,总兵力一般为五至六千人。而金山卫的规模相当于两卫之和,这与该卫辖地广阔,

① 《明会典》卷二七,第203页。
② [明]杨宏、谢纯撰:《漕运通志》卷八《漕例略》,方志出版社,2006年,第167页。
③ [明]郑若曾:《江南经略·凡例》,四库全书本。
④ 《明史》志第六七《兵三·海防、江防》,第2243页。

职责重大有关。在该卫下辖的七个千户所当中,左、右、前、后四所驻扎于卫城,中所调守松江府城(即松江守御千户所),中前所驻守青邨,中后所驻守南汇。① 金山卫负责守卫的松江东南海疆岸线漫长,"松江之海起于独山而迄于小汤洼,迢迢二百四十八里"。② 虽然沿岸皆有护塘,但海塘内外皆为水道,在内为运盐河,在外为堑濠,皆需定期巡防,而且松江东南沿海虽没有像刘家河、白茆那样的大港,但是仍有不少小港需要加强防守,"金山以东有翁家港、蔡庙港、柘林、漴缺等处,南汇以北有四、五、六、七、八、九团,洪口、川沙洼、清水洼等处,皆宜设船防守"。③ 因此金山卫旗下各卫所自明初起,即确定了兵船定额,"左、右、前、后所,每百户所造出海哨船四只,共计八十只。青、南二所,每百户所造出海哨船四只,共计八十只。俱就各卫所派拨巡军,在海巡逻"。④ 也就是说,除了守御松江千户所外,其余六所皆有出海巡哨的任务,共辖兵船 160 只,而且这批船只皆由金山卫自行修造。根据明政府洪武二十三年令:"滨海卫所,每百户及巡检司皆置船二,巡海上盗贼。"⑤普通卫所每百户需置船两只,而金山卫之下的百户所皆需置船四只,这一点再次表明金山卫的规模确为普通卫所的两倍。不过,金山卫所辖海船的数量出现过较大的反复。正统年间,因为海患较轻,朝廷以为海船虚耗无用,以船易马,海船之制一度被废。到了嘉靖时期倭患大起,朝廷面对忽视海防造成的恶果,不得不拨乱反正,再次以马易船,并清点各卫所熟悉水军的人员,操习水战,使得旧制得到较大程度的恢复。⑥

松江府北部的吴淞江水系(黄浦江本为其支流之一),是苏、松两府的分界线。它内连太湖,外通大海,"为中吴诸水第一,其入海之口为海道咽喉、三吴门户",因此明政府"特置所城于此,而以副总兵镇之",使之成为明代苏、松海防的一个重要支点。⑦ 吴淞江守御千户所位于吴淞江口之西岸,洪武十九年(1386年)荥阳侯郑遇春会同镇海卫指挥朱永,于浦西依仁乡筑土城,距海三里,"名荥阳垒,是为吴淞所旧城"。嘉靖十六年,吴淞所老城渐坍入海,因此于老城西南一里更筑新城。吴淞所额设正千户一人,副千户五人,百户十人,旗军一千二百五十人,由太仓卫拨驻。⑧ 与吴淞所相对,在吴淞江口东岸,明政府又先后设立了宝山、高桥两座旱寨,协同吴淞所共同守卫吴淞江口。⑨ 到了倭患最为严重的嘉靖时期,嘉靖三十二年(1553 年)南京给事中项泾奏设南直隶副总兵一职,初驻

---

① 参见[明] 张奎修、夏有文等撰:《金山卫志》上卷一《边域》、《建设》,上卷三《兵政》,民国传真社影印正德刻本。

② 《江南经略》卷一下《海防论二》。

③ [明]郑若曾撰,李致忠点校:《筹海图编》卷六,中华书局,2007 年,第 422 页。

④ [明]郑若曾撰,李致忠点校:《筹海图编》卷六,中华书局,2007 年,第 422 页。

⑤ 《明史》卷九一,志第六七《兵三·海防、江防》,第 2244 页。

⑥ 《筹海图编》卷六,第 422 页。

⑦ 《江南经略》卷三上《吴淞所险要说》。

⑧ 参见[清] 梁蒲贵等修,朱延时等撰:《宝山县志》卷二《营建志》、卷六《兵制》,台北:成文出版社有限公司,1983 年。

⑨ 《江南经略》卷三上《江东二旱寨险要说》。

金山，自嘉靖三十六年（1557 年）起专驻吴淞所。其下设水营把总一员，统水兵二千九百名；游兵营把总一员，统水兵三千六百名，吴淞防卫力量由此大增。①根据洪武二十三年令"滨海卫所每百户置船二"，吴淞所原先正常配备的兵船应为 20 只左右。根据相同的比例，嘉靖时期拥有两营水军、共计六千五百余人的吴淞所，配备的各类兵船应该在 100 只以上。《江南经略》和《筹海图编》两书的作者郑若曾，曾长期担任抗倭主帅胡宗宪的幕僚，对抗倭和海防进行过深入的研究。他曾提出吴淞水军船只的配备应达到 400 只，才能充分发挥作用，"以事理计之，福船须得四百只、福兵须得四万人，以吴淞江为老营，分福船为四班：以一百只泊吴淞江，专守老营；以一百只哨至宝山之南，直抵高家嘴；以一百只哨至高家嘴之南，直抵陈钱、马迹；以一百只哨至刘家河，北直抵福山、狼山"。② 郑氏的建议其后未必全部得到实施，但是他的主张反映出吴淞所在军事上极为重要的地位。我们认为，在嘉靖抗倭斗争的高潮期，明政府在该所配备百只以上的各类兵船不仅是可能的，而且是非常必要的。嘉靖后期，吴淞所水陆军的规模根据情况时有增汰：比如水军营从二千九百人缩减为五百七十人；游兵营从三千九百人缩减为一千二百余人，并一度被裁撤，但很快于万历四年（1576 年）恢复；万历九年（1581 年）增设陆兵营，设把总一员，统兵四千，其后裁至二千三百八十余人；天启初年，又增设奇兵营，设把总一员，统水兵三百人。③

吴淞所只是明代吴淞江军事防御体系的龙头，自吴淞口向西，沿江两岸还分布着众多大小不等的港汊，尤其是作为其重要支流的黄浦江，嘉靖时期亦多设兵船，分驻各港以备倭。据《筹海图编》记载："上海之高仓渡、沈庄塘、周浦、闸港、闵行，华亭之叶谢、曹泾、张堰等处，……松江府先后打造双塔船、鹰船，各发上海、华亭，各召募水兵，分布沿浦各港，巡逻把截。"④

崇明诸沙扼守长江入海口，"海船入江，必由崇明南北二路：县后、扁担二沙在县之北，易于胶浅，凡舟之轻小者，由此而行；竹泊、宋信嘴在县之南，其水深洼，凡舟之重大者由此而行。二路堵截更无入江之路矣。崇明者，天生北沙以锁江之水口，江防第一关键"。⑤ 因此，明政府虽然将长江口水军主力部署于稍内的刘家河、白茆、福山等港，但是对于崇明诸沙的军力部署也相当重视。洪武二十年（1387 年），明政府即设立了崇明沙守御千户所，额设千户一员，副千户两员，百户十员，驻军一千一百二十人，驻守县城。永乐十四年（1416 年），为防倭又设立水寨百户十员，配备风船、快船各十只，崇明自此开始拥有水军。崇明驻军由单纯的陆师，变为陆师、舟师各一，实际上拥有了两个千户所的规模。崇明水军配置的海船，与前述金山卫军一样，也经历过被废的遭遇。正统二年（1437年），明政府以海患平定，裁撤虚费为由，将崇明水军哨船全部易马。直至嘉靖三

---

① 《宝山县志》卷六《兵制》，第 521 页。
② 《江南经略》卷三上《吴淞江兵船议》。
③ 《宝山县志》卷六《兵制》，第 521、522 页。
④ 《筹海图编》卷六，第 422 页。
⑤ 《江南经略》卷一下《江防论二》。

十三年(1554 年),倭寇侵占崇明县城,造成严重破坏,才由海防同知熊枰奏请,复设哨船三十只。嘉靖三十九年(1560 年),巡抚翁大立奏设都司一员,移圌山游兵把总驻营前沙,吴淞游兵把总驻竹泊沙,在苏、松沿海往来会哨。万历以后,崇明水军经历了多次调整:万历元年(1573 年),裁撤哨船十只,存二十只;万历二十五年(1597 年),设苍船九只,桨船五只,号船十六只,由福建修造,后又增划船四只;万历三十年(1602 年),又复哨船十只;崇祯二年(1629 年),巡抚曹文衡以苍、桨、号、划等船适用于南洋,而不便于长江以北海域,奏请将大部分船只改为沙船,但保留了苍、桨、划船各一只,号船六只。[①]

　　总体来看,明代上海地区各卫所配置的兵船大致经历了前后高,中间低的过程。明初太祖、太宗时期重视武备,金山、吴淞、崇明等沿海卫所陆续得以建立,并严格按照"每百户置船二"的要求,各自组建舟师,较好地发挥了保卫海疆的任务。但是正统以后,由于明政府的短视,推行以船易马的错误政策,苏、松沿海兵船大幅减少,海防几成虚设,是嘉靖时期倭乱暴发造成严重破坏的重要因素之一。但经此一役,明政府吸取了经验教训,再也不敢轻忽海防,苏、松沿海卫所配置的兵船,直至明末始终保持了一定的规模。

　　明代除了在各战略要地设立卫、所等正规军事单位之外,还在各府州县的关津要害之处设置巡检司。巡检司是一种准军事单位,设巡检、副巡检等职,率领地方乡兵,即"弓兵",负责"缉捕盗贼,盘诘奸伪"。[②] 明代上海地区的范围内先后设有多处巡检司,以嘉靖时期为例,松江府华亭县设有金山、戚木泾、泖桥、小蒸、白沙、陶宅、淀山等七处;[③]上海县设有南跄、黄浦、三林庄、青龙镇、吴淞江、新泾等六处;[④]苏州府嘉定县设有顾泾、吴塘、江湾等三处;[⑤]太仓州崇明县设有西沙、三沙、平洋沙等三处。[⑥] 根据《江南经略》的记载,明代上述巡检司每处皆配备弓兵 40 名,往来巡逻。而洪武二十三年令对巡检司兵船的配置也给予了明确的规定:"滨海卫所,每百户及巡检司皆置船二,巡海上盗贼。"因此,明代上海地区内的这十九处巡检司,在嘉靖时期至少配备了 38 只巡逻用的兵船。不过,各地所设巡检司也会根据地方治安的情况随时裁汰,据《明会典》记载,万历时期上海地区的巡检司就裁减为十三处,[⑦]那么其所设兵船亦相应减少。

　　明代军队粮饷、经费的来源,原本依靠军屯制度,即所谓"以军隶卫,以屯养军"。[⑧] 卫所辖下的士兵分为两个部分,一部分承担军事任务,另一部分从事耕种。"边地,三分守城,七分屯种。内地,二分守城,八分屯种。每军受田五十亩

---

① 崇明水军的演变过程,可参见王清穆修,曹炳麟撰:《崇明县志》卷九《武备》,第 449～451 页,台北:成文出版社有限公司,1975 年;以及《江南经略》卷三下《崇明县兵防考》等。

② 《明史》卷七五,志第五一《职官四·巡检司》。

③ 《江南经略》卷四下《华亭县巡司》。

④ 《江南经略》卷四下《上海县巡司》。

⑤ 《江南经略》卷三上《嘉定县巡司》。

⑥ 《江南经略》卷三下《崇明县巡司》。

⑦ 《明会典》卷一三八,第 704、705 页。

⑧ 《明史》卷九〇,志第六六《兵二·卫所》,第 2196 页。

为一分,给耕牛、农具,……军田一分,正粮十二石,贮屯仓,听本军自支,余粮为本卫所官军俸粮。"①明初,军屯制度很好地保证了军队的供给问题,没有给地方政府带来过重负担。但是正统以后,屯政逐渐废弛,屯田多为内监、军官占夺,其法尽坏,不得不"军外募民为兵,屯外赋民出饷",②养军逐渐成为各地政府的一项沉重负担。嘉靖年间为了应对倭乱,苏、松等沿海地区不断增兵、设官、修造舰船,其费用在很大程度上需要地方供给,这在上海各地的方志中多有记录。比如《宝山县志》记载,嘉靖三十二年增设的南直隶副总兵一职,"岁用廪饩、犒赏公费银一千四百四十七两有奇,裁止一千三百六十四两有奇,于苏、松、常、镇四府各州县征解"。③《嘉定县志》记载,该县"旧止民壮二百人,其雇值出自里甲。嘉靖三十二年知县杨旦议募土兵五百,统以队长十人,副以教师八人,人日给银三分,岁用银五千四百两,于扣省力差、民壮、弓兵、铺兵等银内支给。后以军府檄增募至七百七十五人,分隶耆民,随营听调,于是益饷至九千三百两,每岁编派丁田银内。嗣是连年多警,戍伍日增,养士之费岁计二万二千有奇,始议于秋粮平米每石派征银六分三厘"。④《松江府志》记载:"嘉靖甲寅,设海防道……募战士三千名备倭;丁巳,改海防道为海防同知,存兵一千二百名……海防厅仍驻本府,增派兵银支应;隆庆己巳至壬申,渐次减革,止存兵二百七十名,改于本县均徭内支应。……万历□亥,因海上兵银不足,议以徭银凑补。"⑤为此,郑若曾在《江南经略》中深为感慨地指出:"国初沿海地方设备倭、整堡、哨船、防御等兵,其费原算居折白银内矣。承平日久,规制大坏,定额居折白银内者未尝废也。迩者倭患有作,当道以原银资用不敷,复于田赋上每已米一石加银八分,以六分为兵食之需,是之谓'养兵银';以二分为造船、修整堡等用,是之谓'海防银'。噫,吴赋至重数倍他郡,又加增焉,民力不堪甚矣!"⑥由此可见,明代游弋于上海地区江、海之上的各类战舰兵船,其修造经费是由当地负责筹措解决的。明代中后期海防力量的增强,以及抗倭斗争的最终胜利,皆是以苏、松等沿海地区民众的巨大牺牲换来的。

更需指出的是,明代苏、松等地不仅要负责本地兵船的修造费用,还要面对明政府强加的其他额外负担。据曾担任南京工部右侍郎的何瑭记载:"查得(南京)新江口战、座、巡、哨等船,旧例五年一修、十年一造。先年损坏,俱系操江官军自备物料修理。……弘治十八年,又该本部奏准,将改造战巡等船,会无物料,坐派直隶苏、松等府州县办解,沿袭至今,遂为定例。""照得南京内官监供应器皿及装盛物料,神宫监、司苑局等衙门姜棚及姜牙、竹篓等料,本部供应器皿及修船物料,例俱坐派苏、松等府,约计银十万两以上。"面对苏、松地区民力的憔悴、负

① 《明史》卷七七,志第五三《食货一·田制·屯田》,第1884页。
② 《明史》卷九〇,志第六六《兵二·卫所》,第2196页。
③ 《宝山县志》卷六《粮饷》,第547页。
④ [明]韩浚等修:《嘉定县志》,台北:成文出版社有限公司,1983年,第940、941页。
⑤ 《松江府志》卷二五《兵防》,书目文献出版社,1991年,第643页。
⑥ 《江南经略》卷二上《吴城兵辨》。

担的沉重,何瑭同样深有体会,他毫不讳言地指出:"见今累催,俱未完解,固由官吏违慢,亦由民贫!" ①

三、驿 递 船

明代松江府境内设有"云间递运所",递运所是明代驿递机构的一种,它配备有一种特殊的船只——红船。

驿递是中国古代官营的交通运输和公文传递系统,承担着"递送使客,飞报军情,转运军需"的重要职能。② 明承元制,对驿递的建设极为重视,在全国范围内先后设立了近1 300座驿站,自南、北两京达于四方,形成了一张完整、严密的交通信息网。明代的驿递系统包含了驿站、递运所和急递铺三种功能上有所区别的机构。其中驿站是驿递系统的主体,主要负责传递文书,运送高级别的官员和外交使节;递运所主要负责运送各种物资,以及较低级别的官吏;急递铺则负责递送紧急的军书与公文。除急递铺以铺兵走递,不需要船只外,驿站和递运所往往需要配置官船。

驿站有马驿和水驿之分,沿陆路所设的,以马匹为主要交通工具,是为马驿;沿水路所设的,以船为主要交通工具,是为水驿;在一些水、陆交汇的要地,往往船、马兼用,又称为水马驿。递运所情况与之类似,设于陆路的以车运为主,而设于水次的,自然依靠船运。而且驿站与递运所往往靠近设置,相距不远。明代驿站配备的船只称为"站船",其特征是表面"以绘饰之",③即彩绘纹饰。各水驿站船的数量根据当地的情况设置,"如使客通行正路,或设舡二十只、十五只、十只,其分行偏路亦设舡七只、五只"。④ 而递运所配备的船只则被称为"红船",因为明政府规定"递运船只俱用红油刷饰"。⑤ 红船亦有大小不同的规格,各地根据实际需要配置,"如六百料者每舡水夫十三人,五百料者十二人,四百料者十一人,三百料者十人"。⑥

元代,松江府境内设有两驿,一座位于松江府城,一座位于华亭县枫泾镇。⑦明初,在松江府城谷阳门外泽润桥之西原本设有驿站,称为"云间驿",因松江古称云间而得名。但是洪武三十年(1397年),朝廷下令将该驿降改为递运所,称为"云间递运所"。⑧ 松江地处水乡,往来交通皆以水运为便。在洪武三十年之

---

① ［明］徐孚远、陈子龙等编:《皇明经世文编》卷一四四,第10册,台北:国联图书出版有限公司,1968年,第211～218页。
② 《明会典》卷一四五,第735页。
③ 《明太祖实录》卷二九,中研院历史语言研究所校印本,1962年,第501页。
④ 《明太祖实录》卷二九,中研院历史语言研究所校印本,1962年,第501页。
⑤ 《明会典》卷一四八,第758页。
⑥ 《明会典》卷一四八,第758页。
⑦ ［元］陆居仁:《松江站馆夫义役田记略》,《松江府志》卷一九《驿馆》,第506页。
⑧ 《松江府志》卷一九《驿馆》,第506页。

前,松江"云间驿"配备的船只称为站船,按明政府的规定应该绘彩;但是洪武三十年之后,松江"云间递运所"配备的船只,按规定应该全部刷红,称为红船。

明代云间递运所的红船数量,目前未发现明确的史料记载。但是根据《明会典》的记载,明代红船需承担的任务颇为庞杂,大致包含以下几类:一是递运官物,"递到官物,所官验实物斤重、担数多寡,随即计算船只料数,差拨装运"。二是递运囚犯和军丁,"凡各处逃军囚徒,及补役军丁,洪武二十四年令递运所交接防送"。三是递运各种差吏、随员,如"在外各衙门差人进表、进贡"、"都察院并各部及五府,差去各抚按、总兵、管河……等处书办、该当历事监生、与奏带书吏"等,皆"应付……红船"。① 因此,考虑到云间所承担着松江全府官物、官差的交通运输任务,配备的船只数量不可能过少,我们推测应该在15～20只左右。

通过前文的梳理与分析,本人认为可以大致为明代上海地区的官船总结出以下几点特征:

首先,明代上海地区的官船数量众多,正常的保有量在1 100艘以上。其中,常年为上海地区服役的漕船就达880只左右;金山卫、吴淞守御千户所、崇明守御千户所等一卫二所下辖的各类兵船,按照明政府的规定应为200只,虽然正统以后,武备废弛,兵船数量一度大幅减少,但是明代中后期因抗倭战争的需要,其数量大幅激增,远远超出了200只的规定,而且直至明末始终保持了较大的规模。此外,上海地区当时还配置了巡检司兵船和驿递红船各数十只。

其次,明代上海地区的官船,对于维护明王朝的稳定与安全发挥了关键作用,这点突出表现在漕船和兵船上。明代在上海地区运行的880余只漕船,每年将三十万余石(松江府正额,再加嘉定、崇明承担的苏州府份额)漕粮北运,成为维系北方"军国之用"的重要生命线;同时,驻守于上海沿海地区的200余只兵船,又是抵御倭寇入侵、打击海盗、守土卫国的重要力量。

第三,明代上海地区的各类官船,不可否认也是不断剥削当地人民财富的重要工具。这不仅体现在漕船将东南财富源源不断地北运,过度"抽血"导致当地民生艰难;还体现在各类官船的修造费用绝大部分要由当地人民承受,进一步加剧了当地人民原本已经极为沉重的负担。

第四,明代上海地区的各类官船,其航向总体上皆是向内,而不是朝外的。无论是沿着运河北上的漕船,还是沿着驿路航行的红船,它们的目标都是明政府的南、北二京。至于在沿海地区巡逻会哨的兵船,它们的目标也只是保卫内陆的安全,而不是保卫海上的航路。因此在明代闭关锁国、以陆为重的思想指导下,上海地区虽然号称富庶,也只是偏于一隅的边陲僻壤,不可能成为国家重点扶持的腹心。反过来说,只有到了打开国门、拥抱海洋的新时代,上海这块陆、海兼具的宝地才会真正迎来发展的机遇,成为国家,及至世界瞩目的中心。

---

① 《明会典》卷一四八,第758～760页。

Shanghai's Official Boats
during Ming Dynasty

108

Abstract: This paper is a recapitulative study about Shanghai's official boats during Ming dynasty. According to the author's point of view, there were about three types of official boats navigating in Shanghai area at that time: rice-transporting boat, military boat, official people and material-transporting boat. This paper researched each of them on its function, quantity and sources of funding. On the basis of knowing the official boats, we could understand the Ming dynasty's Shanghai economics, national defense and transportation to a certain extent.

Keywords: Ming Dynasty, Shanghai, Official Boat, Rice-Transporting Boat, Military Boat, Official People and Material-Transporting Boat

上海和中国近代海军

史滇生*

（南京 海军指挥学院 210016）

摘 要：上海在近代中国具有重要的经济地位和战略地位。近代中国海军同上海有着密切的联系。上海是中国近代海军发祥地之一，又是中国近代海军自造舰船的主要基地，还是近代中国海军军事学术的一个重要传播地。上海是近代中国海军活动的重要舞台。

关键词：上海 中国近代海军 自造舰船

1840 年鸦片战争后，中国步入近代社会。西方资本主义列强的海上入侵，成为中国国防的主要威胁。在海防危机日益严重的情况下，中国从 19 世纪 60 年代起，开始创建新式海军。近代中国海军的建设发展，同上海有着密切的联系。上海是近代中国海军的主要发祥地之一，又是近代中国海军自造舰船的主要基地之一，还是近代中国海军军事学术思想的一个重要传播基地。近代中国海军在上海进行过许多有声有色的行动，在中国近代史上留下了重要一页。

一、中国近代海军的重要发祥地

19 世纪 60 年代清政府开始创立新式海军。中国新式海军的创立，有两个重要的发祥地，一个是福州，一个是上海。

上海是晚清南洋海军创建和发展的最重要基地。还在 1867 年江南制造局开始建造新式兵轮之时，曾国藩就提出，"待船成之后仍须酌改营制，略仿西洋之法"，[①]建立新式轮船水师。1870 年江南制造局已建成新式兵轮船 4 艘，福建船政局亦造出新式兵轮 3 艘，曾国藩即奏请清廷，选命官员统带这些兵轮进行操

---

* 作者简介：史滇生（1939— ），1962 年复旦大学毕业，长期在海军院校从事教学工作，现为海军指挥学院教授。研究方向：中国近代军事史、中国近代军事思想、中国海军史。

① 《曾国藩全集·奏稿》第 35 卷，岳麓书社，1987 年，第 42 页。

练；"兹当闽沪两厂船成之时，即当于两处选立统将，慎择船主，出洋操练。无论有警无警，穷年累月，练习不懈，或者求艾三年，终有可以即戒之时"，[1]再一次提出组建新式轮船水师的主张。与此同时，福建船政大臣沈葆桢也提出，将福建船政所造兵轮编组，委派"熟悉海疆"的大员为轮船统领，率船进行操练。清廷接受了曾国藩、沈葆桢的建议，将江南制造局所造兵轮组成一队进行操练，同时任命李成谋为福建船政轮船统领，率船出洋操练。这就是南洋海军和福建海军雏形。上海和福州同时成为中国近代海军最早的诞生地。

　　1875 年海防筹议后，清政府决定建立南北洋海军，由李鸿章督办北洋海防，沈葆桢督办南洋海防。沈葆桢以江南制造局制造的数艘兵轮为基础，开始了南洋海军的创建。继原有的"操江"、"测海"、"威靖"、"海安"等兵轮后，沈葆桢又调集江南制造局新建成的"驭远"、"金瓯"2 艘兵轮和福建船政制造的"登瀛洲"兵轮至南洋。1879 年，南洋海军又增加了"龙骧"、"虎威"、"飞霆"、"策电"4 艘炮舰和福建船政建造的兵轮"靖远"号。1880 年福建船政建造的兵轮"澄庆"号，1883 年，福建船政建造的兵轮"开济"号先后装备南洋海军。1884 年，从德国订购的"南琛"、"南瑞"两艘巡洋舰抵沪，由南洋海军接收。到 1884 年中法战争时，南洋海军共有舰艇 14 艘，大部分驻防于上海地区。上海成为南洋海军最主要基地。南洋海军主要是依托上海建立发展起来的。1894 年，甲午战争时，南洋海军先后有舰艇 23 艘。上海在中国近代海军建立过程中起到了发端作用，是中国近代海军主要发祥地之一。

二、中国近代海军自制舰船的主要来源地

　　19 世纪 60 年代洋务运动兴起后，中国有两个主要的舰船建造基地，一个是福建船政，一个是上海江南制造局。晚清中国海军兵轮，从国内来源说，绝大部分来自这两个工厂。

　　还在江南制造局创建之初，洋务派就认为，"制造轮船实为救世要策"。[2] 曾国藩建议清廷拨江海关两成洋税，以一成作为江南制造局专造轮船之经费，从 1867 年起开始建造新式兵轮。1868 年，中国自行建造的第一艘新式兵轮"恬吉"号（后改名为"惠吉"号）建成下水，1869 年 5 月，第二艘兵轮"操江"号下水，10 月，第三艘兵轮"测海"号建成下水，1870 年 10 月，第四艘兵轮"威靖"号下水，随后又建成第五艘兵轮"海安"号（1872 年）、第六艘兵轮"驭远"号（1873 年）。这两艘兵轮均为 2 800 吨，是当时中国自造的最大兵轮。1876 年，又建成小型铁甲兵轮"金瓯"号，在船体结构方面实现了从木壳到铁壳的过渡。1885 年建成 1 300 吨的钢甲兵轮"保民"号。这是中国自造的第一艘钢甲兵轮，较福建船政建造

---

① 中国近代史资料丛刊《洋务运动》第二册，上海人民出版社，1979 年，第 276 页。
② 《曾国藩全集·奏稿》第 2 卷，岳麓书社，1987 年，第 70 页。

的钢甲兵轮"平远"号早 4 年。从 1867 年江南制造局开始建造兵轮开始,在近 20 年的时间里,它同福建船政一道,是中国海军自制舰船最主要来源地。1885 年以后,江南制造局停造海军舰船,但仍然承担了大量的南北洋舰船的修理任务。

1905 年,江南船坞宣告独立,并改变生产经营体制。此后,上海的造船业进入一个新的发展时期,重新开始了舰船的制造。1911 年,江南船坞建成海军大臣载洵座舰"联鲸"号,随后又先后开工建造数艘炮舰和浅水炮舰。

辛亥革命后,中华民国北京政府将江南船坞收归海军部管辖,改为江南造船所。第一次世界大战期间,江南造船所成功地为美国建造了 4 艘各 14 000 多吨的运输舰后,舰船建造能力大大增加。从 1912 年到 1937 年抗战前夕,江南造船所先后为海军建造了巡洋舰"平海"号,炮舰"逸仙"、"永绩"、"永健"、"民生"、"民权"、"永绥"、"海凫"、"海鸥"、"海鹰"、"享储"、"江鲲"、"江犀"、"咸宁"、"江宁"、"抚宁"、"绥宁"、"威宁"、"肃宁"、"崇宁"、"义宁"、"正宁"、"长宁"等号和布雷舰"泰宁"号,巡逻艇"华星"、"飞星"号,缉私艇"联星"、"和星"、"德兴"、"海澄"、"海宁"、"海晏"、"海清"等 7 艘,同时改装了"中山"、"大同"、"自强"、"德胜"、"威胜"、"顺胜"、"任胜"、"义胜"、"勇胜"、"诚胜"、"青天"等总共 13 艘军舰。当时国产舰船 80% 都由上海江南造船所建造。上海是民国时期中国最主要的海军舰船制造基地。

20 世纪 30 年代,上海还是当时中国最重要的海军飞机制造基地。中国海军飞机的制造,最早始自福建船政。1918 年,海军在福建船政隶下成立了飞机工程处,1923 年改名为海军制造飞机处。1919 年,我国第一架海军飞机试制成功。飞机制造处在造完 15 架飞机之后,于 1931 年 1 月由福建迁往上海,归入江南造船所。上海成为中国海军飞机制造基地,从 1931 年至 1937 年抗日战争爆发,建造各种型号的海军飞机 8 架,同时于 1934 年至 1935 年仿制出美国"弗力提式"教练机 12 架。

1945 年抗日战争胜利后,中国接受了一批外国海军舰船,其中有俘获的日本海军舰船和日本投降、赔偿的舰艇,英、美两国援助和"赠送"的舰船。这些舰船虽然数量大,但大多数为第二次世界大战时期的剩余物品,许多是超龄舰船,年久失修,损蚀甚大。国民党政府接受这批舰船后,不得不对其进行不同程度的修理,才能交付其海军使用。后来,这些舰船在反共内战中,在人民解放军的打击下,又多有损伤,不得不进行修理。上海遂成为国民党海军舰艇最大的修理场地,江南造船所承担了主要的修理任务。从 1945 年 10 月至 1946 年 12 月,江南造船所修理了海军舰船共 136 艘,16.3 万吨,1947 年修理海军舰船 160 艘,18.1 万吨,1948 年至 1949 年 4 月,修理海军舰船 320 艘,40.6 吨。三年多的时间里,共修理海军舰船 616 艘 75 万吨。①

———————————

① 辛元鸥:《中国近代船舶工业史》,上海古籍出版社,1999 年,第 260 页。

三、中国近代海军学术最早的传播地

曾国藩、李鸿章等在上海从事洋务运动期间,十分重视西方科学技术书籍和军事学术著作的翻译介绍,于 1868 年在上海江南制造局设立翻译馆,由徐寿主持此事。徐寿、华衡芳、徐建寅等与在上海的英国人傅兰雅、伟烈亚力,美国人马高温等合作翻译西方书籍。所译之书,以实用为目的,轮船制造和驾驭、航海等方面的书籍是翻译的重点。江南制造局译馆成立后的 40 年中,先后翻译出版西方书籍 23 类 160 种 1 075 卷,其中不少是关于海军和海防方面的书籍。《英国水师考》、《法国水师考》、《美国水师考》、《铁甲丛谈》、《外国师船表》等,对英国、法国、美国等国家海军发展的历史和现状作了比较详细的介绍;《英国水师律例》、《水师章程》以及《美国水师考》、《法国水师考》当中的部分内容,介绍了西方国家的海军制度;《防海新论》、《兵船炮法》、《轮船布阵》、《水师操练》、《海军调度要言》、《步国兵船操练》、《海战指要》等介绍了西方国家海军作战理论和训练作战方法;《气机发轫》、《气机必以》、《气机新制》、《气机问答》、《兵轮汽机》、《制机法理》、《船坞论略》等介绍了西方舰船制造技术;《航海章程》、《行船免撞章程》、《航海通书》、《行海要术》、《测海绘图》、《海道图说》等介绍了西方海军舰船航行驾驶规则和航海知识。

江南制造局驿馆是晚清中国传播西学的最大、最重要窗口。他们译介的关于海军和海防方面的书籍,对中国近代海军学术的构架,对中国近代海军建设发展产生了重要影响,海军衙门的建立、《北洋海军章程》的制定、中国海军的训练作战,都不同程度地受到了这些译著的影响。

尤其值得提及的是,上海对马汉海权思想在中国的传播具有重要作用。1900 年 3 月,在上海出版的《亚东时报》开始连续刊载马汉的《海上权力要素论》,将马汉海权论的主要内容向中国作了介绍。这是第一次海权思想在中国比较完整的传播。它对中国海军界认识和接收海权思想产生了积极的促进作用,随后在 20 世纪初年,中国兴起了一股宣传介绍马汉海权思想的热潮,一些人士开始运用马汉的海权思想去认识和探讨中国海军海防建设问题。中国近代海军军事思想进入了一个新的发展阶段。

四、中国近代海军活动的重要舞台

从中国近代海军建立开始,上海就是中国海军活动的重要舞台。

上海长期是中国海军的指挥中枢。在 19 世纪 70 年代至 20 世纪初年的 30 余年时间里,南洋海军的活动大多依托于上海展开。1909 年,清政府决定将南北洋海军舰队按其性能和作战需要统一编组,成立巡洋舰队和长江舰队。1910

年,清政府成立海军部,以载洵为海军大臣,谭学衡为副大臣。同时在上海高昌庙成立海军统制处(类似海军司令部),以萨镇冰为海军统制,统帅指挥北洋、长江两个舰队。上海实际上成为中国海军舰队的指挥中枢。民国初年北京政府时期,中国海军成立第一、第二两个舰队和练习舰队,海军总司令部长期驻上海,指挥各个舰队。

上海是辛亥海军起义的策源地。辛亥革命爆发前后,上海作为海军基地和重要驻防地区,集中了大量舰艇。在革命形势的影响和同盟会的策动下,1911年11月1日,驻防吴淞口的"策电"号炮舰首先宣布起义。这是辛亥革命中第一艘起义的海军军舰。"策电"号起义对驻沪海军产生了重大影响。由于整个上海已经光复,驻沪海军官兵大多倾向革命,经过革命党人的工作,驻上海的"建安"、"南琛"、"飞鲸"、"登瀛洲"、"湖鹏"、"宿"、"辰"、"列"等舰艇全部参加起义,投向革命。驻沪海军首先反正,极大地动摇了南京、武汉地区的海军军心。11月12日,革命党人通过各种渠道,策动南京的"镜清"、"保民"、"建威"、"江元"、"楚观"、"楚同"等13艘军舰开赴镇江举行了起义;随后,在武汉地区同革命军作战的海军主力"海筹"、"海琛"、"海容"等舰也于11月16日举行了起义,并参加革命军对清军的作战,支援革命。上海"策电"等舰起义不到一个月的时间内,整个清海军全部倒向革命。之后,湖北军政府召集各处海军代表在上海开会,商讨组建海军统一机关及人事安排问题。12月6日,各处海军代表在上海公推程璧光为总司令,黄钟瑛为副总司令,司令部设在上海高昌庙。

上海是南京临时政府组织舰队北伐的出发地。1912年,南京中央临时政府成立,孙中山被推举为临时大总统,决定对袁世凯实行"北伐"。海军在上海以"海容"、"海琛"、"南琛"3舰组成北伐舰队,于1912年1月中旬从上海出发北上,护送北伐军至山东龙口、黄县、登州等地登陆;随后又护送北伐军在辽东半岛登陆,连接光复许多地区。

上海是民国初年进步力量和反动力量争取和运用海军进行政治军事较量的重要场地。袁世凯篡夺革命成果后,海军转归北洋军阀掌握,成为军阀手中的工具。但是,革命党人和进步力量也争取海军,同北洋军阀势力进行斗争,他们之间争取和运用海军进行政治军事的斗争,很多都是在上海地区展开的。

1913年宋教仁案件发生后,孙中山发动讨袁战争即"二次革命"。当时驻上海的海军占中国海军的半数,且有参加讨袁战争的意向。孙中山主张运用这支海军力量北进渤海,直逼津京。但因革命党内部意见不一致,一些人反对发动海军首先行动,争取海军一事未获成功。袁世凯获悉驻沪海军不稳,将其调往烟台,为其控制。讨袁战争在上海爆发后,吴淞炮台首先举义,坚持斗争近一月,主要同前来进攻的北洋军阀政府的海军作战。此外,在江西、安徽、湖南各省的讨袁战争中,海军都充当了袁世凯的重要工具,成为袁世凯镇压二次革命的急先锋。

讨袁作战失败后,孙中山组建中华革命党,派员在各地筹划武装起义,其计划是争取海军威胁上海,据上海而进图东南。革命党人首先于1915年11月10

日刺杀了上海镇守使海军重要将领郑汝成，接着策动和组织驻泊上海的"肇和"、"应瑞"、"通济"3舰准备起事，计划先夺取"肇和"舰，向江南制造局开炮，然后占领"应瑞"、"通济"2舰策应。随后，陆上起义人员行动，夺取上海。12月5日，革命党人登上"肇和"舰，宣布讨袁并向江南制造局开炮，揭开了发动上海起义的序幕。但是，由于陆上起义失败，"应瑞"、"通济"2舰又被袁世凯当局以重金收买，转向"肇和"舰开炮。"肇和"舰受重伤，革命党人被迫弃舰。在袁世凯复辟帝制时，"肇和"舰的起义是各地反袁起义的先声。12月25日，云南宣布独立，组成护国军讨袁，护国战争爆发了。袁世凯死后，为反对段祺瑞专权，争取恢复"临时约法"，1916年6月25日，海军总司令李鼎新、第一舰队司令林葆怿，练习舰队曾兆麟暨各舰舰长，在上海宣告独立，脱离北京政府并加入护国军，以保障共和为目的。海军主力在上海反戈，严重威胁到段祺瑞政府，迫使段祺瑞于6月9日宣布恢复"临时约法"，同意召开国会。

孙中山1917年7月发动护法运动时，驻沪海军是其重要支柱。张勋复辟后，孙中山准备以广东为基地，出师讨逆，发动护法斗争。他在上海同海军司令程璧光、第一舰队司令林葆怿等会商，决定联合行动武力讨伐段祺瑞，并协助解决了海军军饷问题。程璧光令海军舰船"应瑞"号护送孙中山先行赴粤，随后，程璧光、林葆怿于7月22日在上海发表《海军护法宣言》，率第一舰队"海圻"、"同安"、"永丰"等7艘军舰离沪赴粤，参加护法，朝野为之震动。孙中山对此给予高度评价："向来革命之成败，视海军之向背。此次文率海军主力舰队南来，已操制海权矣。"[①]

驻上海的海军参加了上海工人武装起义并归附国民革命。大革命时期中共地下党组织即在驻沪海军中开展团结教育工作，争取海军参加革命。1926年10月24日，上海工人发动第一次武装起义，驻沪海军部分舰艇决定参加起义，计划以军舰开炮为信号，开始起义行动。后因舰炮未能及时打响，起义人员散去，未能成功。1927年2月22日上海工人第二次武装起义，是以黄浦江面的"健威"、"健康"2艘驱逐舰首先开炮发动的。起义失败后，已同国民革命军建立联系的海军总司令杨树庄率所有在上海地区的13艘军舰驶出吴淞口，停泊于长江口鸭窝沙海面。随后，陈绍宽也率驻南京江面的第二舰队全部舰船至鸭窝沙与杨树庄所率舰船会和。各舰经过会商，一致同意归附革命军，参加革命。占北京政府海军兵力60％的闽系海军在上海宣布起义转向革命，是北伐战争中的一件大事。

上海是抗日战争爆发后中国海军作战的一个重要战场。1937年"八一三"淞沪作战爆发后，海军派练习舰队司令王寿庭率舰协同驻军守护淞沪。8月14日，海军调"普安"舰沉塞董家渡，阻塞黄浦江航道，并在黄浦江及上海各港汊设水雷进行封锁，同征用商船14艘约1万余吨沉塞于十六铺江面。17日又征集6艘商船沉塞于江南造船厂附近，从而在黄浦江上建立了三道阻塞线，这对中国陆

---

① 《孙中山全集》第4卷，中华书局，1985年，第132页。

军的作战是很大支援。淞沪会战的坚持和陆军顺利撤退，"均与海军堵塞董家渡水道之策划，大有关系"。① 8 月 16 日晚中国海军鱼雷艇 2 艘在上海黄浦江上对侵华日军第三舰队旗舰"出云"号（9 000 余吨）发射鱼雷 7 枚，将其炸伤。8 月 28 日中国海军又以水雷再次炸伤"出云"号，并同时炸毁日本海军铁驳船 4 艘、小火轮 2 艘。直至 9 月中下旬后，中国海军抗日作战的主战场才转移至江阴地区。

上海是抗战胜利后，国民党海军的活动和作战的重心之一。抗战胜利后，中国接受了英美"赠予"和日本赔偿的大批舰艇，国民党政府对这些舰艇的接受，大部分是在上海进行的；国民党政府依靠这批舰艇恢复重建海军后，上海又是国民党海军重要的驻泊地。国民党海军第一基地司令部设于上海。1947 年海军陆战大队一大队也在上海成立。1946 年初国民党政府将有近 80 年历史的马尾海军学校停办，在上海高昌庙成立新的海军学校（次年迁至青岛）。美国驻华海军顾问团还在上海设立了顾问机构。如此上海地区集结了海军的重要兵力。淮海战役结束后，为阻止人民解放军渡江，国民党将其海军第一舰队的"重庆"号等 10 余艘舰船布防在淞沪防区，担负金山卫至白茆沙一线的防守任务，指挥舰位于上海。1949 年 2 月 25 日，国民党海军吨位最大、兵力最多、火力最强的"重庆"舰在吴淞口起义，驶往解放区，对国民党当局产生了极大震动。南京解放后，国民党将其海防第一舰队 9 艘军舰和 11 艘炮艇集中于吴淞口，在宝山及白龙港江面巡弋，防止人民解放军渡江。同时，控制吴淞口水路通道，保证国民党军队和黄金、白银及其他重要物资由海路撤往台湾、舟山。5 月 21 日，人民解放军对高桥发起进攻。国民党海军 12 艘舰艇在此与解放军展开激烈炮战，7 艘舰艇被击毁。5 月 24 日，人民解放军向淞沪发起总攻，国民党海军除全力守护吴淞口，防止上海出海口被解放军封锁外，还派出 4 艘登陆舰及 14 艘征调海轮，先后将 5 万国民党残余部队海运撤至舟山、台湾。

上海之所以能在中国近代海军建设和发展过程中具有如此重要的地位，并成为中国近代海军活动的重要舞台，不是偶然的。

第一，上海在近代中国具有举足轻重的经济地位。鸦片战争后，上海被辟为通商口岸，对外贸易日益繁荣，海上交通日益发展，逐步取代广州成为中国最大的通商口岸。海上贸易和交通的发展，是海军建设发展的内在经济驱动力。随着对外经济文化交流的深入，中国近代工业比较早地在上海兴起，上海逐步成为中国工业中心。这是上海在中国近代海军建设发展中发挥重大作用的物质条件。中国近代海军的建设发展，离不开上海的经济支持。

第二，上海地理位置重要。它不仅面向太平洋，海上通道宽畅，而且地处中国东南万里海疆的中部位置，北可达津沽，南可抵闽粤，南去北往十分便利；又地处长江入海口，从上海溯江而上，可深入中国腹地，控制江苏、安徽、江西、湖北等省。它在中国海洋地理上的重要地位，是中国其他沿海城市无法比拟的。

第三，上海一直被近代中国政府视为战略要地。由于上述两个原因，鸦片战

---

① 《陈绍宽文集》，海潮出版社，1994 年，第 209 页。

争后面对西方国家的海上入侵，清政府在筹划海防时，一开始就确立了两个战略重心，一是津沽地区，这是京都门户，"天下根本"；一是上海至江阴地区，这里是"财富奥区"，中国经济命脉所系。对这两个战略要地的防务予以极大重视，着力加强建设。民国以后，上海是中国最大的工商业城市，是中国经济中心而且还是首都南京的门户，其政治经济军事地位更显得突出。在此情况下，上海成为中国海军活动的重要舞台，也在所必然了。

Shanghai and Modern Chinese Navy

Abstract：In modern China，Shanghai had been a city of both economic and strategic importance. Modern Chinese navy had very close relationship with Shanghai，which had been one of its birthplaces，a main base of its indigenous ships，and an important diffusion place of naval academic ideas in modern China. Shanghai was an important stage of modern Chinese naval activities.

Keywords：Shanghai，Modern Chinese Navy，Indigenous Ships

中国历史上的航海文化

孙光圻*

（大连 大连海事大学 116026）

摘 要： 本文从航海史学和文化学相结合的角度，作出如下研究：一、从理论上探讨了航海文化的定义与内涵；二、从文化符号、价值观、行为规范和物质形式等四大层面，具体分析了中国历史上航海文化的主要特征；三、从地缘、经济、政治和文化上深刻揭示了中国航海文化的本源动因；四、在上述论证的基础上，归纳了本文的主要结论和启迪。

本文认为，以科学发展观为指导，认真总结中国航海历史的经验教训，正确认识中国历史上航海文化的大陆性内核，是当代中国重振航海雄风，建设航海强国的关键。

关键词： 中国历史 航海文化

前言：问题的提出

中国是一个幅员辽阔、历史悠久、位居东亚大陆、濒临西太平洋的文明古国。中国有着 960 万平方千米的陆域国土和 300 万平方千米的海洋国土，有着 18 000 千米的漫长海岸线和 7 000 多个岛屿。从地理条件来看，中国应该是一个大陆性与海洋性兼而有之的国家。

然而，观诸中国航海史，为什么我们这个从公元前 3 世纪起就长期领世界航海先河的国家，到了 15 世纪后期就开始急剧滑落而辉煌不再呢？为什么自鸦片战争以来，中国的近代航海业始终处于仰人鼻息、进退维谷的悲惨境地呢？又为什么新中国成立 60 多年来虽然经过发奋图强已重新发展成为一个航运大国却仍然没有臻身于世界航海强国之列呢？

问题是严峻的，也是必须回答的。否则，我们的祖国就不可能真正发展成为一

---

* 作者简介：孙光圻（1943— ），男，大连海事大学航海历史与文化研究中心主任、教授、博士生导师，中国航海学会航海史研究专业委员会副主任委员兼秘书长，中国海外交通史研究会副会长，中国航海博物馆航海史顾问。

个世界航海强国,我们中华民族也不可能真正对全人类的发展作出更大的贡献。

要科学地回答上述的问题,必须透过表象深究内核,而内核就是隐藏在中国历史长河中的航海文化,因为只有文化才是事物内核的本质。

一、航海文化的定义和内涵

从结构上看,航海文化属于亚文化范畴,它是文化的次层结构。因此,要厘清航海文化的定义和内涵,首先必须弄清什么是文化的定义和内涵。从理论上考察,文化这一概念可分为狭义文化和广义文化。前者特指精神财富,如文学、艺术、教育、科技等;后者则泛指人类在社会历史发展过程中所创造的物质财富和精神财富的总和。

国际学术界一般认为,被称为人类学之父的英国人类学家泰勒是第一个在文化定义上具有重大影响的人。他在所著的《原始文化》"关于文化的科学"一章中说:"文化或文明,就其广泛的民族学意义来讲,是一个复合整体,包括知识、信仰、艺术、道德、法律、习俗以及作为一个社会成员的人所习得的其他一切能力和习惯。"[①]在这里,泰勒将文化解释为社会发展过程中人类创造物的总和,包括物质技术、社会规范和观念精神。

然而,近年来流行的文化定义,则是由美国社会学家戴维·波普诺提出的。他在《社会学》第三章《文化》中,对文化作了如下定义:"文化是一个国家、一个民族或一群人共同具有的符号、价值观、规范及其他物质形式。"[②]据我理解,这里作为行为表达方式的符号是文化的基础,作为行为追求目标的价值观是文化的核心,作为行为活动依据的规范是文化的准则,而作为行为技术寄寓的物质形式是文化的表现。

鉴此,可以对航海文化的定义与内涵作出如下理论描述,即航海文化是一个国家、一个民族或一群人在航海实践过程中所共同具有的符号、价值观、规范及其物质形式。

具体而论,所谓航海文化符号,指人们表述航海活动的文字、语言和数字,它是航海文化的基础;所谓航海价值观,指人们对通过航海活动所追求的某种利益或价值的认知,它决定了航海文化的本质取向,是决定航海活动规范和物质形式的本源;所谓航海规范,指人们进行航海活动所须遵循的行为准则,多体现为航海政策、法规与惯例,它是航海文化的重要内容,是航海价值观的具体体现;所谓航海物质形式,指人们在航海活动中形成和拥有的航行工具与航海技术等表象形态,它是航海价值观与航海规范的时空产物,是航海文化和科技发展水平的评判标准。

下面,本文即从上述四个理论视角,具体探析中国历史(以古代历史为主)上航海文化的主要特征及其本源动因。

---

① 〔英〕泰勒著,蔡江浓译:《原始文化》,浙江人民出版社,1988年。
② 〔美〕戴维·波普诺:《社会学》,中国人民大学出版社,2007年。

二、中国航海文化的主要特征

（一）航海文化符号的主要特征：汉民族性

起自甲骨文、金文的中国文字与数字，在秦统一中国实行"书同文"之后，就形成了相对稳定的汉民族特征。与西方的拼音字母和阿拉伯数字或罗马数字相比，以笔画结构为主要特征的中国象形文化符号，虽表述方法较为复杂，但在达意与美学上与西方的文化符号有异曲同工之妙。因此，文化符号只是航海文化的表述手段，并非考察中国历史上航海文化先进还是落后的主要对象。

（二）航海价值观的主要特征：统治集团功利性

纵观中国航海史，在进入阶级社会后，航海活动的价值取向主要体现在各个不同历史时期统治集团的功利性上。从春秋战国时期齐、吴、越三国海上争霸，到秦皇、汉武的江海巡游；从汉使远航南亚的外交航程，到唐代贾耽所记的广州通海夷道；从元世祖忽必烈的海外征战与外交活动，到明初郑和的七下西洋，中国古代历史上这类主要的大规模航海活动，其所追求的价值观无一不是满足统治集团的政治与经济需求。

从政治上看，一是对内统一海疆，扩大版图，镇压各类叛乱，确保封建专制统治；二是对外树立"中天下而立"的大国形象，追求"万邦来朝"的国际威望。从经济上看，主要是为了取得本国大陆所没有或缺乏的各类奢侈品，如珍宝异兽、香料药物和海外特产及工艺品等，以满足上层统治集团的特殊物质需求。

虽然从事航海实践活动的主体是广大船员，但是决定航海价值观的主体却不是这些"芸芸众生"，而是那些高居宫廷庙堂的最高统治集团。马克思和恩格斯曾经深刻指出："统治阶级的思想在每一时代都是占统治地位的思想。这就是说，一个阶级在社会上占统治地位的物质力量，同时也是社会上占统治地位的精神力量。支配着物质生产的资料。"[①]那些在思想上受统治阶级支配的普通航海者，其航海价值观无非是一种最低层次的谋生手段，而航海活动的深层次动因与归宿则完全取决于雇佣或征用他们的上层统治集团。

（三）航海规范的主要特征：高控制性

1. 中央直接控制，重大的国内外航海活动由最高统治者亲自决策实施

为实现一定历史时期的航海价值观，占统治地位的集团必然要实施一定的政策法规作为规范航海行为的准则。虽然中国历代的航海政策与法规有着各自

---

① 马克思和恩格斯：《德意志意识形态》，载《马克思恩格斯选集》第 1 卷，人民出版社，1995年，第 52 页。

不同的个性,但就主要层面上看,有着基调相同的共性,这就是中央统治阶层的高控制性。具体概言如次:

在长达 2 000 多年的中国封建专制统治时期,历代帝王都把重要的航海活动作为实现其政治、军事、经济与外交的功利手段,因此许多重大的航海活动均由其亲自作出。例如,秦始皇示威海内,封禅泰山的环山东半岛航行;汉武帝征讨东欧、闽越、南越,统一疆域的军事航海;吴主孙权遣卫温、诸葛直率万人求夷洲(今台湾岛)的探险航行;唐太宗收复辽东故土的军事航海;元世祖忽必烈经略日本与爪哇的近洋航行;明成祖派郑和七下西洋的远洋航行,莫不如此。

同时,对国内的航海活动,最高统治集团也通过行政系统严加掌控。一般来说,军事、外交航海均会由中央统治集团直接作出决定,而国内漕运之类的航运活动也会由专门的官方机构加以管理,如隋代的舟船、津梁、公私水事等航运活动,就由"水部"这一职能机构执掌,机构内还有诸如都水监、都水丞等各色官吏。因此,从航海政策上看,官方航海,特别是中央级别的官方航海,是没有任何限制的,只要统治者认为有需要、有价值,就可以组织全国的人、财、物予以实施。

2. 对各级官吏的航海活动严加监控,不许擅自出海

中国历史上航海规范的高控制性还表现在,除了最高统治阶层外,其他涉及航海的中央与地方官员决不许私自下海,牟取利益。例如,明成祖在组织开展郑和下西洋的同时,即诏告天下,凡泛海出洋人员,非受钦命不许迈出国门。如"私自下番,交通外国",即着"所司以遵洪武事例禁治"。① 这里的所谓"洪武事例",就是指洪武四年(1371 年),"福建兴化卫指挥李兴、李春,私遣人出海行贾"违禁一案。明太祖当时曾"谕大都督府臣"对"滨海军卫""惑利而陷于刑宪"者,要"论如律",②严惩不贷。又如,元代倡导并操持北洋漕运的主要官吏朱清与张瑄,虽在组织船队与开辟航路中建功至伟,但因在掌管漕运的同时,插足了朝廷直接垄断的海外贸易,触犯了"凡权势之家皆不得用己钱入番为贾"③的禁令,终遭杀身之祸。

3. 对民间航海基本实行海禁政策

在官方垄断航海的同时,历代封建王朝大都对民间航海活动实行严格的"海禁"政策。如唐代,虽日本来华的"遣唐使船"络绎不绝,但却严禁中国人出海。唐代高僧鉴真东渡日本,之所以凡六次始得成功,关键就在于民间的海上私渡为唐廷所不许。据《唐律疏议》称:"诸私度关者,徒一年;越度者,加一等。"因此,鉴真只能潜搭材料工艺极为简陋、航行技术相当稚嫩的日本"遣唐船",犯难于波涛汹涌的东海之中。而至明清时期,这种"海禁"政策更趋严酷。洪武三十五年(建文四年,1402 年)九月,朱棣登位未久即宣诏,"凡中国之人逃匿在彼(指东南亚

---

① 《明成祖实录》卷一〇。
② 《明太祖实录》卷七〇。
③ 《元史·食货二·市舶》。

国家航海　第三辑　National Maritime Research

中国历史上的航海文化

121

一带)者,咸改前过,俾复本业,永为良民;若仍持险远,执迷不悛,则命将发兵,悉行剿戮,悔无及"。① 永乐二年(1404 年),又针对"福建濒海居民,私载海船,交通外国"的违禁行为,再次诏令"禁民间海船,原有民间海船悉改为平头船,所在有司防其出入"。② 清朝在立国之初,更是颁布"迁海"政策,"迁沿海居民,以恒为界,三十里以外,悉墟其地"。③ 到所谓康乾盛世时,也是执行"海禁宁严毋宽"④的政策,对出海民众和船舶加以严苛限制,禁止"打造双桅五百石以上违式船只出海"。⑤

当然,在某些特殊的历史时期,封建统治者也曾对民间实行过一些较为积极的航海政策,如南宋时期,中原与北方的大半壁江山陷于金人之手,朝廷农税不足,国库匮乏。为维持国家正常运转,统治者被迫转向重视民间航海的权宜立场。当时,宋高宗就直言不讳地说:"市舶之利最厚,若措置得当,所得动以百万计,岂不胜取之于民?"⑥由之,南宋历届政府鼓励豪家大姓,以私商身份打造海船,购置货物,招聘船员,前往海外经营,凡能"招诱舶货"的本国纲首(即船长)与积极运货的外国海商,都"补官有差";凡"亏损蕃商物价",影响航海贸易者俱以降职处办。⑦ 同时,宋朝政府还于隆兴二年(1164 年)制订了加快船舶周转率的"饶税"政策,规定:"若在五月内回舶,与优饶抽税之,如满一年以上,许从本司追究。"⑧然而,从本质上看,这些鼓励民间航海贸易的政策不过是中国封建统治集团在特定的历史时期维护自身利益的应急措施,并不能说明其航海价值观发生了根本的变化。

4. 通过指定的"市舶司"口岸,严密监控中外航海贸易活动

中国大陆海岸线漫长,可以停泊船舶的港湾和浅滩众多。为使航海活动,特别是中外航海贸易活动处于严密的监控下,朝廷规定了一些港口作为船舶进出和人货上下的场所,并自唐代起在广州(岭南)设立了市舶司机构(相当于今天的口岸综合管理部门,具有类似海关、海事、行政、征税等管理职能)。按,中国历史上的主要航海口岸,唐代有交州、广州、泉州、明州、扬州、登州等,宋元时期有广州、泉州、明州、扬州等,明代有太仓、宁波、福州、泉漳、广州等。清代在有限开禁后,航海口岸变化甚多,厦门、宁波、广州、上海、天津、牛庄等均曾在列,然到乾隆二十二年(1757 年),因严控外商来华航海贸易之需,规定以广州为独口通商口岸。

(四) 航海物质形式的主要特征:实证性

航海物质形式是航海活动赖以进行的物质技术基础,主要体现于造船

---

① 《明成祖实录》卷一二。
② 《明成祖实录》卷二七。
③ 《重纂福建通志》海防篇。
④ 《朱批谕旨》雍正二年十月九日。
⑤ 《光绪大清会典事例》卷七七六。
⑥ 《宋会要辑稿》职官四四。
⑦ 《宋会要辑稿》职官四四。
⑧ 《宋会要辑稿》职官四四。

技术与航行技术的物质形态（例如船舶及其设备、航海图书及仪器等）。从这方面考察，中国古代历史上的航海物质形式是相当先进的，如中国的尾舵技术、水密隔舱技术和指南针导航技术都是领先于世的。但同时，这些航海物质技术形式又是实证性的，它注重经验性、实践性，缺乏理论性、逻辑性，因而发展到一定的历史阶段，当社会生产力发生重大变革时，就会由先进转向落后。

从航海工具来说，中国的木帆船曾独步世界近两千年，如九桅十二帆的郑和宝船"体势巍然，巨与无敌"，[①]但一旦进入工业革命时期，当西方发明火轮船、铁甲船后，中国传统的航海工具旋即"无可奈何花落去"了。中国历史上传统的航海技术形式也是难脱此等宿命，最典型的案例就是举世闻名的《郑和航海图》，虽然它曾是15世纪上半叶世界上最实用的航海图书，但其所包含的所有物质技术形式都是实证性的经验总结或感性记载，并不是建立在几何投影与数学逻辑基础上的理性升华，如其中的针路记录的就是预先考虑进风流、洋流等航行因素影响后的实践记录，非西方《航路指南》那样，先有计划航线，再将外界干扰因素加进去修正，并在标有经纬度和比例尺的墨卡托投影海图上进行作业。因此，一旦面临开辟未知的海上新航路时，这类实证性的航海物质形式的内在缺陷就显露出来了。

三、中国航海文化的本源动因

苟如上论，缘何中国历史上的航海文化会展示出上述特征呢？我认为可以从以下几个方面来探析其本源动因。

(一) 地缘上：中国拥有辽阔的陆域并面临开放性海洋

从地理形势看，中国地处在东亚大陆，西南环山，北临广漠，东濒大海，基本上构成了一个与世隔绝的封闭性地理环境。从航海条件看，中国面临的是西太平洋的开放性海域，风急浪高，航行风险很高，与波平浪静、基本上处于封闭状态的地中海完全不同。因此，在历代封建统治者心目中，这万里海疆不啻为一道可以囿民于国门之内和御敌于国门之外的天然屏障。

从历史上看，中国的边患主要来自北方，因此自秦始皇起，历代封建统治者都着力修筑长城，再加上东部之万里海疆，把整个中国包围成一个对外封闭的社会经济体系。而"天朝大国，无所不有"的自给自足经济，也足以维系封建社会生产力发展和国计民生的运行，根本不需再与海外进行贸易交往。

在这种地缘结构的制衡下，整个中华民族形成了一种内向型的大陆思维，严重缺乏走向海洋、走向世界的外向型发展意识。同时，更值得注意的是，在由春

---

① 巩珍：《西洋番志》。

秋战国走向国家统一的过程中,是内陆文化战胜了海洋文化,由地处内陆的诸侯国——秦国扫平齐、吴、越等航海实力较强的诸侯国,建立了中央集权制的封建帝国。此后的历代政权虽多有更迭,但始终都是由起自北部、西部和中原的封建集团和少数民族执掌国家统治大权,而在地缘上接近海洋的集团与民族从未在逐鹿中原的政治与军事较量中取得上风,这就不难理解何以航海理念无缘成为整个国家的主导思想了。

(二)经济上:崇本抑末的小农经济抵制航海贸易

在古代生产力低下时期,中国大陆型的地缘特征决定了生产力的发展方向。中华民族起源于黄河流域和长江中下游流域,向陆地发展要比向海外发展容易得多。居民依靠陆地耕种就可以安居乐业,因为古代的农业比畜牧业和海洋渔业的劳动生产率更高,更容易从自然界取得相对稳定的物质财富。由是,古代中国人一开始就形成了以土地为本的生存与发展理念。这种"以农为本"和"以农立国"的小农经济,建立了一个以小农业和家庭手工业相结合的、一家一户为生产和消费单位的社会结构,把广大劳动力紧紧地束缚在一小块一小块自给自足的土地上,而封建统治集团则从财政上通过徭役和赋税来确保和维护国家机器的运转。

在这种自然经济体制下,封建统治集团必然以"崇本抑末"为国策,奖抚农桑,限控商业,禁榷"引贾四方,举居舟居,莫可踪迹"①的航海活动,因为此类航海贸易活动,必然会引起"户口耗而赋役不可得而均,地利削而国用不可得而给",②严重冲击封建经济的稳定。

同时,还须注意的是,这种"崇本抑末"的经济,导致了中国人以大陆和农业理念来看待海洋和航海存在的价值,即"以海为田",而不是"以海为商"。中国历代封建统治集团对海洋的利用主要是制盐、捕捞与养殖等,将沿海水域的开发和利用仅仅作为陆地耕种的自然延伸,从来没有认真想过将海洋与航海作为打破封闭自然经济,获取海外资源的有效渠道。正如明太祖朱元璋在制定"片板不许下海"③的海禁政策时所说的,"四方诸夷,皆阻山隔海;僻在一隅,得其地不足以供给,得其民不足以使令"。④ 因此,航海贸易纯属多余,只要"厚本抑末,使游惰皆尽力田亩"⑤足矣。

"以海为田"的另一种重要表现是,即令那些曾经从事过合法或非法航海贸易的大海商,也只是将"以海为商"作为一种权宜行为,最终仍是将航海贸易所得作为广置田地和楼宇等不动产以及入仕求官的手段。如明末清初的大海商郑芝龙即为明例,他在成为东亚航海贸易巨擘后,先是"增置庄仓五百余所",成为"田

① 周忱:《与行在户部诸公书》,《昭代经济信》卷二。
② 周忱:《与行在户部诸公书》,《昭代经济信》卷二。
③ 《明史·米纨传》。
④ 《皇明祖训·箴章篇》。
⑤ 《明太祖实录》卷一七七。

园遍闽广"①的大地主,继而拒绝手下弟子谏其海外发展的请求,"以鱼不可脱于渊"②为由,降清为官,充分展露了其"以海为田"的封建经济的人生理念。

(三) 政治上:大一统的封建专制统治

恩格斯曾经深刻指出:"远洋航行最初是在封建和半封建的形式中进行的,然而它毕竟在根本上与封建制度格格不入","航海事业是一种毫无疑义的资产阶级企业,这种企业的反封建的特点也在一切现代舰队上打上了烙印"。③ 中国历史上的航海文化之所以有如此特征,关键就在于历代王朝从维护大一统的封建专制统治出发,处心积虑地压制航海贸易活动。

历代统治集团,特别是晚期封建统治集团对中外航海贸易在本质上持一种消极和排斥的立场。唐以前,除官方航海外,几无中外航海贸易可言。盛唐时,朝廷虽对中外文化交流取开放态度,但仍禁止中国民间对外航海贸易。对外国来华的航海活动,也主要接待遣唐使与遣唐僧之类仰慕中华文化的官员与学人,而对于航海贸易活动,则不但专设市舶司严加管理,且允其进奉之物亦多为奇淫机巧之奢侈品,于国无甚大补。宋元时期,虽因特殊国情而被迫开放海外贸易,但对贸易物品、船舶与人员进出、税规征收等均有严格规定。及至明清时期,则以闭关锁国为基本国策,使海外航海贸易几无立足之地。之所以如此,因为在封建朝廷心目中,对外航海贸易会引起"洋商杂处,必致滋事",④故为免除危及封建王朝政治稳定的后顾之忧,制定"中外大防"的航海政策就势在必行了。

同时,在官方航海活动中,封建朝廷也是以牟取最大的政治利益为首要宗旨。中国历代的"朝贡贸易"航海活动,一向"厚往而薄来",⑤重政治,轻经济,根本不在乎从海外获取有益于国计民生的经济利益。用清乾隆帝的说法是,"天朝物产丰盈,无所不有,原不借外夷货物,以通有无"。⑥ 封建朝廷所关心的只是"帝王居中,抚驭万国,当如天地之大,无不复载"。⑦ 因此,"远人来归者,悉抚绥之";⑧而中国遣使远航者,也无非是"示富耀兵",展天朝大国之威仪,并"宣德化而柔远人"。⑨ 从汉使南亚到郑和下西洋,成千上百次的外交航海活动,都是为了扩大中华帝国的国际影响,营造"日月所照,无有远近"⑩的国际和平环境。

再者,历代统治者之所以禁榷民间航海,也主要是着眼于维护政治上的集权统治。这是因为民间航海活动可能造成以下几类令封建统治者寝食难安的后

---

① 《明季南略》"郑芝龙降清"条。
② 《明季南略》"郑芝龙降清"条。
③ 恩格斯:《论封建制度的解题及资产阶级的兴起》。
④ 《清高宗圣训》卷二一八。
⑤ 《礼记·中庸篇》。
⑥ 《东华续录》乾隆朝卷一一八。
⑦ 《明成祖实录》卷二三。
⑧ 《明成祖实录》卷一二。
⑨ 郑和:《天妃灵应之纪》。
⑩ 《明太祖实录》卷三四。

果：一是受迫害和剥削的人民巨岛聚众,举行海上起义,直接威胁封建统治的政治稳定;二是华夷杂处,滋事生非,引发文明冲突和国际纠纷,直接伤害封建帝国的国际形象,对闭关锁国的统治格局形成冲击;三是民间犯禁下海贸易,渐而形成如清明时期的陈祖义、王直、郑芝龙之类的大型海上武装走私集团,直接威胁封建集团的政治利益。有鉴于此,中国历代的航海文化才会深刻地体现封建统治集团的价值取向。

（四）文化上：保守内向的儒家文化

在春秋战国诸子并存、百家争鸣时期,中国的各种文化思潮相当开放与活跃,相互竞争,相互渗透,不一而足。然在秦始皇统一中国后,到汉代已是独尊儒术,罢黜百家,使得以维护封建专制统治秩序与道德为宗旨的儒家文化成为主导整个社会生活的指导思想。在此氛围下,作为亚文化的航海文化当然避免不了受它的规范与制约。

儒家文化内涵丰富,然其核心内涵可用"保守内向"一言蔽之。儒家崇尚"天人合一"、"大一统"、"和为贵",主张顺应自然与社会,反对改造自然与社会;强调安分守己与中庸之道,鼓吹"父母在,不远游"、"动一动不如静一静",不提倡冒险犯难和开拓进取。这种文化思想训导人们满足于"耕者有其田",满足于"学而优则仕",不鼓励向海洋进军,否认以航海贸易作为生存与发展的取向。这与西方海岛型海洋文化所倡导的探险、开拓、征服的思想内核完全不同。因此,盛极一时的郑和下西洋虽展示了15世纪上半叶世界上最壮观的航海场景,但也不过是对宋元时期航海技术遗产作一次总检阅罢了。相反,15世纪下半叶至16世纪初叶,由达·伽马、哥伦布和麦哲伦所进行的远洋活动,虽其船队规模远不如郑和船队,但却以开拓海上新航路的旷世业绩,揭开了地理大发现和资本原始积累的序幕,从而对整个人类的历史进程产生了巨大的影响。

四、主要的结论和启迪

（一）主要结论

1. 虽然从海陆自然条件观察,中国或者可以成为一个大陆性和海洋性兼而有之的国家,但由于长期以来封建主义的大陆性政治制度、经济体制、科学模式和文化思想始终占统治地位,因此,历史上的中国基本上是一个以大陆性文化为本、海洋性文化为辅的国家。换言之,历史上的中国基本上是一个站在大陆的立场上来观察、理解和认识海洋的国家。

2. 中国历史上对海洋的应用的基调,是"以海为田",而不是"以海为商"。对海洋的开发与利用只不过是作为对陆地开发和利用的一种自然补充和延伸。

3. 中国大陆性的航海文化,既造就了农耕时代古代航海事业的辉煌,也导致了工业时代近代航海事业的衰落。

（二）主要启迪

1. 历史可以成为一面镜子，让我们知兴替而奋进；但历史也可以成为一种梦魇，让我们在祖宗的庙堂中徘徊。两者取舍之关键，在于能否以科学发展观洞察历史，引领未来。

2. 当今世界已是资源与市场融为一体的世界。中国的现代航海文化必须立足于全球和海洋作为思维之本。

3. 在这样一种现代航海文化中，航海是中国走向世界、世界走进中国的必由之路；航海是中国参与和优化全球资源和市场配置的必由之路；航海是中华民族重振雄风，和平发展成为世界强国的必由之路。

4. 如果说，六十多年前新中国的航船刚展现在东方的地平线上，那么，今天现代中国的巨轮应该昂首破浪地驶向广阔无垠的蔚蓝色海洋。

Maritime Culture of Chinese History

Abstract: This article combining of the angles of both maritime history and cultural studies, discusses the following issues: Firstly, the definition and connotation of "Maritime Culture" in theory; Secondly, a detailed analysis of the main characteristics of maritime culture in Chinese history from four levels, which are cultural symbols, values, behavioral norms and material forms; Thirdly, profoundly revealing the origin motivation of Chinese maritime culture from the geopolitical, economic, political and cultural aspects; Fourthly, summarizing the main conclusions and inspiration on the basis of the arguments above.

This paper argues that taking the scientific outlook on development as guidance, conscientiously summing up the experiences and lessons of Chinese maritime history, correctly understanding the continental core of maritime culture of Chinese history, is the key to revive the nautical treasures and construct a maritime power.

Keywords: Chinese History, Maritime Culture

19 世纪后期东亚海域上的
英国 P. &O. 轮船公司之航运

松浦　章*

摘　要：19 世纪中叶以后，不少欧美轮船开始出现在东亚海域。其中创建于欧洲 19 世纪前期的半岛东方轮船公司（Peninsular and Oriental and Steam Navigation Company，俗称 P. &O. 轮船公司或大英火轮公司），进入亚洲发展其航运事业。P. &O. 轮船公司还进入了开国不久后的日本，于 1864 年之后开始运营连接日本与上海、香港的航线。该轮船公司的航运活动为东亚地区人员流动作出了巨大贡献。

　　本论文主要阐述 19 世纪后期进入东亚海域的 P. &O. 轮船公司的航运活动以及因此而产生的地区合作。

关键词：东亚海域　P. &O. 轮船　香港　上海　横滨

一、绪　言

　　英国的半岛东方轮船公司（Peninsular and Oriental and Steam Navigation Company，以下简称 P. &O. 轮船公司）创立于 1840 年。该公司在进行英国和地中海航路以及横跨大西洋的邮递业务的同时，还在亚洲拓展轮船业务。[①] 但是关于 P. &O. 轮船公司在东亚海域的航运活动，至今很少有人关注。

　　本文主要依据清代中国上海、中国香港及日本横滨刊行的报纸，阐述 P. &O. 轮船公司在东亚海域的航运活动。

　　本文主要参考了下列英文报刊：1850 年 8 月创刊于上海的 *North China Herald*（《北华捷报》）、香港发行的 1863 年的 *China Mail*（《德臣报》，又译《中国邮报》）、横滨发行的 1870 年的 *Japan News Weekly*（《日本新闻周刊》）。

---

*　作者简介：松浦　章，关西大学东西学术研究所所长，亚洲文化研究中心主任，文学部教授。

[①]　David Howarth and Stephen Howarth ed, *The Story of P. &O.；The Peninsular and Oriental Steam Navigation Company*, London，1984，1994. 后藤伸：《英国邮船企业 P. &O. 之经营史 1840—1914》，劲草书房，2001 年，第 19～74 页。

二、P. &O. 轮船公司 1850 年 8 月至同年 12 月的航运活动

P. & O. 轮船公司最初送往东亚海域的是"玛丽伍德女士"号（Lady Mary Wood）。该船从伦敦出发，在海上航行了 41 日，于 1845 年 8 月 4 日出现在新加坡。① 此后该船就在东亚海域活动。

创刊于 1850 年 8 月 3 日的上海英文报纸《北华捷报》，每期都登载有《上海船务信息》一栏（"Shanghai Shipping Intelligence"）。依据该报创刊之后的半年期间有关 P. &O. 轮船公司的报道，整理制成下表一。

表一　1850 年 8 月～1851 年 2 月 P. &O. 轮船公司船舶
Lady Mary Wood 上海·香港航运表

No.	Date	Arr. & Dep.	Tons	Captain	From & Dep.	Dep.	Cago	Consignees
1	18500802	A	630	Tronson	Hongkong	726	Opium	P. &O. S. N. Co. 's Agents.
3	18500812	D	630	Tronson	Hongkong		Silk & Treasure	P. &O. S. N. Co. 's Agents.
6	18500903	A	630	Tronson	Hongkong	827	Opium	P. &O. S. N. Co. 's Agents.
8	18500914	D	700	Tronson	Hongkong		Silk	P. &O. S. N. Co. 's Agents.
10	18500928	A	295	Tronson	Hongkong	923	Opium	P. &O. S. N. Co. 's Agents.
11	18501007	D	296	Tronson	Hongkong		Silk &c.	P. &O. S. N. Co. 's Agents.
13	18501022	A	296	Tronson	Hongkong	1 016	Sundries	P. &O. S. N. Co. 's Agents.
15	18501105	D	296	Tronson	Hongkong		Sundries	P. &O. S. N. Co. 's Agents.
18	18501130	A	296	Tronson	Hongkong	1 116	Opium	P. &O. S. N. Co. 's Agents.
19	18501207	D	296	Tronson	Hongkong		Silk &c.	P. &O. S. N. Co. 's Agents.
23	18501229	A	650	Tronson	Hongkong	1 221	Opium	P. &O. S. N. Co. 's Agents.
24	18510105	D	650	Tronson	Hongkong		General	P. &O. S. N. Co. 's Agents.
28	18510205	A	650	Tronson	Hongkong	125	Opium	P. &O. S. N. Co. 's Agents.
28	18510207	D	650	Tronson	Hongkong		Sundries	P. &O. S. N. Co. 's Agents.

依据 1850 年 8 月刊行的《北华捷报》上登载的船务信息，8 月初旬至 2 月初旬的半年期间，P. &O. 轮船公司拥有的 630 吨轮船只有玛丽伍德女士号一艘。

① David Howarth and Stephen Howarth ed, *The Story of P. &O. ; The Peninsular and Oriental Steam Navigation Company*, p. 78.

国家航海　第三辑
National
Maritime Research

19世纪后期东亚海域上的英国
P. &O. 轮船公司之航运

131

该船自 1850 年 7 月 26 日从香港出港,于 8 月 2 日进入上海港。当时在香港的载货主要是鸦片。在上海港停泊 10 日之后,装载丝绸等货物于 8 月 12 日驶往香港。8 月 27 日再次从香港运载鸦片,于 9 月 3 日驶入上海港。9 月 14 日装载丝绸从上海港出发驶往香港。9 月 23 日再次离开香港,9 月 28 日抵达上海。10 月 7 日从上海返航香港,10 月 16 日离开香港,10 月 22 日抵达上海。在半年中,玛丽伍德女士号往返于香港和上海两地之间,航行次数达 7 次。从香港至上海的航海日数,快则 6 日,慢则 15 日,7 次航行共计 64 日,平均航海日数为 9.14 日。一般认为从香港至上海所需航行日数为 7~8 日。

玛丽伍德女士号的航运目的在于进行香港与上海之间的沿海贸易。从《北华捷报》上登载的船舶信息中,可以得知从香港运往上海的货物主要是鸦片,而从上海运往香港的则主要是丝绸。

三、P. &O. 轮船公司 1863 年 1~4 月期间以香港为中心的航运活动

The China Mail (《德臣报》,又译《中国邮报》)是道光二十五年(1845 年)2 月 20 日在香港创刊的英文报纸。依据在日本可以阅览的该报 1864 年 1 月至 4 月的 4 个月期间的《船务信息》("Shipping Intelligence")一栏,制成 P. &O. 轮船公司的航运表,即表二。

表二　1863 年 1~4 月进出香港的 P. &O. 轮船公司轮船航运表

No	Date	. A.D..	Vessel	Tons	Captain	From	Destination	Cargo
933	101	D	Malta	900	King		Bonbay, &c.	Mails, &c.
934	107	A	Benars		Wright	Bombay, &c.		Mails, &c.
935	114	A	Pekin	750	Soumens	Shanghae		Teas, &c.
936	118	D	Pekin	1 210	Soumens		Shanghae	Sundries
937	126	D	Ganges	1 190	Wilkinson		Shanghae, &c.	Mails, &c.
937	127	D	Aden	800	Gillson		Swatow, &c.	Sundries
938	204	A	Aden	800	Gillson		Fuchau, &c.	Teas, &c.
939	210	A	Columbian	2 112	Skottowe	Bombay, &c.		Mails, &c.
939	112	A	Ganges		Wilkinson	Shanghae		Mails, &c.
941	120	A	Emeu		Renno d en	Bombay, &c.		Mails, &c.
942	301	D	Columbian	2 112	Skottowe		Bombay, &c.	Mails, &c.
942	304	D	Orient	508	Giiflan		Manila	Sundries
942	304	D	Cadiz	700	Hazelwood		Shanghae	Sundries
943	310	A	Malta		Hyde	Bombay, &c.		Mails, &c.

No	Date . A. D..		Vessel	Tons	Captain	From	Destination	Cargo
943	312	A	Ganges	1 300	Wilkinson	Shanghae		Silk, &c.
943	312	D	Pekin	1 020	Soames		Shanghae	Mails, &c.
945	325	A	Shingapore	1 100	Gribbie	Bombay, &c.		Mails, &c.
945	326	D	Aden	800			Shanghae	Sundries
946	329	A	Cadiz	700	Gillson	Fuhchau, &c.		Teas, &c.
946	329	A	Pekin	1 210	Soames	Shanghae		Mails, &c.
946	327	D	Ganges	707	Wilkinson		Shanghae	Sundries
947	404	A	Aden	800	Skey	Fuhchau, &c.		General
947	402	D	Cadiz	480	Gillson		Swatow, &c.	Sundries
948	410	A	Norna		Bain	Bombay, &c.		Mails, &c.
948	412	A	Ganges	707	Wilkinson	Shanghae		Balllast
948	412	D	Aden	500	Skey	Fuhchau		Mails, &c.
948	412	D	Pekin	1 200	Soames	Shanghae, &c.		Mails, &c.
948	415	D	Shingapore	1 100	Gribbie	Bombay, &c.		Mails, &c.
949	420	A	Aden	800	Skey	Fuhchau, &c.		Sundries
949	417	D	Cadiz	480	Gillson		Swatow, &c.	Sundries
950	424	A	Columbian	2 112	Bensley	Bombay, &c.		Mails, &c.
950	426	A	Cadiz	480	Gillson	Fuhchau, &c.		Sundries
950	426	A	Pekin	736	Soames	Shanghae		Mails, &c.
950	425	D	Aden	800	Skey		Swatow, &c.	Sundries
950	426	D	Ganges	707	Wilkinson		Shanghae	Mails, &c.
950	429	D	Norna	969	Bain		Bonbay, &c.	Mails, &c.

注：A：Arrival　D：Departure

从上表可知，1863 年 1 月至 4 月的 4 个月期间从香港驶往其他港口的 P. & O. 轮船有马耳他号（Malta）、碧娜丝号（Benars）、北京号（Pekin）、恒河号（Ganges）、亚丁号（Aden）、哥伦比彦号（Columbian）、鹛鹊号（Emeu）、奥莲号（Orient）、加的斯号（Cadiz）、新加坡号（Shingapore）、挪拿号（Norna）等 11 艘船只。超出 2 000 吨位的只有 2 112 吨的哥伦比彦号（Columbian），超出 1 000 吨位的有 1 210 吨的北京号（Pekin）和 1 100 吨的新加坡号（Shingapore）两艘。恒河号（Ganges）的吨位因入港时间而有所不同，最大 1 300 吨，有时则为 1 190 吨或 707 吨。余下 7 艘均为 1 000 吨位以下，从 480 吨的加的斯号（Cadiz）到 969 吨的挪拿号（Norna）不等。

关于以上 11 艘轮船的航线，依据表 2 中显示出入香港的记录来看，除去奥莲号（Orient）曾一度航行至菲律宾的马尼拉之外，可大致分为两大区域。

国家航海　第三辑

National
Maritime Research

19世纪后期东亚海域上的英国
P. & O. 轮船公司之航运

133

　　航行最多的区域为连接香港与上海的海域，即广东省、福建省、浙江省、江苏省的周边海域。最北点为上海，途中停靠福州、潮州的 Swatow 即汕头。从福州运往香港的主要货物为茶叶。而从事华南沿海航路的主要是亚丁号（Aden）、北京号（Pekin）、加的斯号（Cadiz）、恒河号（Ganges）等 4 艘轮船。

　　与此相对，从香港出发航运在西方海域的则是碧娜丝号（Benars）、哥伦比彦号（Columbian）、鸸鹋号（Emeu）、马耳他号（Malta）、新加坡号（Shingapore）、挪拿号（Norna）等 6 艘轮船。这 6 艘船航行的最西处均为西印度的孟买，载货均只注明为邮寄物品，具体内容不得而知。

四、P. & O. 轮船公司 1867～1868 年间 在上海港的活动

　　1868 年（明治元年、大清同治七年）日本发生了巨大的政治体制变革，开始积极深化与海外的交流关系。当时最为密切促进这种海外交流的是在东亚海域活动的欧美轮船。而东亚轮船航运的中心港口可谓是上海。因此有必要对 P. & O. 轮船公司 1867～1868 年间在上海的航运活动作一考察。表三是依据《北华捷报》上登载的 1867～1868 年间的船舶信息整理而成的。

表三　1863 年 1～4 月出入上海港 P. &O. 轮船公司轮船航运表

Date	Ship's Name	A&D	Tons	Captain	From & Destination	Cargo	N. C. H. No.
18661226	Malacca	A	1 237	Tomlin	Hongkong		857
18661226	Ganges	D	742	Bernard	Hongkong	Silk, &c.	857
18670101	Aden	A	507	Andrews	Hongkong	General	858
18670104	Malacca	D	1 237	Tomlin	Yokohama v. N'saki	Sundries & Re-exports	858
18670106	Neparl	A	541	Hector	Yokohama	General	859
18670106	Niphon	A	529	Peake	Hongkong	General	859
18670109	Aden	D	507	Andrews	Hongkong	Silk, &c.	859
18670114	Singapore	A	784	Willinson	Ningpo	General	860
18670113	Niphon	D	529	Peake	Hongkong & Ports	Sundries & Re-exports	860
18670116	Neparl	D	541	Hector	Yokohama	Sundries & Re-exports	860
18670121	Ganges	A	742	Bernard	Hongkong	General	861
18670125	Malacca	A	1 237	Tomlin	Yokohama	General	861
18670120	Singapore	D	784	Willinson	Hongkong	Tea, etc.	861
18670127	Landore	A	860	Howard	Sunderlamd	Coals	862

Date	Ship's Name	A&D	Tons	Captain	From & Destination	Cargo	N. C. H. No.
18670128	Aden	A	507	Andrews	Hongkong	General	862
18670126	Malacca	D	1 234	Tomlin	Hongkong	Silk，&c.	862
18670131	Ganges	D	742	Bernard	Yokohama	Sundries & Re-exports	862
18670202	Singapore	A	784	Willinson	Hongkong	Opium, etc.	863
18670206	Neparl	A	541	Hector	Yokohama	General	863
18670203	Aden	D	507	Andrews	Hongkong	Tea, etc.	863
18670215	Sunda	A	1 200	Soames	Hongkong	Mails，&c.	864
18670209	Singapore	D	784	Wilkinson	Hongkong	Tea, etc.	864
18670219	Ganges	A	742	Bernard	Yokohama	General	865
18670219	Aden	A	507	Andrews	Hongkong	Opium, etc.	865
18670219	Sunda	D	1 260	Soames	Hongkong	Tea, etc.	865
18670231	Aden	D	507	Andrews	Hongkong	Tea，etc.	865
18670228	Malacca	A	1 237	Tomlin	Hongkong	General	866
18670306	Neparl	A	541	Hector	Yokohama	General	867
18670307	Singapore	A	784	Wilkinson	Hongkong	General	867
18670303	Ganges	D	742	Bernard	Yokohama	Sundries & Re-exports	867
18670315	Aden	A	507	Andrews	Hongkong	Opium, etc.	868
18670309	Malacca	D	1 237	Tomlin	Hongkong	Silk，&c.	868
18670315	Neparl	D	541	Hector	Nagasaki	Cotton, etc.	868
18670321	Malacca	A	1 237	Tomlin	Hongkong	Sundries	869
18670317	Singapore	D	784	Wilkinson	Yokohama	Sundries & Re-exports	869
18670321	Aden	D	507	Andrews	Hongkong	Tea, etc.	869
18670324	Neparl	A	541	Hector	Nagasaki	General	1
18670328	Sunda	A	1 260	Soames	Hongkong	Mails，&c.	1
18670403	Cadiz	A	481	Edmond	Hongkong	General	1
18670404	Singapore	A	784	Wilkinson	Yokohama	General	1
18670407	Neparl	A	540	Hector	Nagasaki	General	1
18670326	Malacca	D	1 237	Tomlin	Hongkong	Tea, etc.	1
18670327	Neparl	D	541	Hector	Nagasaki	Sundries & Re-exports	1
18670331	Ganges	D	742	Bernard	Yokohama	Sundries, etc.	1
18670404	Sunda	D	1 260	Soames	Hongkong	Tea, etc.	1

国家航海　第三辑

National
Maritime Research

19
世纪后期东亚海域上的英国
P. & O. 轮船公司之航运

135

Date	Ship's Name	A&D	Tons	Captain	From & Destination	Cargo	N. C. H. No.
18670413	Malacca	A	1 237	Tomlin	Hongkong	Mails, &c.	2
18670409	Cadiz	D	481	Edmond	Hongkong	Silk, &c.	2
18670414	Neparl	D	541	Hector	Nagasaki	Sundries & Re-exports	2
18670416	Singapore	D	784	Wilkinson	Yokohama	Cotton, etc.	2
18670417	Sunda	A	1 260	Soames	Hongkong	General	3
18670419	Ganges	A	743	Bernard	Yokohama	General	3
18670418	Malacca	D	1 237	Tomlin	Hongkong	Cotton, etc.	3
18670422	Neparl	A	541	Hector	Nagasaki	General	4
18670424	Aden	A	507	Andrews	Hongkong	Mails, &c.	4
18670422	Sunda	D	1 260	Soames	Hongkong	Silk, &c.	4
18670425	Ganges	D	742	Bernard	Yokohama	General	4
18670426	Neparl	D	541	Hector	Nagasaki	Sundries & Re-exports	4
18670501	Malacca	A	1 237	Tomlin	Hongkong	General	5
18670504	Singapore	A	784	Wilkinson	Yokohama	Silk, &c.	5
18670430	Aden	D	507	Andrews	Hongkong	Tea, etc.	5
18670506	Neparl	A	541	Hector	Nagasaki	General	6
18670510	Sunda	A	1 260	Soames	Hongkong	Mails, &c.	6
18670515	Aden	A	507	Andrews	Hongkong	General	· 6
18670507	Malacca	D	1 237	Tomlin	Hongkong	Tea, etc.	6
18670512	Singapore	D	784	Wilkinson	Yokohama	Cotton, etc.	6
18670512	Neparl	D	541	Hector	Nagasaki	Sundries & Re-exports	6
18670516	Sunda	D	1 260	Soames	Hongkong	Tea, etc.	6
18670520	Ganges	A&D	742	Bernard	Yokohama	General	7
18670525	Malacca	A	1 237	Tomlin	Hongkong	General	8
18670523	Aden	D	507	Andrews	Hongkong	Silk, &c.	8
18670528	Ganges	D	742	Bernard	Yokohama	Sundries & Re-exports	8
18670531	Malacca	D	1 237	Tomlin	Hongkong	Sundries & Re-exports	8
18670601	Sunda	A	1 260	Soames	Hongkong	General	9
18670603	Singapore	A	784	Wilkinson	Yokohama	General	9
18670615	Cadiz	A	481	Edmond	Hongkong & Ports	General	10

Date	Ship's Name	A&D	Tons	Captain	From & Destination	Cargo	N. C. H. No.
18670609	Aden	A	507	Andrews	Hongkong	General	10
18670606	Sunda	D	1 260	Soames	Hongkong	Tea, etc.	10
18670610	Singapore	D	784	Wilkinson	Yokohama	Cotton, etc.	10
18670611	Cadiz	D	481	Edmond	Nagasaki	Cotton, etc.	10
18670615	Malacca	A	1 237	Tomlin	Hongkong	General	11
18670620	Ganges	A	742	Bernard	Yokohama	General	11
18670615	Aden	D	507	Andrews	Hongkong	Sundries & Re-exports	11
18670623	Cadiz	A	481	Edmond	Nagasaki	General	12
18670623	Sunda	A	1 260	Soames	Hongkong	General	12
18670623	Malacca	D	1 237	Tomlin	Hongkong	Silk, &c.	12
18670625	Ganges	D	742	Bernard	Yokohama	Sundries & R e-exports	12
18670626	Cadiz	D	481	Edmond	Nagasaki	Re-exports	12
18670629	Aden	A	507	Andrews	Hongkong	General	13
18670702	Singapore	A	784	Wilkinson	Yokohama	Coals	13
18670704	Cadiz	A	481	Edmond	Nagasaki	General	13
18670702	Aden	D	507	Andrews	Hongkong	Silk, &c.	13
18670708	Malacca	A	1 237	Tomlin	Hongkong	General	14
18670715	Aden	A	507	Andrews	Hongkong	General	14
18670718	Ganges	A	742	Bernard	Yokohama	General	14
18670706	Sunda	D	1 260	Soames	Hongkong	Tea, etc.	14
18670712	Singapore	D	784	Wilkinson	Yokohama	Cotton, etc.	14
18670712	Cadiz	D	481	Edmond	Nagasaki	Sundries & Re-exports	14
18670713	Malacca	D	1 237	Tomlin	Hongkong	Sundries & Re-exports	14
18670728	Malacca	A	1 237	Tomlin	Hongkong	General	16
18670801	Singapore	A	784	Wilkinson	Yokohama	General	16
18670728	Cadiz	D	481	Edmond	Nagasaki	General	16
18670728	Sunda	D	1 260	Soames	Hongkong	General	16
18670805	Cadiz	A	481	Edmond	Nagasaki	General	17
18670808	Ellora	A	1 070	Rennoldson	Hongkong	Mails, &c.	17
18670806	Malacca	D	1 237	Tomlin	Hongkong	Silk, &c.	17
18670811	Singapore	D	784	Wilkinson	Yokohama	Sundries & Re-exports	17

Date	Ship's Name	A&D	Tons	Captain	From & Destination	Cargo	N. C. H. No.
18670813	Ellora	D	1 070	Rennoldson	Hongkong	Opium, etc.	17
18670821	Sunda	A	1 260	Soames	Hongkong	General	18
18670818	Aden	A	507	Andrews	Hongkong & Ports	General	18
18670820	Ganges	A	742	Bernard	Yokohama	General	18
18670817	Cadiz	D	481	Edmond	London, &c.	Silk, &c.	18
18670822	Malacca	A	1 237	Tomlin	Hongkong	Mails, &c.	19
18670822	Sunda	D	1 260	Soames	Hongkong	Tea, etc.	19
18670823	Ganges	D	742	Bernard	Hongkong & Ports	Sundries & Re-exports	19
18670825	Aden	D	507	Andrews	Yokohama	Cotton, etc.	19
18670829	Malacca	D	1 237	Tomlin	Hongkong	Tea, etc.	19
18670901	Emeu	A	907	Duudas	Hongkong with Maila	General	20
18670906	Aden	A	507	Andrews	Yokohama	General	21
18670908	Sunda	A	1 260	Soames	Hongkong	Mails, &c.	21
18670906	Emeu	D	907	Duudas	Hongkong	Tea, etc.	21
18670911	Sunda	D	1 260	Soames	Yokohama	Cotton, etc.	21
18670919	Malacca	A	1 237	Tomlin	Hongkong	General	22
18670923	Cadiz	A	481	Edmond	Hongkong	General	23·
18670925	Ganges	A	742	Bernard	Hongkong	Mails, &c.	23
18670921	Aden	D	507	Andrews	Hongkong	Tea, etc.	23
18670928	Malacca	D	1 237	Tomlin	Yokohama	Tea, etc.	24
18670928	Cadiz	D	481	Edmond	Hongkong	Tea, etc.	24
18671008	Sunda	A	1 260	Soames	Yokohama	General	25
18671009	Sunda	D	1 260	Soames	Hongkong	Tea, etc.	25
18671022	Niphon	A	594	Peake	Hongkong v. Fuchau	General	26
18671029	Cadiz	A	481	Hockin	Hongkong	General	27
18671026	Niphon	D	594	Peake	Hongkong	Tea, etc.	27
18671102	Cadiz	D	481	Hockin	Yokohama	Sundries & Re-exports	27
18671113	Aden	A	507	Andrews	Hongkong	General	28
18671109	Ganges	D	742	Bernard	Hongkong	Silk, &c.	28
18671129	Ganges	A	742	Cates	Hongkong	General	29

Date	Ship's Name	A&D	Tons	Captain	From & Destination	Cargo	N. C. H. No.
18671124	Cadiz	D	481	Hockin	Hongkong	Silk, &c.	29
18671204	Aden	A	507	Andrews	Yokohama	General	30
18671204	Ganges	D	742	Cates	Yokohama	General	30
18671207	Helen	A	283	Law	Shields, Newcastle		31
18671209	Aden	D	507	Andrews	Hongkong	Silk, &c.	31
18671229	Aden	A	507	Andrews	Hongkong	Mails, &c.	37
18671224	Cadiz	D	481	Hopkins	Yokohama	General	37
18671225	Ganges	D	742	Cates	Hongkong	Tea, etc.	37
18680103	Formosa	A	700	Hockin	Hongkong v. Fuchau	General	38
18680104	Aden	D	507	Andrews	Yokohama	General	38
18680112	Ganges	A	743	Cates	Hongkong	Mails, &c.	116
18680109	Formosa	D	450	Hockin	Hongkong	Silk, &c.	116
18680115	Ganges	D	742	Cates	Yokohama	General	116
18680121	Aden	A	507	Andrews	Yokohama	General	124
18680128	Cadiz	A	481	Edmond	Hongkong	Mails, &c.	131
18680126	Aden	D	507	Andrews	Hongkong		131
18680205	Ganges	A	742	Cates	Yokohama v. Nagasaki	General	206
18680204	Cadiz	D	481	Edmond	Yokohama	General	206
18680212	Aden	A	507	Andrews	Hongkong	Mails, &c.	215
18680207	Formosa	D	700	Hockin	Hongkong	Tea, etc.	215
18680216	Aden	A	507	Andrews	Yokohama	General	219
18680219	Cadiz	A	481	Edmond	Yokohama v. Nagasaki	General	229
18680221	Prince of Wales	A	996	Shepperd	Newport	Coals	229
18680220	Ganges	D	742	Cates	Hongkong	Silk, &c.	229
18680229	Formosa	A	650	Hockin	Hongkong	Mails, &c.	304
18680302	Cadiz	D	481	Edmond	Yokohama	General	304
18680304	Aden	A	507	Andrews	Yokohama	General	314
18680305	Formosa	D	650	Hockin	Hongkong	Silk, &c.	314
18680315	Ganges	A	742	Cates	Hongkong	Mails, &c.	318
18680317	Aden	D	507	Andrews	Yokohama	General	318

Date	Ship's Name	A&D	Tons	Captain	From & Destination	Cargo	N. C. H. No.
18680328	Cadiz	A	481	Edmond	Yokohama	General	328
18680327	Douglas	A	615	Pitman	Hongkong	Mails, &c.	328
18680319	Ganges	D	742	Cates	Hongkong	Silk, &c.	328
18680329	Cadiz	D	481	Edmond	Yokohama	General	401
18680401	Aden	A	507	Andrews	Yokohama	General	411
18680404	Ganges	A	742	Cates	Hongkong	General	411
18680401	Douglas	D	615	Pitman	Hongkong	General	411
18680407	Aden	D	507	Andrews	Yokohama	General	411
18680411	Benares	A		McCulloch	Hongkong	Mails, &c.	415
18680414	Ganges	D	742	Cates	Yokohama	General	415
18680415	Cadiz	A	481	Edmond	Yokohama	General	424
18680421	Douglas	A	615	Pitman	Hongkong	Mails, &c.	424
18680416	Cadiz	D	481	Edmond	Hongkong	Silk, &c.	424
18680422	Benares	D	966	McCulloch	N'saki & Y'hama	General	424
18680424	Aden	A	507	Andrews	Yokohama	Silk, &c.	504
18680428	Malacca	A	1 237	Tomlin	Hongkong	General	504
18680425	Douglas	D	615	Pitman	Hongkong	Silk, &c.	504
18680501	Aden	D	507	Andrews	Foochow & H'kong	General	504
18680508	Douglas	A	615	Pitman	Hongkong	General	516
18680508	Ganges	A	742	Cates	Yokohama	General	516
18680509	Azof	A	476	Johnson	Hongkong & Ports	General	516
18680512	Cadiz	A	481	Edmond	Hongkong	Mails, &c.	516
18680509	Malacca	D	1 237	Tomlin	Hongkong	Silk, &c.	516
19680513	Ganges	D	742	Cates	N'saki & Y'hama	General	516
18680513	Douglas	D	615	Pitman	Hongkong	General	516
18680514	Azof	D	476	Johnson	Foochow &c.	General	516
18680522	Aden	A	507	Andrews	Hongkong	General	530
18680524	Ellora	A	1 574	Murray	Hongkong	Mails, &c.	530
18680523	Benares	D	966	McCulloch	Hongkong	Silk, &c.	530
18680526	Aden	D	507	Andrews	Hongkong	General	530
18680526	Cadiz	D	481	Edmond	Nagsakai & Yokohama	General	530

国家航海　第三辑

National
Maritime Research

19世纪后期东亚海域上的英国
P. & O. 轮船公司之航运

139

Date	Ship's Name	A&D	Tons	Captain	From & Destination	Cargo	N. C. H. No.
18680527	Ellora	D	1 574	Murray	Fisherman's Islands		530
18680530	Nangato	A	107	Catto	Fisherman's Islands	General	605
18680603	Douglas	A	615	Pitman	Hongkong &c.	General	605
18680601	Nangato	D	107	Catto	Fisherman's Islands		605
18680605	Ganges	A	1 200	Cates	Yokohama	General	613
18680608	Aden	A	507	Andrews	Hongkong	General	613
18680608	Formosa	A	480	Hockin	Hongkong	General	613
18680606	Douglas	D	615	Pitman	Hongkong	Silk, &c.	613
18680609	Aden	D	507	Andrews	Hongkong	General	613
18680611	Ganges	D	1 200	Cates	Hongkong	General	613
18680611	Formosa	D	480	Hockin	Fisherman's Islands		613
18680612	Tewkesbury	D	1 050	Fowler	Manila	Ballast	613
18680615	Ellora	A	1 070	Murray	Steep Island		619
18680619	Cadiz	A	481	Edmond	Yokohama	General	627
18680621	Douglas	A	615	Pitman	Hongkong	Mails, &c.	627
18680620	Ellora	D	1 070	Murray	Hongkong	Silk, &c.	627
18680622	Cadiz	D	481	Edmond	Yokohama	General	627
18680625	Douglas	D	615	Pitman	Hongkong	Silk	627
18680629	Formosa	A	480	Hockin	Fisherman's Islands	Silk	703
18680701	Ganges	A	1 200	Cates	Hongkong	General	703
18680702	Aden	A	501	Andrews	Yokohama	General	703
18680701	Formosa	D	480	Hockin	Hongkong	Silk, &c.	703
18680704	Ellora	A	1 070	Murray	Hongkong	Mails, &c.	711
18680704	Ganges	D	1 190	Cates	Hongkong	Silk, &c.	711
18680704	Aden	D	501	Andrews	Yokohama	General	711
18680716	Cadiz	A	481	Edmond	Yokohama	General	717
18680720	Ganges	A	1 190	Cates	Hongkong	Mails, &c.	725
18680721	Cadiz	D	481	Edmond	Yokohama	Sundries & Re-exports	725
18680728	Douglas	A	615	Pitman	Hongkong via Ports	General	731

Date	Ship's Name	A&D	Tons	Captain	From & Destination	Cargo	N. C. H. No.
18680730	Aden	A	501	Andrews	Yokohama	Silk, etc.	731
18680803	Ellora	A	1 070	Murray	Hongkong	Mails, &c.	808
18680801	Ganges	D	1 190	Cates	Hongkong	Silk, etc.	808
18680801	Douglas	D	615	Pitman	Hongkong	Tea, etc.	808
18680804	Aden	D	501	Andrews	Yokohama	General	808
18680815	Cadiz	A	481	Edmond	Yokohama	General	822
18680817	Ganges	A	1 190	Cates	Hongkong	Mails, &c.	822
18680815	Ellora	D	1 070	Murray	Hongkong	Silk, etc.	822
18680819	Cadiz	D	481	Edmond	Yokohama	Re-exports	822
18680820	Douglas	D	615	Pitman	Hongkong & Ports	Sundries & Re-exports	822
18680826	Ottawa	A		Eyre	Hongkong	General	828
18680817	Aden	A	501	Andrews	Yokohama	General	828
18680830	Sunda	A	1 217	Soames	Hongkong	Mails, &c.	905
18680829	Ganges	D	1 190	Cates	Hongkong	Tea, etc.	905
18680830	Ottawa	D		Eyre	Hongkong	Tea, etc.	905
18680831	Aden	D	501	Andrews	Yokohama	General	905
18680913	Ganges	A	1 190	Cates	Hongkong	Mails, &c.	919
18680912	Sunda	D	1 217	Soames	Hongkong	Silk, etc.	919
18680915	Cadiz	D	481	Edmond	Yokohama	General	919
18680917	Formosa	D	480	Hockin	Yokohama	General	919
18680924	Aden	A	507	Andrews	Yokohama	Mails, &c.	925
18680927	Ottawa	A	814	Eyre	Hongkong	Mails, &c.	1 003
18681002	Formosa	A	480	Hockin	Yokohama	General	1 003
18680926	Ganges	D	742	Cates	Hongkong	Tea, etc.	1 003
18680928	Aden	D	507	Andrews	Yokohama	General	1 003
18681007	Norna	A	1 001	Jones	Amoy	General	1 013
18681012	Cadiz	A	481	Edmond	Yokohama	Silk, etc.	1 013
18681008	Ottawa	D	814	Eyre	Hongkong	Cotton, etc.	1 013
18681013	Ganges	A	742	Bernard	Hongkong	Mails, &c.	1 017
18681014	Formosa	D	480	Hockin	Yokohama	General	1 017
18681014	Norna	D	1 001	Jones	Hongkong	Tea, etc.	1 017
18681026	Aden	A	507	Andrews	Yokohama	Mails, &c.	1 027
18681029	Ottawa	A	814	Eyre	Hongkong	Mails, &c.	1 031

Date	Ship's Name	A&D	Tons	Captain	From & Destination	Cargo	N. C. H. No.
18681028	Ganges	D	742	Bernard	Hongkong	Tea, etc.	1 031
18681030	Cadiz	D	481	Edmond	Yokohama	Cotton, etc.	1 031
18681114	Azof	A	476	Johnson	Fouchow	General	1 114
18681112	Norna	A	1 001	Jones	Hongkong	Mails, &c.	1 114
18681111	Ottawa	D	814	Eyre	Hongkong	Silk, etc.	1 114
18681113	Aden	D	507	Andrews	Yokohama	General	1 114
18681116	Ganges	A	742	Cates	Hongkong & Swatow	General	1 124
18681118	Azof	D	476	Johnson	Yokohama	General	1 124
18681126	Ottawa	A	814	Eyre	Hongkong	Mails, &c.	1 128
18681125	Ganges	D	742	Cates	Hongkong	Silk, etc.	1 128
18681127	Norna	D	1 001	Bernard	Yokohama	General	1 128
18681206	Aden	A	481	Andrews	Yokohama	General	1 208
18681201	Cadiz	D	481	Edmond	Hongkong	Silk, etc.	1 208
18681211	Ganges	A	784	Cates	Hongkong	Mails, &c.	1 212
18681209	Ottawa	D	814	Eyre	Hongkong	Tea, etc.	1 212
18681221	Norna	A	1 001	Bernard	Yokohama	Mails, &c.	1 222
18681212	Aden	D	484	Andrews	Yokohama	General	1 222
18681223	Formosa	A	700	Hockin	Fouchow	General	1 228
18681224	Ottawa	A	814	Eyre	Hongkong	Mails, &c.	1 228
18681223	Ganges	D	784	Cates	Hongkong	Silk, etc.	1 228
18681226	Norna	D	1 001	Bernard	Yokohama	General	1 228

　　1867～1868 年间出入上海港的 P. & O. 轮船公司的轮船有亚丁号（Aden）、亚佐夫号（Azof）、碧娜丝号（Benares）、加的斯号（Cadiz）、道格拉斯号（Douglas）、埃罗拉号（Ellora）、福摩萨号（Formosa）、恒河号（Ganges）、海伦号（Helen）、兰道号（Landore）、马六甲号（Malacca）、长门号（Nangato）、尼帕尔号（Neparl）、日本号（Niphon）、挪拿号（Norna）、渥太华号（Ottawa）、韦尔斯亲王号（Prince of Wales）、新加坡号（Singapore）、巽他号（Sunda）、吐克斯伯利号（Tewkesbury）等 20 艘。这 20 艘轮船进出上海港的频率达 280 回。其中进出港口频率极低的有海伦号（Helen）、兰道号（Landore）、长门号（Nangato）、吐克斯伯利号（Tewkesbury）等 4 艘。其余 16 艘则以上海港为中心展开频繁的航运活动。

　　最为活跃的是亚丁号（Aden），两年中出入上海港达 52 回。紧随其后则依次为 46 回的恒河号（Ganges）、37 回的加的斯号（Cadiz）、26 回的马六甲号（Malacca）、20 回的巽他号（Sunda）。上列亚丁号（Aden）、恒河号（Ganges）、加的斯号(Cadiz)、马六甲号(Malacca)、巽他号(Sunda)等 5 艘船出入上海港的频率高达 181 回,占 64.6％。

表四试图对航海次数高居首位的亚丁号(Aden)的航迹进行分析。

表四 1867～1868 年 P. & O. 轮船公司亚丁号(Aden)的航迹

Date	Ship's Name	A&D	Captain	From & Destination	Tons	Cargo
18670101	Aden	A	Andrews	Hongkong	1 227	General
18670109	Aden	D	Andrews	Hongkong		Silk, &c.
18670128	Aden	A	Andrews	Hongkong	124	General
18670203	Aden	D	Andrews	Hongkong		Tea, etc.
18670219	Aden	A	Andrews	Hongkong	214	Opium, etc.
18670231	Aden	D	Andrews	Hongkong		Tea, etc.
18670315	Aden	A	Andrews	Hongkong	311	Opium, etc.
18670321	Aden	D	Andrews	Hongkong		Tea, etc.
18670424	Aden	A	Andrews	Hongkong	416	Mails, &c.
18670430	Aden	D	Andrews	Hongkong		Tea, etc.
18670515	Aden	A	Andrews	Hongkong	511	General
18670523	Aden	D	Andrews	Hongkong		Silk, &c.
18670609	Aden	A	Andrews	Hongkong	605	General
18670615	Aden	D	Andrews	Hongkong		Sundries & Re-exports
18670629	Aden	A	Andrews	Hongkong	625	General
18670702	Aden	D	Andrews	Hongkong		Silk, &c.
18670715	Aden	A	Andrews	Hongkong	711	General
18670818	Aden	A	Andrews	Hongkong & Ports	807	General
18670825	Aden	D	Andrews	Yokohama		Cotton, etc.
18670906	Aden	A	Andrews	Yokohama	902	General
18670921	Aden	D	Andrews	Hongkong		Tea, etc.
18671113	Aden	A	Andrews	Hongkong	1 109	General
18671204	Aden	A	Andrews	Yokohama	1 129	General
18671209	Aden	D	Andrews	Hongkong		Silk, &c.
18671229	Aden	A	Andrews	Hongkong	1 224	Mails, &c.
18680104	Aden	D	Andrews	Yokohama		General
18680121	Aden	A	Andrews	Yokohama	116	General

Date	Ship's Name	A&D	Captain	From & Destination	Tons	Cargo
18680126	Aden	D	Andrews	Hongkong		
18680212	Aden	A	Andrews	Hongkong	208	Mails, &c.
18680216	Aden	A	Andrews	Yokohama		General
18680304	Aden	A	Andrews	Yokohama	227	General
18680317	Aden	D	Andrews	Yokohama		General
18680401	Aden	A	Andrews	Yokohama	326	General
18680407	Aden	D	Andrews	Yokohama		General
18680424	Aden	A	Andrews	Yokohama	418	Silk, &c.
18680501	Aden	D	Andrews	Foochow & H'kong		General
18680522	Aden	A	Andrews	Hongkong	518	General
18680526	Aden	D	Andrews	Hongkong		General
18680608	Aden	A	Andrews	Hongkong		General
18680609	Aden	D	Andrews	Hongkong		General
18680702	Aden	A	Andrews	Yokohama	627	General
18680704	Aden	D	Andrews	Yokohama		General
18680730	Aden	A	Andrews	Yokohama	725	Silk, etc.
18680804	Aden	D	Andrews	Yokohama		General
18680826	Aden	A	Andrews	Yokohama	800	General
18680831	Aden	D	Andrews	Yokohama		General
18680924	Aden	A	Andrews	Yokohama	919	Mails, &c.
18680928	Aden	D	Andrews	Yokohama		General
18681026	Aden	A	Andrews	Yokohama	1 021	Mails, &c.
18681113	Aden	D	Andrews	Yokohama		General
18681206	Aden	A	Andrews	Yokohama	1 202	General

从表三可知，Aden 号来往于香港上海之间的海域，从事沿海航运。之后其活动规律一直延续，继续从事上海与香港之间的沿海航运，这从表四可以得到印证。但是 1867 年 8 月之后骤然发生了改变。1867 年 8 月 25 日从上海出港后，其目的地变成了 Yokohama，即驶往了日本横滨。1868 年 5 月至 6 月航行于福州、香港之间，但之后又再次从事上海与横滨之间的航运。前半时期的上海、香港之间的航运，主要从上海把茶叶及丝绸运往香港，从香港运往上海的主要货物是鸦片。横滨与上海的航运的展开，主要由于明治政府的成立导致贸易政策出现松动。运载货物为丝绸，从日本运往上海。

从表四显示的 1867～1868 年亚丁号航迹信息中可知,P. & O. 轮船公司的轮船以上海为中心展开上海与香港及日本横滨之间的三角贸易活动。

留存至今最早的 P. & O. 轮船公司的广告登载在明治 5 年(1872 年)2 月 2 日发行的《横滨每日新闻》第 355 号头版上。

> **英拾五番**
> 飞脚船会社之蒸汽船一个月两次出航,从本港(横滨)出发,抵达香港。除了新加坡、槟城之外,还可乘坐大蒸汽船前往印度、奥地利、瑞典、埃及、意大利、法国、英国等国之各大港口以及欧罗巴洲、澳西亚尼亚洲。敬请惠顾。
> 船名　Aden 号船　二月四日从兵库出航
> 船名　Madras 号船　二月四日驶往香港
> 横滨　居留地十五番社中
> 　　　P. &O. 轮船公司①

从以上广告可知,P. & O. 轮船公司在横滨居留地建立了商馆,在横滨被称作"英拾五番"商馆。明治 26 年(1893 年)10 月发行的《横滨内外贸易商便览》为我们提供了佐证。该文献中,P. & O. 轮船公司作为"轮船公司",以居留地"十五番馆吉利凯特半岛及东洋汽船会社"②字样登记在案,而且作为"商馆",也同样以"十五番馆半岛及东洋汽船会社"③字样记录在案。

五、1870 年出入横滨港的 P. & O. 轮船公司的航运表

依据 1870 年 1 月 22 日创刊于横滨的 *The Japan Weekly Mail* 的《船务信息》("Shipping Intelligence")一栏,对 P. &O. 轮船公司的轮船及 P. &O. 轮船公司为收货人的船舶进行整理,制成以下表五。

表五　1870 年出入横滨港的 P. & O. 轮船公司的航运表

No	Date	A&D	Ship Name	Captain	Tons	Where	Cargo
I-1	116	D	Sunda	Cates	1 217	Hongkong	Mails &c.
I-2	124	A	Bombay			Hongkong	Mails &c.
I-3	130	D	Ottawa	Edmonds	890	Hongkong	Mails &c.

---

① 《复刻版 横滨每日新闻》第 1 卷,不二出版,1992 年,第 153 页。
② 《乡土横滨》第 119～121 号,横滨市图书馆普及课,1990 年,第 78 页。
③ 《乡土横滨》第 119～121 号,第 89 页。

No	Date	A&D	Ship Name	Captain	Tons	Where	Cargo
I－4	206	A	Haddington	Angove	1 460	Liverpool (118 days)	coals
I－4	207	A	Malacca	Bernard	1 800	Hongkong 18700131 at 5h. 2m. P. M.	Mails &c.
I－5	213	D	Bombay			Hongkong	Mails and Passengers
I－5	214	D	James Watt	Simpson	674	Callao	
I－5	218	A	Cadiz	Dundan	816	Shanghai via Southern Ports	General
I－6	222	A	Sunda	Cates	1 686	Hongkong	General Cargo
I－6	225	A	Island Queen (Brit. Barq)	Foster	340	Cardiff	Cals
I－7	227	D	Malacca	Bernard		Hongkong	Mals passengers 6c.
I－8	308	A	Otttawa	Edmonds	1 274	Hongkong	Mails &c.
I－9	313	D	Sunda	Oates	1 686	Hongkong	Mals &c.
I－10	319	A	Malacca			Hongkong(312－319) Yokohama	
I－10	325	D	Island Queen (Brit. Barq)	Foster	380	Seeking	ballastt
I－10	326	D	Cadiz	Dundas	780	Shanghai via Southern Ports	Mails and General
I－11	327	D	Ottawa	Edmonds	1 727	Hongkong	Mails &c.
I－12	403	A	Sunda	Cates	1 700	Hongkong	General, and Mails
I－13	410	D	Malacca	Bernard	1 800	Hongkong	Mails &c.
I－14	417	A	Ottawa	Edmonds	814	Hongkong	Mails, General, and Passengers
I－14	419	D	Sunda	Cates	1 700	Hongkong	Mails and General
I－15	429	A	Malacca	Bernard	1 800	Hongkong	Mails and General
I－16	503	A	Ottawa	Edmonds	814	Hongkong	Mals and General
I－17	513	A	Sunda	Cates	1 800	Hongkong 504	Mails &c.
I－18	517	D	Malacca	Bernard	1 800	Hongkong	Mails &c.
I－18	521	A	Aden	Hocken	812	Shanghai 515	ballastt
I－19	523	D	Sunda	Cates	1 800	Shanghai	General
I－19	525	A	Ottawa	Edmonds	814	Hongkong	Mails &c.
I－20	531	D	Aden	Hocken	812	Hongkong Mails and 415 bales Silk	
I－21	607	A	Cadiz	Dundas	816	Hongkong 531　　　Mails, &c. Cargo from Hongkong 524 bags Sagar, 364 half-bags Rice, 544 packages Sundries, 4 boxes Treasure	

No	Date	A&D	Ship Name	Captain	Tons	Where	Cargo
I‑22	614	D	Ottawa	Edmonds	814	Hongkong	Mails and General
I‑23	619	A	Aden	Andrews	816	Hongkong 613	General
I‑24	628	D	Aden	Andrews	816	Hongkong Mails, &.c. 152 Bales Silk	
I‑24	701	A	Bombay	Davies	1 350	Hongkong General From Hongkong Bags 5 000, Rice 500 Bags. Sundries 250 Packages.	
I‑25	704	A	Ottawa	Edmonds	1 200	Hongkong	Mails, &.c.
I‑26	712	D	Bombay	Davies	1 350	Hongkong Cargo for Hongkong Silk 145 Balies	Mails &.c.
I‑27	718	A	Aden	Andrews	816	Hongkong	Mails, &.c.
I‑28	728	A	Floris（Ame. bargue)	Ellis	950	Liverpool	Coals
I‑29	803	A	Bombay	Davies	1 800	Hongkong	Mails, &.c.
I‑30	809	D	Bombay	Davies	1 800	Hongkong; Cargo for Hongkong Silk···123, bales. （p. 381）	Mails and General
I‑30	811	D	Aden	Andrews	816	Hiiogo	Generl
I‑30	813	A	Aberdeen	Gould	1 210	Newcastle	Coals
I‑31	814	A	Madras	Gaby	1 092	Hongkong	Mails, &.c.
I‑32	823	D	Madras	Gaby	1 092	Hongkong silk 18 bales, Mails. &.c.	
I‑32	824	D	Aden	Andrews	816	Hiogo	General
I‑33	830	A	Bombay	Davies	1 311	Hongkong 823	Mails &.c.
I‑33	903	A	Aden	Andrews	816	Hiogo	General
I‑34	906	D	Bombay	Davies	1 800	Hongkong	Mails and General
I‑34	908	D	Aden	Andrews	816	Hiogo	General
I‑35	914	A	Malacca	Bernard	1 400	Hongkong; left 905 at 6. 15 P. M. （increased to a strong breeze） Yokohama arrived 914, 6. 30A. M. （Reports p. 444）	Mails, &.c.
I‑35	916	A	Aden	Andrews	816	Hiogo	General
I‑36	920	D	Malacca	Bernard	1 400	Hongkong	Mails and General
I‑36	922	D	Aden	Andrews	816	Hiogo, Nagasaki and Shanghai	General

国家航海 第三辑
National
Maritime Research

19世纪后期东亚海域上的英国
P. & O. 轮船公司之航运

147

No	Date	A&D	Ship Name	Captain	Tons	Where	Cargo
I-37	927	A	Madras	Gaby	1 800	Hongkong	Mails
I-38	1 004	D	Aberdeen	Gould	1 210	Manila * from Newcastle 813 arrived(p. 446)	ballastt
I-39	1 010	D	Madras	Gaby	1 800	Hongkong	Mails
I-39	1 013	A	Sunda	Cates	1 800	Hongkong left 1003 at 5. P. M. （approaching Typhoon）（Reports p. 497）	Mails
I-40	1 017	A	Aden	Andrews	816	Shanghai via Inland Sea	General
I-40	1 021	D	Aden	Andrews	816	Hiogo	General
I-41	1 023	D	Sunda	Cates	1 800	Hongkong	Mails, &c.
I-41	1 027	A	Bombay	Davies	1 400	Hongkong	Mails, &c.
I-42	1 031	A	Aden	Andrews	816	Shanghai via Inland Sea	General
I-43	1 106	A	Bombay	Davies	1 400	Hongkong	Mails
I-43	1 106	D	Bombay	Davies	1 400	Hongkong	
I-43	1 112	D	Aden	Andrews	816	Hiogo	General
I-44	1 116	A	Madras	Gaby	1 400	Hongkong	Mails
I-44	1 117	A	Aden	Andrews	816	Hiogo	General
I-46	1 128	A	Bombay	Davies	1 330	Hongkong	Mails
I-47	1 204	A	Aden	Andrews	816	Hongkong	Mails
I-47	1 204	D	Madras	Davies	1 400	Hongkong	Mails &c.
I-49	1 218	D	Bombay	Gillson	1 400	Hongkong	Mails &c.
I-50	1 225	A	Madras	Gaby	1 400	Hongkong	Mails, &c.
I-50	1 226	A	Spray	Buckmister	265	Nagasaki	Coals

依据上列 1870 年这一年间出入横滨港的 P. &O. 轮船公司的航运表来看，除去航行频率较低的船只外，活动较为频繁的为亚丁号（Aden）、孟买号（Bombay）、加的斯（Cadiz）、马德拉斯号（Madras）、马六甲号（Malacca）等 5 艘船。其中最多的要数亚丁号（Aden），该船在那一年中主要进行横滨与兵库之间的航运活动。由于当时日本在 1872 年（明治 5 年）才开通新桥与横滨之间的铁路，1889 年（明治 22 年）开通东京与神户之间的东海道铁路线，因此轮船航运的确是当时节省时间的最佳交通手段。

亚丁号（Aden）从横滨出港驶往兵库，然后再次从兵库出发进入横滨港，最长航行 19 日，最短 6 日，由此可知横滨与神户之间的航程一般往程 2～3 日，返程 2～3 日。

然而孟买号(Bombay)、马德拉斯号(Madras)、马六甲号(Malacca)则有所不同,它们并未把日本其他港口纳入视野,仅仅从事横滨、香港之间的往返航行。

六、小 结

上文对 19 世纪后半叶 P. & O. 轮船公司以香港、上海及横滨为基地开展的东亚海域航运活动进行了考察。当时日本推翻德川幕府成立明治新政府,政治体制发生了巨变。P. & O. 轮船公司积极拓展香港、上海、横滨等东亚海域航运,对日本而言,该公司可谓是承担了幕末明治初期连接日本与清代上海之间航运的重要使命。从中国方面来看,该公司将亚洲重要基地设在依据《南京条约》对外开放的东亚重要贸易港口上海,开展连接上海、香港两大基地之间的航运活动。该公司随着日本实施开国政策,打入日本市场,开拓连接香港、上海、横滨的三角航路。

综上所述,P. & O. 轮船公司在 19 世纪前半叶进入东亚海域,随着 1842 年《南京条约》的签订打入上海,开展香港与上海之间的航运活动,继而将触角伸向开港的日本,在横滨建立极东基地。

(浙江工商大学日语语言文化学院 孔颖 译)

British P. & O. Steamship Company
Shipping on the East Asia Seas
in the Late 19th Century

Abstract: In the mid-19th century, many European and American ships began to appear in the East Asian Seas in which there was Peninsula Orient Shipping Company (Peninsular and Oriental and Steam Navigation Company, commonly known as P. & O. steamship company or the British steamer company) which was founded in the early 19th century in Europe, and entered into Asia for the development of his career in the shipping industry.

P. & O. Steamship Company also entered the shortly founded Japan, began operations after 1864 on routes connecting Japan and Shanghai, Hong Kong. The company's shipping activities made a great contribution to the mobility of the East Asia.

The present paper mainly elaborates the P. & O. steamship company's shipping activities which entered the Seas of East Asia in the late 19th century, as well as regional cooperation so.

Keywords: East Asian Seas, P. & O. Steamship Company, Hongkong, Shanghai, Yokohama

清代江海关关址的演变

谢俊美*

（上海　华东师范大学历史系　200000）

摘　要：康熙二十四年，海禁解除，清政府设立江海、浙江、闽海、粤海四关。江海关设址变动较大，有说设于云台山。作者查阅了清代相关资料，提出江海关初设海州（今连云港市）云台山，后移至江海交汇的镇江云台山（今云台区），并以第二次鸦片战争镇江开埠设关于此为证。此后，随江苏分巡道移至上海，江海关也同时移至上海。咸丰三年，上海小刀会起义，江海关被焚，英、法趁机夺取上海海关管理权。

关键词：江海关　云台山　上海

关于江海关的设址到目前为止，大致有两种说法：一说设在上海。清嘉庆、同治两朝以及民国七年、二十四年编纂的《上海县志》中就持此说。20 世纪 30 年代出版的《上海公共租界史稿》一书也说："清初，实行海禁，贸易停顿。康熙二十四年（1685 年）海禁解除，上海才设立江海大关。"华东师范大学刘惠吾教授主编的《上海近代史》（上）一书对此说得更为具体："康熙二十四年（1685 年）清政府设江南海关（亦称江海关）于崇阙，两年后迁至上海县城小东门内察院。"此外，《古代上海述略》一书也持此说。一说设在云台山。夏燮在《中西纪事》一书中说："国朝康熙二十四年，灭郑氏，台湾平。越许，疆臣请解除海禁，报可。于是设榷关四：于粤东之澳门、福建之漳州府、浙江之宁波府、江南之云台山。"王之春在《国朝柔远记》一书中也说："荷兰以曾助剿郑氏，首请通市，许之。而大西洋诸国，因荷兰得请，于是凡明以前未通中国，勤贸易而操海舶为生涯者皆争趋，疆臣因请开海禁，设粤海、闽海、浙海、江海榷关四于广东之澳门、福建市漳州、浙江之宁波府、江南之云台山，署吏以位之。"夏著和王著成书时间较早，分别为道光三十年（1850 年）和光绪十七年（1891 年）。王氏在书后还附有中国沿海疆域图，具体记载和描述了海州云台山的地理位置，他们的记载当然要比今人的说法要来得可靠些。著者也一直持这一说法。

---

*　作者简介：谢俊美（1942—　），男，江苏盐城人，华东师范大学教授、博士生导师。长期从事晚清史、中国近现代史、东亚地区史研究。

一

　　1979 年著者发表《论清代的闭关政策》①一文,在文中明确指出清初江海关设在海州云台山,而非上海。文章发表后,著者就读南开大学时的老师来新夏教授对此提出质疑,并致函于我,希望我能进一步提供相关资料。此后著者在阅读清代史料和地方志时,又意外地发现当时的江南省境内至少还有三个云台山,一个在江宁府(今南京市)西南 60 里;②一个在丹徒县境内(今镇江市云台区);一个在松江府(今上海市松江区)城西北,又称云山。若加上海州云台山,一共有四个。四个云台山中,究竟哪个或哪几个设过江海关? 于是带着这些问题,再作探讨。经过著者仔细考察分析,首先排除江宁府和松江府辖境内的两个云台山设关的可能性。江宁府境内的云台山,位于府西南的崇山峻岭中,那里古木森森,壑涧深邃,人迹罕至,且背离长江,不可能进行贸易活动。松江府城西北的云山也远离江海,清政府当然不会把通商收税的江海关设在这些商轮舟舶难至的地方。据此不难推断,设过江海关的云台山只能是海州的云台山和丹徒境内的云台山了。为了弄清这个问题,笔者亲自去海州(今连云港市)进行实地察看。

　　海州云台山,又名玉岛、榆岛,即《山海经》一书中所说的郁洲、郁山,因此,又常常被称为郁洲山、郁郁山。民间还传说它自苍梧飞来,所以有时也称苍梧山。山高四五十公尺,周长百余里。"幽深秀特,常冠云气",登临山巅的九峰阁,可以观日出,因此,被商旅称之为云台、云山,云台山由此而得名。清雍正年间,云台山还是一个四面环水的海中孤岛,此后随着黄海海滩向东延伸,逐渐同西连岛及大陆连成一片,而成为今天连云港市的一部分,成为徐淮地区的东北门户和南北海岸交通要道。由此达登、莱,一帆可至;更远北可抵天津、京师、辽沈一带;南可通三吴闽粤。从元代起,就是海道漕运的中途岛,商旅避风暴之所。云台山不仅形胜险要,而且"物产民居向称丰腴稠密"。③ 此外,与之邻近的清口、临洪口也"颇便商泊"。与大运河及漕运总督所在地淮安也相距不远。因此,在这里,设关收税条件具备。所以,康熙二十四年(1685 年)海禁解除后,清政府便将江海关设在这里,以"引领江海,驾驭蓬莱,兼及辽海"。

　　但是云台山作为一个优良的贸易港口也有不够理想的地方。通往江浙的沿海海岸条沙缕结,"商舶涉此颇险",而与大陆相通的内湾水路,"浮苇浪草,滞沙淤浅",④大点沙船就无法靠岸,更毋庸说停泊外国趸船了。嘉庆以后,黄河决口,改道南下,海州首当其冲,为黄流所害,而运河淤塞,河运受阻。因此,商船来

① 《历史教学》1979 年第 10 期。
② 《江南通志》卷一一,山川条。
③ 《江南通志》卷一四,海州条。
④ 《中国地理大全》上册,内地五,第 18 页。

此贸易日渐减少，关税收入无多，有失清政府当初设关"征收岁钞，以资国用"的本意，以致人们几乎看不到有关云台山江海关的活动记载。雍正三年（1725年），清政府再次颁谕，规定外商只可在广州一口同清政府特许的行商交易，下令关闭闽海、浙海、江海三关。至此云台山江海关正式裁撤。

<h1 style="text-align:center">二</h1>

　　丹徒县境内的云台山，位于丹徒城西的江口（今镇江市云台区），旧名土山，以山形壁立，俗称竖山，又因避宋英宗之讳，亦呼植土山，更因与当时矗立于江中的金山相对，故又名银山。丹徒云台山濒临长江，沿山脚下有一条相当宽阔的江滩，非常便利往来船只的停靠。据嘉庆十六年《丹徒县志》记载，乾嘉年间，山下临江处设有大小码头、救生所、运河闸、税关署。乾隆朝离康熙朝不过百年，由此可以推想到康熙朝，此处不可能不设海关。再，丹徒是南运河和长江口的交汇处，南漕的中转站，上控江宁，下扼圈山、江阴、福山，隔江与扬州相对，形胜险要。这里交通发达，上下客货云集，商船往来如蚁。这里是设关收税的理想地方。尽管我们到目前为止还没有发现有关丹徒云台山设立江海关的第一手资料，但从丹徒云台山临江的地理位置、优良的港口水道、发达的社会经济环境，况且邻近江南省会所在地江宁，完全具备了设置江海关的条件。是否可以这样说：自海州云台山的江海关裁撤后，作为征收国内客货的江南省总税关江海关可能就设在这里。

　　认为江海关设址丹徒云台山，还可从第二次鸦片战争后镇江开埠，通商口岸就设在云台山一事作为例证。咸丰十一年二月（1861年3月），中英双方讨论镇江开埠，英国代表巴夏礼"初次就言云台山上下"。[①] 可见，英国侵略者早已知道丹徒云台山，否则不会一来就指名划定云台山为商埠。既然云台山能作为外国通商口岸，那么清政府为什么不能在这里设立收税的海关呢？

<h1 style="text-align:center">三</h1>

　　至于说江海关设在上海，此说也不是不无一点道理。不过，著者认为当时设立的上海海关只是江南省境内的一个普通常关。鸦片战争前，清政府在全国各地海口、关隘、交通要道，甚至京师城门口（如崇文门等）均设有税关，这些税关分别隶属于户部、工部和内务府，如安徽境内的正阳关、临淮关，江南境内的淮安关、云梯关等都属于这种性质。这种税关又称钞关、户关或工关，泛称权关。初设满汉监督各一名，笔帖式一名，由户部、工部和内务府司员监收税钞。康熙末

---

① 《第二次鸦片战争》（五），上海人民出版社，1978年，第397页。

年改归所属知县监理,由知县委派家人在关收税,当时上海设立的海关就属于这一类。几乎与上海设关同一时期,清政府还在长江下游沿岸的孟河口、圈山关、高港、龙窝口、浒浦、福山、浏河口等地也都设立了类似的税关,因为这些口岸均"襟江带海",人们习惯上也称之为海关或江海关。但同上海关一样,它们都不是统辖江南全省税收的江海大关,仅仅是江南省境内的普通税关而已。

这里还要补充的是,长期以来之所以有许多人认为最早的江海关设在上海,还同清代前期上海税关管理制度变更有关。康熙六十一年(1722 年)以前,上海海关由户部直接派员管理,此后改由苏州巡抚代理。雍正八年(1730 年)清政府明令将江宁以下、海口以上沿江两岸所有江海常关(包括上海关在内),统行交归分巡苏松道兼理。由于分巡苏松道驻扎上海,所以江海关也就顺理成章地移到了上海。"大关设小东门外,面临黄浦江,统辖六百里内的吴淞、浏河、七丫、吕泗、崇明等海口二十二所。"① 只是从这时候起,上海海关才成为江海大关,即通常所说的江海关。同治二年(1863 年),海关总税司成立,江海关所属部分常关税务划归海关总税务司管辖,下余部分则分别由江苏巡抚和两江总督派员管理。这时的上海海关虽仍称江海关,但已非原先的江海关。

---

① 　嘉庆《上海县志》。

Address Changes of Jianghai Customs Pass in Qing Dynasty

Abstract：In the 24th year during Emperor Kang Xi's regime，the Qing government lifted ban on maritime trade with foreign countries and set up four customs pass，i. e. Jianghai，Zhejiang，Minhai and Yuehai. The address of Jianghai Customs Pass changed many times. It was said to be located in Yuntai Mountain. After consulting relevant materials of Qing Dynasty，the author put forward an argument that Jianghai Pass was initially set up in Yuntai Mountain of Haizhou，and then moved to Yuntai Mountain of Zhenjiang estuary. The fact that Zhenjiang Customs was established here when Zhenjiang was open to trade during the 2nd Opium War supported this argument. Afterwards along with the move of Jiangsu government branch office to Shanghai，the address of Jianghai Pass also changed to Shanghai. In the 3rd year during Emperor Xian Feng's regime，Jianghai Pass was burnt down in the Shanghai Xiaodaohui Uprising. UK and France seized· the opportunity and captured the administrative power of Shanghai Customs.

Keywords：Jianghai Customs Pass，Yuntai Mountain，Shanghai

林乐知《万国公报》与中国轮船航运事业的初创(1873～1877)

易惠莉*

（上海 华东师范大学 200000）

摘 要：自 1873 年 1 月由李鸿章主持，并由上海沙船商人朱其昂等具体经办的"轮船招商公局"（该年 6 月，香山买办唐廷枢接受李鸿章委任改组为轮船招商局）开局开始，美国传教士林乐知(1836～1907)就在自己所办《中国教会新报》(1874 年 9 月更名为《万国公报》)上持续追踪报道该局的事情。尤其是关于轮船招商局于 1876 年末和 1877 年初收购美商旗昌轮船公司一事，《万国公报》不但进行了报道，甚至对收购之事也给予了重大影响。由于《万国公报》的记载，我们才了解了中国的轮运业如何在外资侵华的历史中生成和发展的故事，以及招商局收购美商旗昌轮船公司背后的内容丰富的故事。

关键词：林乐知 《万国公报》 轮船招商局

　　关于美国传教士林乐知(1836～1907)的在华事业和活动，在 20 世纪改革开放的 80 年代，就有很好的研究论著发表。[①] 到中西方文化已经获得充分交流的今天，对林乐知的介绍和研究更是遍布晚清史、教会史、新闻史、教育史和中西文化交流史等各个学术分支领域。[②] 不过，就笔者所知，对林乐知在《万国公报》上介绍和鼓吹由李鸿章主持创办的洋务企业中国轮船招商局及其收购美商旗昌轮船公司并获成功之事，却未见研究。而此事对于研究林乐知来说，应该是很重要的一笔。因为 1874 年 9 月林乐知将自己原于 1868 年所办的《中国教会新报》更名为《万国公报》，就是受到中国洋务运动的鼓舞，表现出要在政治、经济和文化等领域影响中国社会的态势。[③] 研究林乐知《万国公报》对轮船招商局的介绍和

---

* 　作者简介：易惠莉(1953—)，女，四川乐山人，历史学博士，华东师范大学中国现代思想文化研究所暨历史系教授，研究方向主要为中国晚清史。

① 　如陈绛先生的《林乐知与〈中国教会新报〉》(《历史研究》1986 年第四期)、夏良才先生的《林乐知与〈万国公报〉》(《近代人物研究》)、海外则有梁元生先生的《林乐知在华事业与〈万国公报〉》。

② 　今天(2012 年 4 月 24 日)用"谷歌"检索"林乐知"，共获 15 800 条，而用《万国公报》检索，则获 63 700 条(包括了晚清维新派最初所办《万国公报》)。

③ 　参见拙作：《郑观应评传》，南京大学出版社，1998 年，第 102、105 页。

鼓吹收购美商旗昌轮船公司之史事，不但对中国轮运业初创以及早期的发展状况和发展状况背后的故事等有更深入细致地了解，而且还可以丰富已有对林乐知的研究，对将中国的洋务运动如何受到在华西方人影响的研究具体细化到个别的案例，从而对晚清史上中西方的互动有细致和深刻地了解。

一

　　1872 年初，由内阁学士宋晋奏闽、沪二局耗费巨额经费造船是"实同虚耗"、"请饬暂行停止"，引发中国政府高层官员关于是否需要继续造船的争论。到年底，这场争论终以清廷批准李鸿章奏《试办招商轮船折》，①由李鸿章主持，并由上海沙船商人朱其昂等具体经办"轮船招商公局"开局而告结束。李鸿章奏与清廷批准分别在该年同治十一年十一月二十三日和二十六日（12 月 23 日和 26 日）。

　　而在李鸿章奏与清廷批准轮船招商事之前，十月二十九（11 月 29 日）《申报》已发刊新闻报道《中国轮船招商》及评论文章《论中华轮船招商事》。这说明关于中国政界是否需要继续造船的争论以及由上海沙船商人具体经办轮船招商等事早已引发上海社会的关注，有人在密切注视事情的发展动向。

　　林乐知就是这样一个在密切注视轮船招商事宜发展动向的人，他在 12 月初一期的《中国教会新报》的《大清国事三则》的新闻栏内，转发了前述《申报》的报道和评论文章。12 月中旬一期的《中国教会新报》又转发《字林新报》题名《轮船误撞》的新闻。该新闻报道：十五日（1873 年 1 月 13 日）早晨，"华公司新买轮船咽顿（伊顿）号"在由上海浦东赴汕头起航之初，与美国公司轮船相撞，"幸船身无碍，仍一直开去汕头矣。然此次小有失误，非行船不谨，实因水溜所致也"。

　　轮船招商公局于同治十一年十二月十九日（1873 年 1 月 17 日）开局。最新一期的《中国教会新报》以该报首条新闻的地位，刊发《中国商船开局》为题的报道：

> 　　中国商船总局于昨十九日开局，专办局务委员一系朱君其昂，宝山县人；一系李君振玉，安徽人。是日在沪官宪及候补人员至局中贺喜。局在法国租界永安街中。

在同一期的报纸中，又在《杂事近闻》栏内报道轮船招商公局轮船"伊顿"号已修复，以及《闻得中国又在英国置买新船两号》的新闻。

　　同年 2 月下旬，《中国教会新报》在《大中国事六则》的新闻栏内以《招商局轮

船赴北》为题,报道:

> 中国招商公局伊顿轮船日前开赴汕头搭客载货,茂盛之至,得价盈余后又定英国新造轮船三只,俟到上海,是必交易格加兴旺。现在街坊有帖,伊顿轮船亦定初三日开往天津,想与怡和、旗昌之船同行。

4月初,《中国教会新报》在《大中国事四则》的新闻栏内以《中国轮船更名》为题,报道:

> 中国招商局新在英国定办一轮船,昨已至沪,名兑勃来克,兹已改名"永清",于二月二十七日赴天津等地。又现今伊顿轮船亦于初三日开往天津也。①

轮船招商公局在传统商人朱其昂等人的主持下未能顺利发展,李鸿章决定任用已在外国洋行颇有贸易和轮运经验的香山买办商人唐廷枢、徐润入局主持。6月初,洋务官员丁寿昌已奉李鸿章命,将唐廷枢等召到天津与李鸿章商议招商接办轮船事。唐廷枢被李鸿章委改组轮船招商公局。②

6月下旬的《中国教会新报》在《大清国事四则》的新闻栏内,以《换官管理招商局》为题报道:

> 招商局总管委员今改派唐君廷枢,号景星者,择于六月初一日(6月25日)接事。据闻随带资本,并南浔轮船入局营运,而唐君久历怡和洋行,船务亦深熟悉,自后招商局必多获利也。③

查轮船招商局《本局编年纪事》称:

> 本局开办之初,先向英国购进伊顿轮一艘……曾试航汕头……续向英国订购代勃来开轮一艘……其泼利克有收轮一艘……(同治十二年,1873年)是年春间,订购各轮陆续抵沪,代勃来开改名永清,其泼利克有收改名福星,均派运漕米赴津。时有侨沪粤商唐廷枢(字景星),综理洋务几及二十年,专办船务亦经十载,李鸿章慕其能,于五月间召唐氏至津,饬接续筹办局务,将全局改组,改归商办;并于六月间,首委唐氏为总办,规划一切。④

---

① 以上引文均见《中国教会新报》,台北华文书局股份有限公司影印本,第2182、2183、2214、2263、2267、2268、2323、2380页。
② 六月二十六日(7月26日),唐廷枢又被委新轮船招商局总办。
③ 《中国教会新报》影印本第2554页。
④ 《国营招商局七十五周年纪念刊》,民国三十六年十二月刊本,第42~43页。

国家航海 第三辑

National
Maritime Research

林乐知《万国公报》与中国轮船航运
事业的初创（1873～1877）

159

《中国教会新报》的报道与轮船招商局实际的运作状况完全一致。联系到该报虽然有教会背景而却又是由林乐知私人办的报纸的事实，报纸及时准确的报道可说明林乐知在此事上所投以的关注和用心。

二

轮船招商局创办之时，在上海执轮航业霸主者为美商旗昌洋行的旗昌轮船公司。身为美国人的林乐知，除在《中国教会新报》以及以后更名的《万国公报》上比较多地报道旗昌轮船公司的新闻外，还比较多地报道另一家美商轮船公司即太平洋轮船公司，报纸称为"万昌公司"的新闻。①

万昌公司与旗昌轮船公司以及英商怡和、太古等主要是在长江和中国通商口岸运营的外商轮船公司不同，它是在国际航线间运营的公司。1873年末，《中国教会新报》报道："美国万昌公司由美国金山大埠、香港、东洋、中国上海常川递信、载客、装货之轮船，年来生意大为兴盛。"②万昌公司还在得到美国政府财政补贴的背景下从事美中、美日间的邮件服务。因此，《中国教会新报》又说万昌公司"来往美国金山、东洋、中国各轮船，系以载送信件为正宗"。③ 林乐知不但在私人邮件方面对万昌公司依赖甚重，而且该公司往来横滨、上海的航班为其及时送达来自日本的报刊及信息，对他从事的报业活动更是至关重要。因为自1874年日本侵犯台湾，中国因为战备不足而向日本妥协，紧接着《中日台事专条》签订，中国政府高层展开"海防大讨论"以来，《中国教会新报》及更名后的《万国公报》关于日本维新改革的新闻愈来愈多，而诸如轮船运输、修建铁路、机械采矿等新闻更是占了相当比例。

1875年10月，日本三菱邮船会社将万昌公司原从事日本沿海航线及日本至上海航线的船队，包括在神户、长崎和上海的码头、栈房等地产、设施全盘收购。万昌公司就此退出相关航线的经营活动。就在三菱完成收购万昌公司案的次月，林乐知在《万国公报》日本新闻栏下以《三菱公司买船买生意路》为题，发表以下内容的文章：

> 日本既设三菱公司轮船，不独来往日本本国口岸，亦与中国上海来去，且与美国万昌公司走东洋至中国之轮船拼争贸易。据闻日本每年不独不余利，而且亲贴本银十二万两。现今买得万昌公司行此路之生意，凡日本横滨

---

① 见《教会新报》影印本第2811、3067页，《万国公报》台北华文书局股份有限公司影印本，第504、554～556页。

② 《中国教会新报》影印本第2950页。

③ 如1873年它建议美政府将到沪邮件频率由每月一次增为两次，财政补助也相应由50万元增为100万元。见《每月添为两次递寄信件，国家添补费用仍俟再议》，《中国教会新报》影印本第3067页。

到上海轮船生意归日本三菱公司来往。……其日本买此一路定可蒸蒸得利也。即如中国已设招商局有多年矣，……且近来招商局又设保险公司，亦如日本重西国法，经营贸易生财获利也。又近闻招商局欲行添走各江及长江内口轮船，于十八省贴备轮船统归招商局分管贸易。但本国作本国海江各口之生意理所当也，他国亦不便争竞。但招商局既在十八省中添造轮船分驶各口，必与西人行长江之洋商争拼买卖，彼此必有争竞，何不效日本买万昌公司轮船所行之路生意之法。……倘招商局有此意见，而行惯长江之洋商或亦无不乐从，公平卖船。……想招商局必有卓见，无须他人多议论也。①

日本三菱邮船会社创始人岩崎弥太郎于 1870 年以租用的三艘轮船经营日本沿海城际航运，开始涉足轮航业。1874 年日军侵台期间，三菱因与日本政府通力合作，政府方面乃以 150 万日元拨款购进 13 艘轮船委托三菱经营。1875 年 1 月，日本政府命令三菱以委托船中的 4 艘开辟上海航线，成为日本开辟的第一条海外航线。同年 7 月，日本政府颁布《政府督导保护下民有民营的海运政策》，其中将三菱定为保护对象；10 月，即有三菱借助政府的优惠借款并购美资万昌公司的重大举措。②

而在《三菱公司买船买生意路》一文发刊的前一月，即三菱收购万昌公司的当月，林乐知在一篇日本新闻编译稿中就有意识地将三菱轮船公司与中国轮船招商局相提并论。见 10 月上旬的《万国公报》题为《公司轮船精学驾驶》一文：

日本国弃旧更新几至迨遍，所以立有轮船公司名曰三菱。其公司轮船先由国家购造而成，归公司管理，即如中国之招商局依稀仿佛。现在三菱公司有轮船十五号，日本国皇照西例，每年贴公司二十五万元，年数以何年为止，尚未限定。似此不独日本各口岸，即可渐渐行开别国口岸，添出通商贸易，取便生财。但公司虽立，似觉管驾、船主驶行不精，所以国家又添出银一万五千两一年，添助设法使其学习驾驶轮船之法，足见日本国家在通商一道内，铁路、轮船等件格加用心，皆为强盛富国之所起意耳。③

林乐知在《万国公报》的日本新闻中将招商局与三菱公司相提并论的言论，包含了他欲中国政府效仿日本相关作法的意图。不过，尽管林乐知将招商局与

---

① 《万国公报》1875 年 11 月 13 日，影印本第 1696、1697 页。
② 关于以上三菱邮船会社的介绍，参见朱荫贵：《国家干预经济与中日近代化——轮船招商局与三菱、日本邮船会社的比较研究》，东方出版社，1994 年，第 48、49、53 页。
③ 《万国公报》1875 年 10 月 9 日。林乐知对西方势力退出后的日本轮航业保持持续的关注度，1876 年 1 月 22 日《万国公报》以《添设公司》为题报道日本将"除三菱公司外添设一轮船公司专与中国来往贸易"，并称"此公司添设亦不过分三菱公司之买卖也"。此处所谓"添设一轮船公司"当系官办的日本国蒸汽船会社。《万国公报》影印本第 1565、1979 页；《国家干预经济与中日近代化》，第 49 页。

三菱公司相提并论，即认为二者均是得其本国政府全力扶持的企业。但他还是清楚二者在企业经管体制方面存在很大差异。如 1876 年初《万国公报》以《售铁路》为题刊发日本新闻：明治政府将建成三年，且已有运营基础的横滨至东京铁路以优惠条件"卖与本国商家所开铁路公司"。林乐知在新闻中所作评述延伸到中国洋务企业之体制问题。如他说：

> 但凡公事以国家始行举办，至有成效则推付商民办理，亦似泰西诸国之意。且始兴之事必得公办，公费必多，倚公而成，归于商民，其费可省。故日本先以皇家起创三菱公司之轮船，后则归于商民自办。现今又以皇家起创之铁路售与商民，而国与民均得其益。至于中国虽未有日本之速换西国事，然比之招商公司亦先由公款办理，各处制造局亦由国家始办。或者将来亦可归到中国商民办理，事亦难料也。此国与民均有益处之良法也。①

林乐知将三菱公司之体制属性明确定义为"商民自办"。至于轮船招商局，林氏则对它"将来亦可归到中国商民办理"的前景也不敢乐观。此说将轮船招商局与军工企业各省机器制造局相提并论，这正是招商局所谓"官督商办"体制的暧昧性令林乐知对其有这样的认知。

三

就在美商万昌公司将原从事日本沿海航线和日本至上海航线的船队，以及相关产业全盘售于日本三菱邮船会社之后不久，长期在中国轮航业居霸主地位的旗昌轮船公司亦在考虑出售船队和相关产业。1873 年，自轮船招商局之后，英商太古洋行亦新组建一家轮船公司。因此，旗昌轮船公司在中国长江和沿海航运方面的有力的竞争对手除原有的英商怡和轮船公司之外，又增加了轮船招商局和太古轮船公司。《英美航运势力在华的竞争（1862—1874）》的作者写道："到了 1874 年，美国公司占统治地位的基础已经在崩溃了。""英国人和美国人在没有中国人竞争，而能在中国水域中经营商轮的时代便宣告结束了。"②由激烈竞争而导致的低运费令轮航业几乎无利可图，加之其他原因，旗昌决定结束在华航运的业务。

据轮船招商局文件称：光绪二年（1876 年）"春间，旗昌已有合并于招商局之议。至七月唐廷枢总办等在燕（烟）台，亦曾禀知李鸿章，因款巨缓议。迨回沪，

---

① 《售铁路》，《万国公报》1876 年 1 月 8 日，影印本第 1924 页。
② ［美］刘广京：《英美航运势力在华的竞争（1862—1874）》，上海社会科学院出版社，1988 年，第 184、188 页。

旗昌复来申前说"。唐廷枢回沪在十月底。① 在此前后,招商局与旗昌秘密进入幕后并购价格的交易。而就在此时,1876 年 12 月初发行的《万国公报》刊涉及为招商局并购旗昌案作舆论鼓动的新闻稿两件。其一,在日本新闻栏内刊发的一篇编译新闻稿以《论内海通航之制》为题,专论国际公法有关内河航运权的规定。见以下内容:

> 各国设内海通航之制互有异同,大抵各国惯法皆禁外国船及外国人民为此生理。盖使我邦人民占有我邦利益者,即所以保护我之人民也。至若文明之国学术极其蕴奥,技艺尽其精美,则或有废此禁者,如英国是已,盖由其各外国人不能与英人颉颃竞争。如米(美)、佛(法)则未能也,合众国宪法全书有言,曰外国及外人船舶在合众国者,不得搬运各种物产制造品,及其他买卖物品自甲港至乙港。若有犯者,并船物没收之,但不装载物品而航通两港间者,不在此限。可见彼亦未许外国人以沿海贸易之自由也。我邦信能班此禁令,则可以挽回国权,可以保护贸易,岂非一举而两得者乎。今我内海既无外人竞争者,如告各国照会商议,唯此时为好机会,不可不察也。②

该篇报道署编自日本报刊《曙新闻》,非林乐知所作。但林乐知选择发刊这样的报道,它对正在进行并购旗昌轮船公司的中国政界,具有提示鼓动的价值则是无疑的。这是林乐知惯用的手法,假借日本事情言说中国面临的具体现实问题。③ 另外,该篇文字对于中国的现实针对性,还在于它对当时主导洋务政坛的"商战论"者具有挑战性。因为该文实际上指出并购旗昌轮船公司是实践"商战论"的必由之途。在林乐知看来,西方诸国以条约方式获得在长江的航行权包含不义成分,旗昌轮船公司有意退出中国沿海及长江轮航业正代表中西方关系得以重建的积极演变趋势,是值得为之鼓舞的。林乐知完全在政治的立场上理解招商局购并旗昌轮船公司一事,以为中国政府理所当然地应当积极推动该项交易的成功。

同期《万国公报》另一涉及为并购案作舆论鼓动的稿件,是在英国新闻栏内以《伦敦新报论中国与日本事》为题的如下报道:

> 西字新报中有人论日本改除旧章悉用新法颇有一往无前之志,而中国则株守如常,不思振作,此日本胜于中国处也。伦敦新报与之辨白曰,日本小国也,改弦易辙犹反手耳。中国幅员之广,人民之众,加于日本十倍。一

---

① 《招商局第三年(光绪元年七月至二年六月)帐略》,《申报》1877 年 4 月 25 日;《盛宣怀对王先谦参劾招商局唐廷枢辩驳词》,《盛宣怀年谱长编》(上),上海交通大学出版社,2004 年,第 122 页。
② 《万国公报》1876 年 12 月 2 日,影印本第 3135 页。
③ 如当时林乐知大量报道并评论日本明治政府的培养西学人才政策,尤其关于召回前江户幕府派出的留学生的举措。其中包含了他对中国政府派遣留美幼童举措的不以为然。见《中国教会新报》影印本第 2728、2825、3068、3069、3081 页。

国家航海　第三辑

National
Maritime Research

林乐知《万国公报》与中国轮船航运
事业的初创（1873～1877）

163

朝以新法教之，而欲其举国皆然，岂旦暮间事哉。况中国近来效法西人之事不一而足，合而观之，几与日本全国等也云云。①

该文中所谓"西字新报"是指《字林西报》等在华西文报刊，所及情况乃 1875 年"马嘉理事件"后中英关系骤趋冷淡，在华西人社会舆论关于中国洋务活动推进状况的评价亦愈形下降的反映。② 其实"伦敦新报"针对在华"西字新报"关于中日两国在"效法西人之事"领域内成果的评价进行的"辨白"，对于中国而言仍是不乐观的评价。林乐知以如此方式将之公告于中国社会，其意亦只在刺激中国政府的洋务高层。中日两国同时面临了沿海、内河航运主权遭遇西方列强侵蚀的困境，又同时得到了相似的得以摆脱此种困境的机遇，林乐知认为在这样完全对等性的个案上中国洋务高层的表现绝不应该输于日本政府。事实上，1876 年下半年，轮船招商局都在为筹措并购旗昌轮船公司的二百二十多万两白银的巨款犯难。林乐知在《万国公报》上发刊两篇这样的文章，显然是想鼓动中国政府出资帮助轮船招商局收购旗昌。因为当 1875 年三菱邮船会社收购美商万昌公司时，日本政府向三菱提供利率 2％、期限 15 年的大笔贷款。③ 时时关注日本各项维新改革举措的林乐知当然掌握这些情报。轮船招商局的政府控制属性自然有利于实现林乐知以政治利益为考量标准的并购主张，但他必然也能意识到轮船招商局的"官督商办"体制令政府对企业的经营行为插手的局限性，尤其是在资金投入问题上。为此，他才不遗余力地在《万国公报》上作鼓动宣传，以使招商局并购旗昌案获得成功吧。

四

1876 年末，轮船招商局终在李鸿章、沈葆桢等洋务高层官员的资金支持下，完成了对旗昌轮船公司的并购。而在并购旗昌轮船公司案得以落实的一个月后，光绪二年十二月十四日（1877 年 1 月 27 日）的《万国公报》以中国新闻栏头条发表题为《论招商局买旗昌公司》一文。林乐知在该文中回顾自己上年在《三菱公司买船买生意路》文中"业已论及"此举的可行性并予以鼓动的事实，他感慨："虽本馆意料如此，犹不知有如此之速，岂期未至一年竟如本馆之识见也。"旗昌等西方公司在华开辟轮航业，中国自主办轮船招商局予以仿效并取而代之。中西方之间如此的状

---

① 《万国公报》1876 年 12 月 2 日，影印本第 3136 页。
② 该年在马嘉理事件导致中英关系再度陷于危机的背景下，林乐知在《万国公报》上发刊自己撰长篇政论文《中西关系略论》，鼓吹通商、传教天然合理的国际公法观，希望清政府在务实立场上使中西方关系在国际公法观基础上得以重建，以利于西方文明整体性地得到中国士绅社会的接纳。
③ 三菱邮船会社"为购买美国太平洋邮船会社由政府提供利率 2％，期限 15 年"。参见《国家干预经济与中日近代化》，第 69 页。

况正符合林乐知所期望的中国社会接纳西方文明的过程,他从中得到的鼓舞可想而知。从而他对自己关于中国西方化进程的设想更具信心,见该文后半部分就中西方关系前景以及中国社会西方化前景所作的乐观评述:

> 本书院主人曾于《中西关系略论》书中论及中国铁路、轮船,并长江内地贸易,至各口之交涉生意应由中国自行经营之说,是望中国自为强盛也。兹招商局买就长江内地之公司,与本书院主人见识相合,实为可喜可贺。且中国凡事从缓,是静观自得之意,必能恒远。且旗昌设立长江轮船贸易时,中国尚未照西法贸易也。今招商局隐步后尘,亦招商局之总办诸君才明见远,乘机所佳。照现在扩而充之,更可见其一年兴旺一年也。或有人谓长江公司归于中国,则恐与倚此路之生意西人有碍。此说亦不为错。但长江内地之买卖仍算小事,惟中西通商大宗依然照旧,比如丝茶必由海口出洋,西国洋货必由海口入中国与通商,故无妨也。又有人谓中国自行轮船由长江内地贸易,可杜外国商人谋取中国之利,此亦小见。缘中国内地长江轮船、铁路轮车,以及挖煤开矿等事皆应中国自行创办贸易也。但西国商人首先开创,继而创成本,欲引领中国接办为善。西人并无妒忌之心。不独心无妒忌,而且望中国诸事更新,生财富国,与各西国通商格加利益,岂不共乐升平,永敦和睦也哉。①

身为社会福音派传教士的林乐知,力图将近代以来西力东渐的历史诠释为西方文明传播于东方的世界近代化的必然进程。在他看来轮航业在远东的发展演变历史,正足成为这一诠释的最佳例证。因此林乐知竟如此乐观地以为并购旗昌轮船公司的轮船招商局将执中国轮航业之牛耳,今后最大的两家竞争对手太古、怡和英资轮船公司退出中国的前景正指日可待。

作为一名社会福音派传教士,林乐知主张以温和的方式影响中国士绅阶层接受西方文明,以最终达成中国社会的西方化。办报乃林氏实践其主张的重要手段。面对中国士绅普遍排斥西方文明的立场,林乐知办报保持谨慎的言论立场,包括对中国政府业已开展的洋务活动。即使表达对洋务活动的意见,林乐知也取十分婉转的方式,如本文所述借助报道日本相关新闻表达其见解,鼓吹招商局收购美商旗昌轮船公司,即是最典型的一例。由于《万国公报》的记载,我们才了解了中国的轮运业如何在外资侵华的历史中生成和发展的故事,以及招商局收购美商旗昌轮船公司背后的内容丰富的故事。

---

① 光绪三年正月十六日(1877年2月28日)招商局如期完成第三笔交款,已交付额达并购总款额之半——银一百万两。由是前旗昌轮船公司资产全盘归属招商局。1877年3月10日《万国公报》刊报道《金利源交易归招商局》。《万国公报》复印本第3358、3359、3512页。

国家航海　第三辑
National
Maritime Research

165

林乐知《万国公报》与中国轮船航运
事业的初创（1873～1877）

Lin Yuezhi (Young John Allen),
the Globe Magazine and
the Start-up Stage of
the China Shipping Industry

Abstract: Since January 1873, The China Merchants Steam Navigation Co. , Ltd. (CMSNC), presided over by Li Hongzhang and organized by several sand boat merchants such as Zhu Qi'ang (in June of that year, Xiangshan comprador Tang Tingshu accepted Li's appointment to reorganize the company) started to operate, American missionary Lin Yuezhi (1836 – 1907) had become interested in tracing the company's affairs and published progress reports on the company on *The Church News* (Jiaohui xinbao), a journal Lin founded himself. (In September 1874, Lin reorganized this paper and renamed it *The Globe Magazine* (Wanguo gongbao), or later *the Review of the Times*.) With special regard to the company's acquisition of the Shanghai Steam Navigation Co. in late 1876 and early 1877, *the Globe Magazine* did not only reported this acquisition, but also made a significant impact on it. Due to the records of *the Globe Magazine*, we can get to know how the China shipping industry was started and developed during the period of foreign invasion, as well as the content-rich stories behind the China Merchants Steam Navigation Co. 's acquisition of the Shanghai Steam Navigation Co.

Keywords: Lin Yuezhi (Young John Allen), *the Globe Magazine*, The China Merchants Steam Navigation Co. , Ltd. (CMSNC)

郑和宝船考证依据与仿造实践探讨

郑　明*　　赵志刚**　　方诗建***　　王国平****

摘　要： 本文简述郑和宝船的前世今生，并评述南京仿明代郑和宝船的仿造复原的创意与依据、设计特点、施工的主要手工技艺传承和仿古作为遗产性建筑的思考，以及对下一步仿明代郑和宝船走向世界的扬帆航海、交流、运营的初步设想。

关键词： 郑和宝船　仿造

一、郑和宝船的前世今生

六百多年前，1405 年的 7 月 11 日，雄才大略的皇帝朱棣在南京把目光投向大海，颁旨郑和下西洋（《明实录》载：永乐三年、六月己卯，遣中官郑和等赍敕往谕西洋诸国，并赐诸国王金银文绮彩绢各有差）。庞大的船队从南京出发经太仓、长乐驶向大海，由此揭开了世界大航海的序幕。

宝船在大海上表现如何呢？郑和本人是这样描述的："观夫海洋，洪涛接天，巨浪如山……而我之云帆高张，昼夜星驰，涉彼狂澜，若履通衢。"宝船"体势巍然，巨无与敌，篷帆锚舵，非二三百人莫能举"。如此巨大的宝船在大海上"维梢挂席、际天而行"，经历了七下西洋的考验，证实中华传统木帆船在 15 世纪以前一直处于航海领先水平。

郑和浩荡的船队在大海上编队航行"如鸟舒翼"，"昼行认旗帜，夜行认灯

---

*　　作者简介：郑明（1933—　），男，中国造船工程学会原副理事长，船史研究会高级顾问，海军装备技术部原部长、海军少将，北京郑和与海洋文化研究会名誉理事长。

**　　作者简介：赵志刚，中国国家郑和研究会高级会员，中国造船工程学会高级会员，江苏郑和航海文化基金会副理事长、江苏龙江造船有限公司总经理，北京郑和与海洋文化研究会特邀研究员。

***　　作者简介：方诗建，福建闽方船舶制造有限公司总经理、高级大木师，北京郑和与海洋文化研究会特邀研究员。

****　　作者简介：王国平，江苏金泰船舶研究设计有限公司总经理、工程硕士，江苏省造船工程学会理事，北京郑和与海洋文化研究会特邀研究员。

笼"，"前后相继，左右相挽，不致疏虞"。

郑和宝船是中华传统文化的优秀代表。从技术方面看：纵通龙骨、舭部厚材、舷侧厚板、纵桁压梁等传统结构保证了全船纵向强度；水密隔仓既加强横向结构强度又极大提高了抗沉能力；浸水舱、舭龙骨起到纵向与横向减摇作用；拼榫钉合技术保证了船体联结强度；硬帆加强板条结构提高了帆篷受风效率，适应海上风云变化可以灵活调戗转角切风航行；把水孔、挡水缝和不同木料使用不同捻缝材料的传统捻缝技术确保全船的水密抗漏防渗；平衡有孔舵大大提高了操船转向灵活性；借助风力、洋流、长橹、人力划桨、拉纤等使船可以在各种状态下航行；磁罗经使船队在茫茫大海上能正确把握方向……这一切使中国木帆船的尺度、性能、强度都达到了世界领先水平。因而英国著名科学家李约瑟在《中国科学技术史》中评述郑和宝船达到了17世纪前世界木帆船的顶峰。

郑和宝船是执行明帝国外交政治、经济贸易任务的官船。郑和下西洋舟师强大的海上力量，有效地遏制了海上威胁，稳定地控制了南海海域的海权，对南海的开发利用作出了重要的历史贡献。

南京是明代初期政治中心，又是郑和下西洋的决策地，也是全国造船中心和造船管理中心。南京建造的郑和宝船在造船技术和航海能力方面达到了木帆船时代的巅峰。这一点为全世界所公认。

当时南京从上新河沿江一直到上元门草鞋峡一带，布满了大小官办船厂。这些分属兵部或工部的船厂所建造的快船、马船、遮洋船、平船、宝船等，包含了明代建造的大部分船型。在《南船记》、《龙江船厂志》、《船政》、《船政新书》四部明代造船专著中，详细记述了当时设厂造船的情景。可以说郑和宝船是那个时代综合国力的缩影，是技术与艺术的结晶，是中华海洋文明的化身和海洋文化的象征。

现在，中国经济发展，国力强盛，更加重视海洋文化和历史传统遗产，因而在六百年前制造宝船的遗址上，在南京市鼓楼区政府领导下组织专门企业，再度聘请福建造木船的世家传人来南京，用传统的手工技艺，仿造复建一条郑和下西洋船队中的主力木帆船，显得尤为必要。仿造复建郑和宝船费用由新加坡金龙集团和南京鼓楼地方文化公司联合投资，更反映出该宝船是亚洲东方文化的共识。

复建郑和宝船可以传承几近失传的大型木帆远洋海船的制造技艺，彰显中华民族曾经的海上风采，对青少年进行爱国主义教育，进一步增强全民族海洋意识，加大民众对国家海洋战略的理解和支持力度。仿造复建郑和宝船是一件伟大的文化工程，其所凝聚的政治经济、科学技术、文化艺术方面的价值非同寻常，也能显示中国在海上起到过的世界文明交流作用，意义重大。索马里驻华大使对中国海军舰船编队赴亚丁湾海域护航曾公开表示欢迎，这也源于当年郑和下西洋舟师在海上和平稳定交往的历史。

交通运输部副部长徐祖远说："广东阳江出水一条宋代沉船南海一号，南京复建一条仿明代郑和宝船，这两件事都是中国交通史上的大事，要宣传。"

文化部部长蔡武说："我们要关注海洋……关注海洋文化遗产……这关系我

国在世界上的地位……为中华民族伟大复兴提供文化、历史和学理依据。"

2005 年 7 月 4 日时任江苏省委书记的李源潮指出："你们想办法造一条宝船,让世界了解中国人经略海洋的决心……"

江苏省委书记罗志军说："要把郑和的历史通过宝船传遍世界,宣传海洋文化,推广郑和精神。"

北京大学党委书记朱善璐 2009 年 10 月 29 日在任南京市委书记时指出:"南京具有深厚的技术史积淀,传统造船技术工艺巧夺天工,世界领先,誉满海内外,早在 600 多年前就制造出了体势巍然、技术先进、气势恢弘的郑和宝船,书写了中国和世界交流开放史上的辉煌篇章。"

江苏省委常委、市委书记杨卫泽 2011 年 5 月 13 日指出:"复建郑和宝船是浩大工程,有许多技术创新,是传统工艺的保护和传承,具有遗产性。造船的过程有意义。这事不容易,是很伟大的一件事。"

澳大利亚仿古船基金会总监尼克·伯宁翰教授来中国,获悉中国正仿造郑和宝船时说:郑和宝船是中国海上实力的象征,体现出中国人传统的审美观。它不仅是一艘大船,更是一个美好的建筑,她体现了实力与文化。他还提醒,宝船外在的美不应降低安全和远洋适航性,也不应该经不起保险方面的调查。

古船研究专家原海军装备技术部部长郑明少将指出:"造仿古船这件事在没有沉船实物参照,有关文物挖掘不够,文献史料又少,研究考证资金有限,再加上古代传统工艺和现代技术的结合存在困难,管理很复杂,不易被理解,有时还会出现掣肘羁绊的现实条件下,需要能处理现场复杂情况的经验丰富者,在上级坚定不移的信任支持下,协调各方面,依靠老工匠、老专家集体智慧,百折不挠,方能成功。稍有处置不当,可能出问题。"

打开这扇历史之门,回眸六百年前遮天蔽日的船队在大海上的伟大远航,真的不是一件容易的事。2012 年 6 月初宝船阶段性评估专家会议指出:"宝船工程在南京实施,得到全国支持并引起世界瞩目。"

这里要特别指出:在中国海事局的领导、关怀下,中国船级社北京总部、南京分社,上海规范研究所,上海审图中心和挪威船级社为郑和宝船仿造复原做了专门的技术安全规范性工作,他们的专业水准及对中华海洋文化的关心使宝船的古今技术融合得到灵活地实现。

仿明代郑和宝船复建计划经反复修订,预计 2012 年 7 月 11 日前完成宝船主船体结构,2012 年 8 月开始铺设底板、部分甲板,设备定货,并开始设计桅杆风帆、制作帆装索具、甲板栖装和仿古装修等,2014 年 9 月前下水。

二、明代郑和宝船的仿造复原的创意与依据

郑和宝船仿造复原是一项涉及广泛研究领域的复杂系统工程。它涉及历史研究、考古验证、设计计算、法律法规、技术标准、传统工艺、实船建造、国家认证、

工厂评估、检验程序、符合质量体系、适应一系列国际海事公约等方面。正如著名古船研究学者陈延杭所指出：郑和宝船的建造是一项顶尖的综合课题。

我国历史界、造船界、航海界多年以来就有一个愿望：把能集中反映中华海洋文明的郑和宝船复原仿造出来，让海内外公众直观感受和回顾这段中华民族的辉煌历史。

1995 年，中国造船工程学会在福州举办纪念郑和下西洋 590 周年学术研讨会，受到当时军事科学院张序三政委、交通部林祖乙副部长、福建省委书记陈明义等领导的关怀支持。会上辛元欧、席龙飞、郑明、唐志拔、王绍明、林奋、林大华、刘福生等造船界人士呼吁当代中国需要复原郑和舟师中的古船，作为中国造船工业历史文化根脉的象征。在此后历届郑和下西洋学术会议和船史研究学术会议上，这个呼声愈来愈高。

1996～2003 年，中国造船工程学会组织北京、上海、武汉、福建有关船舶设计院所、学术团体与高校的有关学者、科技人员、老匠师等，共同开展复原仿造郑和宝船的研究考证与方案论证。王荣生、黄平涛理事长先后给予支持，郑明副理事长、程天柱秘书长、林宪东常务副秘书长具体策划承办，在国家博物馆副馆长董琦博士，王冠倬、王永红研究员等大力协助支持下，历经八年，基本明确，郑和下西洋舟师由多种船型编成，其中主力船型是二千料海船。

2004 年 2 月，由中国造船工程学会主办，中国国家博物馆、北京郑和下西洋研究会筹备组专家支持，在嘉兴召开"郑和下西洋二千料海船的初步考证复原研究方案研讨会"。会议上造船、航海、历史、文博界专家，共同研究肯定了郑和下西洋船队中有二千料海船。选用二千料海船作为复原建造的对象是较为现实可行的，唐志拔、辛元欧、郑明三位学者的复原研究报告[1]可作为复原设计的重要依据。中国国家博物馆，新加坡国立图书馆，上海、香港有关博览会在纪念郑和下西洋 600 周年的活动与有关展览中都陈列了二千料海船的大比例模型，将其作为郑和下西洋舟师中的主力船型。这一船型逐步明确地被称为郑和宝船。[2]

2003 年起，北京郑和下西洋研究会古船研制工作委员会筹建并由郑明、霍玲、倪鹤鸣、范汉江等为骨干组成后，利用二千料海船大型船模陈展及浙江舟山所造"绿眉毛"仿古帆船航海实践向海内外开展宣传，争取建造郑和宝船实船。2005 年香港兴业集团查懋成总经理率先响应投资并组织完成中国第一个完整的郑和宝船概念设计，获得中国大陆及港、澳、台地区专家的一致赞誉。台湾吴京院士从 2002 年起为弘扬郑和文化奔波于世界各地，他曾倡议两岸合作开发郑和宝船。

2003～2005 年，南京市鼓楼区政府邀请北京郑和下西洋研究会古船专家郑明、周祖昌等共同筹划仿明代郑和宝船复建工程。但主办人士与工程理念几经

---

① 唐志拔、辛元欧、郑明：《二千料六桅郑和木质宝船的初步考证与复原研究》，《郑和下西洋研究》2005 年第 2 期。

② 万明：《明钞本"瀛涯胜览"校注》，海洋出版社，2005 年。

反复。2005 年 6 月 5 日,郑明、岑国和以北京郑和下西洋研究会专家身份在深圳会见马来西亚拿督新加坡华裔企业家卢纯义。卢纯义董事长对郑和文化的热爱与郑明副理事长介绍的中华传统舟船可作东方海洋文明象征的理念不谋而合,双方就在中国投资合作开发郑和宝船事宜商谈了一个昼夜,达成了一致意向。2005 年 7 月 8 日,鼓楼区宝船文化公司董事长赵志刚和外经局局长周建平冒着大雾驱车上海具体磋商成立公司制造仿古宝船事宜,终于在 2005 年 10 月在南京成立了中新合资的钧龙宝船置业有限公司(以下简称"钧龙公司"),由卢纯义代表新加坡金龙电子集团任董事长,赵志刚代表南京郑和宝船厂遗址文化管理有限公司任副董事长,在中国南京启动了国际合作开发的可环球航海的大型木质仿古实船工程。该项工程从一开始就得到李源潮、梁保华、罗志军、朱善璐等中央、省、市领导的热情关怀,先后由鼓楼区叶皓、鲍永安书记亲自领导组织实施。

郑和宝船的资料虽然被人为毁损,给人们留下了团团迷雾。但 2005 年钧龙宝船置业有限公司成立以后,在省、市、区政府领导下,吸收全国学界有关郑和宝船研究成果,从严谨的考证中找到了依据。这些依据是:

1. 南京静海寺残碑记载有二千料海船

南京静海寺残碑疑为"航海将士纪念碑"(图一)。因为残碑碑文中既提到"将领官军乘驾二千料海船并八橹船",又提到"将领官军乘驾一千五百料海船并八橹船"。二千料、一千五百料均为大号海船。八橹船为相对轻便灵活的快船。从残碑记载可以确认郑和下西洋船队中的主力海船是以二千料、一千五百料为典型的。[①]

2.《天妃经卷首插图》为宝船形制提供可靠依据

中国科学院金秋鹏研究员 2000 年在《中国科技史料》21 卷第一期发表了"迄今发现最早的郑和下西洋船队图像资料",即《天妃经卷首插图》。这幅刻于明永乐十八年(1420 年)的古代插图画面下方是郑和船队走向辽阔大海列队航行气势磅礴的情景,让人震撼。[②]

该图所画船型艏艉高翘,船舷较高,上层建筑考究,艉部有三层艉楼。全船 3 根主桅,另有 3 小桅。船舷垂吊有四爪铁锚。船上水兵列队

图一 明代静海寺残碑

---

① 郑一钧:《论郑和下西洋》,海洋出版社,2005 年;辛元欧:《关于郑和宝船尺度的技术分析》,2001 年。

② 金秋鹏:《迄今发现最早的郑和下西洋船队图像资料——天妃经卷首插图》,《中国科技史料》第 21 卷,2000 年第 1 期。

站坡,似乎在向欢送人群告别,这是中外舰船自古以来的传统礼节。

该图对郑和宝船的尺度和船型研究起到了关键作用,为复原宝船提供了可靠的图像文献依据。

3. 泉州出水明代铁锚为二千料海船提供文物实证

1981 年 9 月 28 日,在泉州湾石湖港(郑和舟师停泊过的地方)海域水下,打捞出水一具古代四爪铁锚。铁锚残长 2.78 米、锚杆直径 16～40 厘米,因在海底沉埋年代久远,锈蚀较严重,表面锈蚀层达 6 毫米。经专家鉴定,该铁锚在海底已经历六百年时间。按四爪铁锚复原估算,完整铁锚重量可达 1 150 公斤。

经泉州海外交通史博物馆及北京郑和与海洋文化研究会有关专家共同分析考证,确认该铁锚是明代郑和下西洋船队中使用过的属具,相应配备的船只载重量在 600 吨以上,恰相当于二千料海船。①

4. 宝船厂遗址出土的大舵杆揭示了宝船尺度的秘密

宝船厂曾成批制造航海宝船。遗址中 6 号古船坞于 1957 年、2004 年分别出土了三根 11 米左右的铁力木大舵杆(1957 年舵杆存北京历史博物馆,图二)。

图二　宝船厂出土的大舵杆

经海军工程大学与北京郑和与海洋文化研究会造船专家对古舵杆详细测量并按现代船舶操纵理论分析研究计算,如此巨大的舵杆与二千料海船的舵恰好协调匹配。② 这种古舵杆与《龙江船厂志》所画 4 桅海船艉部形制也相仿,更证明二千料海船是下西洋主要船型。

福建泉州出水的大铁锚和南京宝船厂遗址出土的明代舵杆,这两件文物为我们复原仿造明代郑和宝船提供了可靠的实证依据。

① 郑明、张纬康、霍玲、纪纲、倪鹤鸣:《泉州出水明代铁锚与郑和宝船的匹配研究》,载《2008 年优秀学术论文集》,中国造船工程学会,2009 年。
② 郑明、张纬康、纪纲、倪鹤鸣、王国平:《论南京宝船厂遗址出土舵杆和二千料宝船的匹配关系》,《郑和下西洋研究》2006 年第 3 期。

5. 南京明故宫御膳房遗址出土青花瓷碗上画有五桅宝船图,再现了宝船的基本形制

郑和曾在南京任守备之职,主持过明皇宫修缮和大报恩寺工程。在南京大中桥到复成桥的古河道中,曾陆续出土大量明朝早、中时期青花瓷片,这些瓷片与郑和下西洋途经国出土的瓷片十分相似。

2001 年 7 月,明故宫西侧金水河清淤过程中,出土了一只具有典型永乐时代特征的撇口墩式青花瓷碗。据考证,当时制瓷用的青料是郑和从伊斯兰地区带回来的,这种由"苏麻泥青"制成的青花瓷器(也有用国产青花钴矿一说),在当时属御用,一般限于宫廷使用。该碗外壁用传统绘画技法绘制了一幅在大海上扬帆远航的五桅海船画面,与《西洋通俗演义》记载"长十八丈船为五桅",陈侃《使琉球录》载明中期海船"长一十五丈,前后竖五桅"的记录相符合。[①] 这幅图极有可能真实地再现了郑和下西洋的主力船型外观风貌。

6. 从南京最新考古成果判析郑和下西洋主力船型为二千料海船

2003~2004 年南京对明代永乐年间宝船厂六作塘遗址组织了考古发掘并在 2006 年正式出版考古报告,又于 2010 年发掘出土明正统年间洪保墓中的寿藏铭,其中记有"永乐纪元……乘大福号等五千料巨舶赍捧诏敕使西洋各番国"。对此考证分析,已写入 2011 年发表的《再议明代宝船尺度》论文。[②] 我们判析二千料海船与五千料巨舶都属明代海洋帆船,且体量相似、级别相近、档次相同,而为下西洋造海船的船长多为 10~15 丈,在 41 米左右的塘坞宽限内,可横向垂直布放多艘,能适应批量造船和下水。

7. 从史料记载中发现明代郑和下西洋及其宝船的印迹

《明实录》记载了一个"中国鲁滨逊"的传奇故事,说的是"府军卫卒赵旺"西洋遇风暴,船沉漂游异国后,历尽艰辛,18 年后返回祖国南京的故事。其中有一句话引起我们注意:"始西洋发碇时,舟中三百人,至卜国仅百人,至是十八年,惟旺等三人还。"[③]

宋吴自牧《梦梁录》载:海船"大者五千料可载五六百人。中者二千料至一千五百料,亦可载二百人"。注意载三百人是"中者",即《天妃经卷首插图》中的 6 桅宝船,也是郑和下西洋的主要船型,代表了明代海船的基本船型,亦是成批建造的主力海船。

8. 从中华传统帆船历史文献中寻找根据逼近还原宝船真实面目

早在宋代,史料已明确记载有五千料海船,如"万斛神舟"号出使船,船长 16.7 丈,"帆若垂天之云"。史料有记载的名称有"顺济"、"通济"、"康济"等,神舟船出使

---

① 杨明生:《南京故宫光禄寺出土青花瓷碗画有五桅宝船图》,《郑和下西洋研究》2005 年第 2 期。

② 郑明、赵志刚:《再议明代宝船尺度——洪保墓寿藏铭记五千料巨舶》,载《2011 海峡两岸郑和学术论坛论文专辑》,2011 年。

③ 《明实录》。

到达高丽时“倾国耸观，欢呼嘉叹”，从中不难想象当年海上交往的繁华景象。

《元海舶图考》载“海舶广大，客载千余人，风帆十余道”，有6根桅杆，12张大帆，还有眠桅。在宋、元造船技术的基础上，明代造出宝船是传承和集成的表现。宝船是世界造船史上辉煌炫目的代表之作，展示了当时中国宏伟豪华的形象，在国际上的影响是不可估量的，是人类征服海洋的象征。宝船的完整资料虽然“无考”，但执行与宝船接近使命、船型相同的册封舟，在明、清两代文献中有具体描述，我们可以间接获得较可靠信息。

“昂首耸尾、艏艉虚梢、肩尖、吃水深。船形如梭子。”艉部有针房、舵舱和黄屋。“官舱之后，为司针密室”，“黄屋中安诏敕，上设香火，奉海神也”，“登舟之门，左右各一”，“舵用一备三”，“大铁锚四，约重五千斤”，“舱狭樑多，尤为硬固”，“海船身太长则软而不就舵”等。大部分船舱在甲板之下，整船采用水密隔舱结构。明清之际的册封舟的形制与风格特点，与明初期的宝船同属福船是为共性，而且也曾先后被称为宝船。虽然册封舟与宝船在航线上因气候、洋流、风力风向、海浪等有所不同，但经过分析研究，依然可以逼近还原出宝船的真实面容。明代何汝宾撰《兵录·战船说》记述与绘制福船较细致，亦可为我们参考。“福船高大如楼，底平身大，旷海深洋，回翔稳便，且斗头高阔裕于冲犁，两膀巩固如恒势尤倾敌……”“贵其可以破浪而行也。”①

综上所述，仿明代郑和宝船的仿造复原是以出土文物和历史文献记载为依据，经历史界、造船界、航海界专家缜密考证，由江苏金泰船舶研究设计院用现代科学方法计算设计，并经中国船级社上海审图中心和挪威船级社双重审查批准，以可以持久安全航行和有一定续航能力，满足远洋海船建造的基本原则，又符合福船形制风格，具有一定的古船原真性，基本还原出明代海船的传统面目为目的，重现中华悠久造船历史和海洋文明，填补中国不见大型远洋航海木帆船真容的空白，是非常有历史贡献和现实价值的。这也是六百多年以来中国对明代千吨级远洋航海大木船仿制的一次伟大尝试，其决策和实践都是富有远见卓识和切实可行的。当然在一些具体的细节方面，为了保证现代实用性，必要的近代科技应用、生活条件设置，适当的借鉴想像，合乎逻辑的推理创造也是可以理解的。正如2012年5月《宝船建造阶段性专家论证会纪要》所说：“宝船工程的历史学术考证是认真严肃的、设计是科学细致的、施工质量是可靠的、符合传统的”，“被称为郑和宝船是当之无愧的”。宝船工程已得到古船界、航海界、史学界及考古界专家的广泛认可。

宝船复建是一项历史、文化综合科研课题，其科学性、历史性不容置疑，实用性也在逐步获得认可，整个复建过程的所有宝贵资料都将载入史册，也将于未来的扬帆环航时接受国人、世人的检验。

---

① 徐恭生：《试说郑和下西洋舟师的船型与编队》，《郑和下西洋研究》2005年第2期；傅朗：《二千料郑和出洋宝船的复原借鉴与探讨》，《郑和下西洋研究》2005年第2期。

三、仿明代郑和宝船设计特点

（一）仿明代郑和宝船工程命名与定性

"仿明代郑和宝船"（以下简称"仿明宝船"）这个工程命名是经国家交通部批文明确的。此事由钧龙公司领导赵志刚、贾铁甲,高级顾问郑明等共同逐级汇报。国家交通部于 2007 年 4 月 23 日下发的《关于仿明代郑和宝船有关问题的意见》既是对江苏省交通厅的批复,又是对这项工程的肯定、支持,为这项工程定名、定性。批文中明确:仿明代郑和宝船拟从事国际航行,因此该船的设计与建造必须满足 IMO 现行有关国际公约的要求;该船是否可归类为 IMO 所定义的特种用途船,应根据该船的使用目的和用途由该船的检验机构决定。2007 年 12 月 12 日中国船级社(上海规范研究所)专门制定的《郑和宝船审图原则》正式发行。据此中国、挪威船级社共同对"仿明宝船"送审设计图纸实施了审查并于2008 年 12 月正式退审。2009 年 7 月 11 日中国船级社南京分社向钧龙公司所属江苏龙江造船有限公司签发《中国船级社建造入级船舶开工前检查单》,确认"仿明宝船",经检查该施工、质保、分包、质检等能力合格,钢、木材、图纸、检验、标准等也齐备,同意正式开工。

2009 年 11 月 11 日受南京钧龙宝船公司委托,北京郑和与海洋文化研究会(原北京郑和下西洋研究会)在北京组织召开仿明代郑和宝船国际研讨会,参加该会的有来自英国、荷兰、澳大利亚、中国香港、中国台湾和中国大陆研究院、高校的 18 位仿古船、历史、文物、考古界专家,如英国程思丽博士、荷兰包乐史教授、澳大利亚伯宁翰教授、北大唐晓峰教授、社科院万明教授、台师大李其霖教授、中科院汪前进博士、军科院范中义研究员等。大家普遍认为中国南京市鼓楼区与新加坡企业合作复仿建造"仿明代郑和宝船"是值得称道的伟大历史文化遗产工程,不仅对中国,而且对世界有重大影响。大家衷心希望"仿明宝船"尽早建成,扬帆远航并能安全完成环球航海;更希望"仿明宝船"重现中国古代传统舟船形象,通过航海向世界传达中华民族历史文化风貌。该会议纪要及有关建议呈报给南京市委,并获得了明确批示:要由南京办好这项全球性的郑和活动。

从 2005 年成立合资的"钧龙公司",2006 年 5 月江苏金泰船舶研究设计有限公司在设计竞标中夺得"仿明宝船"设计任务,到 2007 年起中国船级社正式介入设计审查事宜,经历了 2 年准备,到 2009 年通过设计审查、施工船厂检验,同意开工,又经历了 2 年审核。2008 年间为太仓市在郑和公园湖内建造一艘同型式同尺度的仿明郑和宝舫,这既对南京设计单位、福建造船工匠是一次初检和预习,也配合、支持了全国在太仓举行的郑和下西洋纪念与航海日专题活动。

南京龙江船厂正式铺放龙骨已是 2010 年 4 月。为了筹齐进口木料,推迟了全面施工的日期;随后于南京举办 2010 世界名城会之际,2010 年 10 月 20 日组

国家航海　第三辑

National
Maritime Research

郑和宝船考证依据与
仿造实践探讨

175

织了"仿明郑和宝船复建工程庆典"。当时龙骨、艏、艉柱等均已初步成形,但仍算是补办了开工仪式。中国造船工程学会指派荣誉理事郑明少将为代表带来贺信称:"希望该历史名船工程能精心设计、精心施工,充分反映我国光辉悠久造船历史科技文明,确保安全地完成预定复原仿造工程的航海友好交流任务,为在新世纪中国造船发展做出新贡献。"这份贺信既肯定了宝船工程的决策,又极大地鼓舞了现场设计施工队伍。

回顾 2005～2010 年五年工作中的经验与体会,归纳起来有三条,即:

1. 始终坚持保护尊重中国郑和宝船重大历史遗产的理念,最大限度地争取国际合作、企业参加和政府支持;

2. 深入组织学术研究、复原考证,把中国郑和宝船复仿系统工程原则推广到社会科学的历史、考古研究等领域来填补研究空白,善于求同存异,逐步消除歧见争议;

3. 坚持把中华传统舟船制造手艺经验传承提升为现代造船技艺,悉心保护、培养、锻炼中华传统舟船的现代设计、建造队伍,在工程实施中循序渐进,正确处理古今融合,达到传统风貌与安全航海的协调统一。[①]

(二)"仿明宝船"外形结构要求尽量与明代的传统海船相似或相近

复建的"仿明宝船"是一艘全木结构的,能用于远洋航行、实施特殊任务的木帆船。"仿明宝船"的主尺度、排水量都是目前世界上最大的。主船体设内、外龙骨及龙骨翼板、副翼板、舷侧厚材(又称大腊,夹持两舷,既提高纵向强度,又展现出光顺的线型)、艏部厚材、底部厚板、纵桁材等纵向结构部件和九道水密隔舱板,肋骨与横梁足够密实坚固,具有浓厚的传统特色及可靠的结构强度。

"仿明宝船"航区按照无限航区现代要求核算设计。"仿明宝船"的船型采用传统福船底尖、上阔、艏艉高翘、平艏、艉出虚艄。线型及主尺度比例依传统推算设计,可保证浮性、航态、稳性、适航性等基本性能要求。

(三)"仿明宝船"线型与主尺度

总长:63.45 米(名义总长取为 71.1 米);

两柱间长:48.42 米(指船舶满载时,艏柱前缘与水面相交处至尾部舵杆中心线间长度);

总宽:14.36 米(因为舷侧厚材厚度约为 1.1 米,故名义型宽取为 14.05 米);

型深:6.1 米;

满载吃水:4.6 米;

满载排水量:1 797 吨。

---

① 赵志刚:《强烈的中国气息——郑和宝船复建记略》,中国造船工程学会船史学术(舟山)年会上宣读,2008 年。

仿明宝船采用双套动力推进系统即柴油机螺旋桨系统和手操风帆系统。

（四）仿明宝船设计中执行的现代化规范

1. 法定要求部分

① 中华人民共和国海事局《船舶与海上设施法定检验规则》（2004）；

②《1974 年国际海上人命安全公约》及其修正案；

③ 1973/78 年《国际防止船舶污染公约》及其修正案；

④ 1966 年《国际载重线公约》及其修正案；

⑤ 1969 年《国际船舶吨位丈量公约》；

⑥ 1972 年《国际海上避碰规则》。

2. 入级部分

① CCS《钢质海船入级规范》（2006）（适用部分）；

② CCS《材料与焊接规范》（2006）（适用部分）；

③ 中华人民共和国渔船检验局《木质海洋渔船建造及检验规定》（1987）（参考）；

④ 中华人民共和国渔船检验局《渔业船舶法定检验规则》（2002）（参考）。

⑤ DNV "木质船舶建造与入级规范"（1955）（1943 年补充）

3. 专门要求

① "宝船"设计审图原则；

② 由于"宝船"主尺度已超出中国现有木船"规范"的尺度范围，因此除参照挪威木船有关规范外，对于强度问题，"宝船"将采用理论计算和木结构接头试验相结合的方法进行设计。

因为"仿明宝船"的外形、结构都要求尽量与明代传统海船相似或相近，又要满足现代一系列国际规范条约，仿明宝船设计、施工实践中现代科技与传统工艺结合存在很多困难。在整个设计过程中，先后多次邀请国内外造船专家和船史研究专家对设计图纸进行审查评估并提出许多宝贵修改意见。

（五）"仿明宝船"结构设计特点

主船体外板及主要结构部件均选用东南亚所产巴劳木（重黄婆罗双）制作，其木质坚硬、耐磨、耐腐，顺纹抗压强度可达 70 MPa 以上。由于仿明宝船系全木质仿古船，很多构件都有弯曲型线，而"木质船建造规范"对木纹夹角有严格要求（夹角<20°）。这就需要我们尽量找到各种天然弯曲形状的木材。"仿明宝船"所用木材和所有主要构件接头形式都做了试验，将试验的数据用到设计中（木材试验由南京林业大学国家实验室实验，主要构件接头形式拉力试验由金陵造船厂进行）。

"仿明宝船"纵向外部有外龙骨、外龙骨翼板、外龙骨副翼板（外龙骨尺寸为 650×650 毫米）、舭部厚材（舭部厚材尺寸 400×280×2 毫米）、舷侧厚材（舷侧厚材五道从上到下尺寸为 460×320 毫米、420×290 毫米、380×260 毫米、

340×230 毫米、300×200 毫米)等构件;外板尺寸为 280×126 毫米,舭龙骨尺寸为 500×250 毫米/100 毫米,二甲板横梁为 250×200 毫米,主甲板横梁为 250×90 毫米。

船体内部有三层纵向重叠式内龙骨,总尺寸为 950×500 毫米,并设有内龙骨翼板、底部纵通材、舭侧纵通材、主甲板及二层甲板受梁材,主甲板及二层甲板下设有纵桁及距中 1 300 毫米纵舱壁,可以保证船体有足够的纵向强度。

"仿明宝船"设置的舭龙骨,位于 18♯~47♯ 肋位间。舭龙骨位于船体水线之下,不占据船舶内部体积,在有横向风浪情况下,可以起到减缓船体横摇的作用。

全船自下而上设有二甲板、主甲板、纵通甲板,另有艏(艉)楼甲板、驾驶室甲板及驾驶室顶板。自驾驶室顶板至船体主龙骨下平面总高度 15.2 米。

(六)"仿明宝船"布置设计特点

主甲板以下,自−6♯~67♯ 肋位,共设水密横舱壁 9 道,将二层甲板下分隔成相互密封的压载舱、机舱、冷水机组舱、污液柜舱、燃油柜舱、储物舱等 9 个舱室。主甲板与二层甲板间,分隔成相互密封的舵机舱、淡水柜舱、机舱、燃油柜舱、冷藏室、船员室、餐厅、活动室、锚链舱等 10 个舱室,这样可以保证船舶遇到意外情况时的稳性和抗沉性。底舱内各种管线密如蛛网,分为燃油管、冷却水管、疏排水管、润滑油管、透气管、压缩气管、机仓通风管、清洁水管、热水管、仓底水管、压载水管、污水管、排烟管、消防水管等。各种管线分别用棕、绿、黄、蓝、灰、黑、红、白各种颜色加以区别。全船各种口径管道长度约 3 320 米。

"仿明宝船"共设有 6 道桅杆和 6 面风帆。主桅设计高度 38 米,6 面风帆总面积约 560 平方米,总重约 3.9 吨,可以保证在单独使用风帆推进时(风力小于6 级的情况下),航速可以达到 4 节。

(七)"仿明宝船"内部配有先进的机电、通导设备

艉部双机、双桨、双舵,两台 447 kW 柴油机通过变速齿轮箱与尾轴推进系统连接(已由挪威船级社对推进系统进行扭震计算并经审图批准)。

设两台电动液压舵机,由驾驶室遥控操纵。

设三台 100 kW 柴油发电机组,在不使用空调时,一台工作,另两台作为备用;在使用空调时,两台发电机组并机供电,另一台作为备用。同时配有一台应急发电机组,功率为 50 kW,作为紧急情况下使用。

"仿明宝船"单独使用机械推进时,航速为 11 节。

全船设燃油柜 17 只、日用燃油柜 2 只、淡水柜 8 只,可载燃油 55 吨、淡水 34吨。并配有一台海水淡化装置(型号:AFGU−E7.5−7 t/d),在满载油水的情况下,续航能力为 2 000 海里以上,主辅机耗油量约为 0.2 吨/时。

"仿明宝船"设计配备有完善的环保设备,主要有污水储存柜 3 只及污水处理装置,机舱设有油污水分离机,满足《国际防止船舶污染公约》要求。

全船主辅机都可燃烧低硫燃油并有低硫燃油储油柜(满足欧盟低硫燃油法令)。还设有固体垃圾焚烧炉。

"仿明宝船"通讯、导航设备齐全,除设有雷达导航系统外还设有 GPS 卫星导航定位系统,以确保海上航行安全。其天线等外部设施尽量采取隐蔽措施,以保持古船风貌。

宝船设计排水量 1 797 吨。船体重量 1 200 吨,轮机、电器设备及安装材料重量 140 吨,燃、滑油、淡水等 100 吨,属具、工具 40 吨,人员及附带重 8 吨,压载 150 吨。

(八)"仿明宝船"的防火、救生设计特点

"仿明宝船"是全木质结构,防止火灾发生显得尤为重要,在防火方面主要采取了以下预防措施:所有木质构件,在上船安装前,都使用阻燃液浸泡,以达到阻燃目的;在机舱、乘员舱室、走道及公共场所都设有自动烟火报警系统;在机舱设置"全浸没高压水雾自动灭火系统",乘员舱室、走道及公共场所设置了自动喷淋灭火系统。

"仿明宝船"按全船总乘员数 200％设计配备了救生艇筏,满足"在船舶横倾20°、纵倾10°的情况下",仍可将救生艇筏安全顺利的降入水面的规范,为达到陌生的岸边或紧急逃生提供方便。宝船装备有测深仪器,替代了古代用测深锤测深的方法。"海行不畏深,惟惧浅搁",但有测深仪可以随时了解海水深度。

(九)"仿明宝船"有完善的生活设施,也有仿古传统设施

全船共配有船员 14 人,贵宾舱室可以居住 10 人,以上舱室都在主甲板以上。主甲板以下还有若干 4 人居住舱,主要是供 36 位随船航海的志愿海员居住。船上装有中央空调系统和强力通风换气系统,连接所有居住舱室和公共服务场所。贵宾舱室、高级船员舱室都是单人或双人舱室,室内装修区别不同功能按古代或现代方式装饰。

全船设有大小厨房各一间,设有餐厅、活动室(酒吧)、多功能厅等公共活动场所。大小厨房可以随时为全体乘员提供可口的饭菜、饮料。多功能厅可举办小型聚会或演出,开展文化、经济交流活动,也为全体乘员提供休息娱乐场所。

船内设有冷冻库、蔬菜冷藏库、粮食库,远洋航行时,可保证为全体乘员提供主副食品。

"仿明宝船"通过监控和报警系统,驾驶舱可以控制全船运行状况。所有古代没有的现代设备都尽可能隐藏在木帆船的外貌之内,尽量做到"看不见"或"看不清"。"仿明宝船"在海上航行时如果想尽情享受大海的宁静,可以关闭所有主机、发电机和通风系统,仅利用蓄电池电能,供应导航、通信、照明用电。宝船的篷、帆、锚、舵、橹、艇、舷墙与波门、针房、系柱、绞辊、灯、旗、鼓、金、号、水罗盘、沙漏、取水设备、贮水设备、排水设备、梯道、燃香、计速板、牵星板、针路簿、虚梢、官仓、灯笼、冷兵器、铳炮火器等都分别按照仿古艺术设计,使"仿明宝船"外形形象设计既要有明代官船气势,又要体现中华文化传统。

四、"仿明宝船"施工的主要手工技艺传承和仿古思考

（一）复原仿造古器物、古建筑、历史名船的概念探讨

对中华历史名船进行严格考证，并完整地复原仿造出来，在中国还是首创。我们认为古代器物复原工程是一个严肃的、科学的、历史的研究设计制造或再创作的过程。我国汉代的候风地动仪、宋代的水运仪象台，还有战国时期的指南针、三国时期的木牛流马等机械与仪器在近几十年中都有过复原研究并产生了一定价值。

据中国河南博物院介绍，中外学者认为公元132年东汉张衡发明的候风地动仪，是测报地震的大型仪器，是中国古代的重大科技创造。其直径达1.9米，但至今只流传下196个字的记载，没有图像资料，因此在近百年间进行过复原研究，制造出三种模型，其中1951年王振铎先生根据直立摆原理制成的地动仪成为我国公开承认的地动仪唯一器形。中国河南博物院评析说："这不仅仅是地动仪的复原，也是追寻我们先民'求实疾虚'伟大科学精神的历程。"王振铎多次申明，他自己的研究成果不可能是最终结论，一旦发现新的材料就需要修改、更正和补充，需保持一种科学的开放态度。

中国古建筑专家罗哲文教授提出古建筑保护维修的"四原"原则（即原形制、原结构、原材料、原工艺技术），成为我国古建保护修缮普遍遵循的原则。他还科学阐述了利用新材料、新技术与保持原材料、原工艺技术的辩证关系，得到学界广泛赞誉。[①]

在舟船科技界，对古代舟船复原工程，曾有学者理解为依据原始舟船的出土实物或历史记载即图纸资料，用其原材料、原机理、原工艺、原形制，恢复其原结构、原布局、原外貌、原色彩，甚至原功能的研究设计制作或再创作的全过程。这"九原"要求虽然很原真、很理想，但极其复杂、困难，甚至是难以实现的。比如21世纪瑞典复原仿造的二百多年前的"哥德堡"号木帆船，就是这种理念的探索实践，虽未达到百分之百，但已是高度复原的历史名船。因为中国出土沉船实物很少，又残缺不全，史籍记载不详细、不严密，因此，完全复原几乎是不可能的，只能做到基本复原，所以有学者又引入仿造概念，称为历史舟船复仿工程，即参照其他接近年代的相似舟船的实物和史料，进行复原和仿造的综合研究设计制造，以求得被复仿的舟船与原始古代舟船形似、神似，材料、机理、工艺、形制、结构布局、外貌、色彩等都达到较相似接近的程度。这或可暂名为"九似"要求，这也是

① 郑明、赵志刚、杨扬：《以明代郑和宝船复仿推动中国舟船航海科技史研究》，在南京首届中国技术史论坛会议上宣读，2009年。

所有参与"仿明宝船"考证和复原研究者逐步形成的基本理念。2002 年初在浙江舟山普陀朱家尖镇委书记傅良国领导下，当地老船匠与造船技术人员相结合，复原仿造了从宋代起沿用至近代的"绿眉毛·朱家尖"号三桅木帆船，基本遵循了"九似"要求，成为实施历史舟船复仿工程的一个示范。当时主要承造的木船匠师岑国和于 2006 年被浙江省、国务院评定为国家级非物质文化遗产木船手艺的国家级传承人。创意并主营该项仿古船工程的胡牧也于 2007 年被普陀区选为政协委员。这些说明社会对中华传统木帆船复仿工程的历史与现实价值都给予了足够的认可。

中国考古界 2012 年前往参观调研了英国考文垂教堂。该教堂初建于 1373 年，1918 年确立为主教堂，成为考文垂市主要标志建筑，1940 年毁于德国轰炸，1946 年开始研究修复重建，在复原和现代创作中寻找平衡，1962 年竣工，1999 年仍被测评进入遗产登记。虽公众和专家都认为重建的是复制品，但重建确保文化历史可以延续。

（二）复原仿造历史名船的价值

对比中国陆上古建筑、古器物的保护复原，我们认为复原仿造中华传统帆船的价值有五个方面：

① 中华传统舟船作为水上建筑及交通工具是中国古代学术、技术与艺术的结晶，是中国古代社会历史和综合国力的缩影；

② 中华传统舟船反映了中国的物质与非物质双料历史文化宝贵遗产，是中华民族海洋文化的化身；

③ 中华传统舟船可成为具有中华传统元素的中国造船行业有关单位的历史文化象征；

④ 中华传统舟船是可持续传递国家与民族文化的载体，可以成为中国与世界在海上交流的和平友好形象使者；

⑤ 中华传统舟船可配合滨海旅游事业、航海探险与水上体育活动、涉海影视文化产业等，作为既传承中华海洋文化又开拓新业海洋经济的海上平台。[①]

"仿明代郑和宝船"作为中华历史名船又是传统舟船中的佼佼者，非常需要重现于世界。

（三）"仿明宝船"传统手艺综述

中国古代设计传统舟船大体是从桅杆、风帆开始的，然后再考虑龙骨长度和主桅高度与隔仓板宽度的比例。再由隔仓板上平墨（甲板处宽度）决定下平墨（底梁）宽度，再照比例决定其他各桅高度。这些传统法则少见史籍文献，多是散落在民间造船掌墨师傅和大木师傅的头脑中，只进行口授身传。

---

① 郑和、贾铁甲等：《中国"仿明代郑和宝船"是国际郑和研究的新成果》，马六甲第一届国际郑和学会上宣读，2010 年。

也即中华传统木船建造的核心技术是由造船作坊的掌墨与大木师掌握的。领头大木师要有全面策划设计和解决所有造船技术难题的本领,例如确定外形、全面尺度、结构规格,选材、下料、锯刨成材,构件制作、结构连续,注意防腐、捻缝、水密等等。这些传统手艺书本上是没有的,需要丰富的实践经验积累。技艺的优化还直接影响船的性能质量、成本、建造周期和使用寿命。这次宝船仿造复原工程实践将把这个相当复杂的系统工程,从研究设计、准备建造、工艺攻关、施工建造,到下水、试航、交船等,通过兼用文字记录与影视记录记录下来,不仅完成宝船工程,而且将为一些重要工艺留下光电软件记录,以备传承和研究交流。

(四)"仿明宝船"主要建造手艺和工序

① 选材讲究,要求严格具有科学性。龙骨用粗而长的大实木三根,接口用传统榫卯结构加螺栓紧固,规格 650×650 毫米。肋骨尽量选用天然顺纹弯曲木材。外板是抵抗海水的主要构件,必须使原木得到充分的透气和保养,这样才能延长使用寿命。舷侧厚材用抄木,上层建筑用轻质木材如杉木,舵柱、桅杆要求更高,必须用整段木材而且用铁箍加强。龙骨、肋骨、主船体外板及主要结构部件均选用东南亚所产巴劳木(重黄婆罗双,黄色,较重,质硬耐磨,基本密度 $0.79\sim0.808/cm^3$,气干密度 $0.85\sim1.128/cm^3$。俗称:黄梢、沉水梢、梢木,生长年轮不明显,无特殊气味,有时散发出一种奇异的芳香。侧面硬度为 1001ON,强度高,耐腐性好,气干易裂,解锯刨切较难,加工工具刃部易钝,创面光滑,钉钉时易劈裂,顺纹抗压强度可达 70 MPa 以上,纯属天然环保原木,寿命长久)制作。这种木材我们要到印度尼西亚、马来西亚加里曼丹岛的原始森林中寻找。

② 原木锯解,制作构件(图三)。由于宝船构件超大,型线复杂,工艺要求标准高,例如龙骨是特别粗大超长的木料,基线水平要求连接后的平整度用毫米计

图三　"仿明宝船"施工现场——原木锯解测量

算误差。这在木船造船史上是空前的。宝船外板、甲板等各种规格纵向厚材、纵通材构件之间自身纵向连接是用中国传统造船工艺的"嵌入式钩形戗接",接头长度在1.5～2.7米之间,相邻板块之间接头都按规范要求实行了避距,以确保纵向强度。

③ 部件拼装,手工操作(图四)。宝船肋骨是双拼制作,整条船肋骨近千片肋板拼接而成,设计只提供型值数据。而肋骨内外斜度只能靠工匠用精湛的手艺来完成,弯度和材料状况要与所有部位尺寸对号入座,稍有不慎就无法成型。每套肋骨在样台上核对拼装后已重达3～5吨,高度达7～8米,宽达14米,吊装固定到龙骨上并要满足垂直和肋距要求,这种高空作业也是非常有技巧的。

图四　肋骨安装　　　　图五　"仿明宝船"施工现场——内龙骨

④ 组装部件,形成结构(图五、六)。内龙骨及翼板、内部纵通材吊装因有甲板横梁隔阻施工非常困难。构件超长超重,工匠们把滑轮安装在特定的架子上,再用葫芦、千斤顶、挠车等特种设备加上人力方能完成。内龙骨、肋骨、外龙骨的固定要用直径36毫米、长210毫米的超大螺栓固定。打孔还受到布墩、扩孔的限制。经反复设计、试验、修改,工匠们自己制造了移动钻床,解决了这一难题,创造了木船钻孔历史的纪录。制作安装龙筋也是一项在传统手艺上的技术攻关。因龙筋涉及接点强度、斜度和弯度,构件超大超重,又是倾斜搭接,安装连接过程经过连续一昼夜努力,终于安全定位。宝船舷侧厚材、舭部厚材规格粗大,又长又重,又是高空作业。吊装、压弯、扭曲、弯曲、固定、避距、避开横向螺栓,还要小心使其弧度不能太大,以免损伤木质纤维,造成纵向裂纹或横向断裂,影响强度和抗撞能力。

⑤ 钉栓定位,牢固连接(图七)。宝船船体各部总计有几万根螺栓、铁钉,是标准钢铁件,规格大小不一,共约重60多吨。全部要人工钻孔,一钉一栓都要准

国家航海　第三辑

National
Maritime Research

郑和宝船考证依据与
仿造实践探讨

183

图六　"仿明宝船"施工现场——内龙骨打眼　　图七　仿明宝船施工现场——长螺栓准备

确定位,既不能纵横碰撞,又不能破坏木结构强度,所以钻孔前要仔细看图纸,反复测量比照,确认无误方可开钻。

⑥ 起吊牵引,精确总装(图八)。由于构件又长又大又重,人力无法手工搬运,施工中还得用行车和链条葫芦等来起吊、牵引、定位。

图八　仿明宝船施工现场——内部结构

船体结构涉及中拱、中垂的外载变化,以及需考虑大倾角摇摆和狂风巨浪的拍击(如大铁锤砸在船体上)、搁浅等恶劣情况,因此在总装施工中要特别注意连接的坚固可靠。

船体建好后,外表呈现出高贵的木质原色和动感的线型。船体内部有让人震撼的大木料纹路肌理。

图九　仿明宝船研究现场——
　　　捻缝试验

⑦ 细微捻缝确保密性（图九）。全船采用中国传统的捻缝工艺及传统的捻缝材料。史料记载"夫造船之工，唯油捻为最"，可见捻缝的重要性。捻缝工具有捻凿、挣凿、麻板、斧头、锤子、取钉器等；主要捻缝材料为产自福建的纯正桐油，桐油含桐油酸甘油脂，可起聚合反应，形成坚韧耐水漆膜；用海贝壳烧制研磨而成的壳灰，有很强的粘接性；产自重庆地区的苎麻，用来增加附着力，对防裂提高聚合强度起到重大作用；产自福建竹丝粉，与这些材料调和后促进聚合干结，生成桐油酸钙，起到良好的填充隔水作用。

四种材料按一定比例混合后用专用打灰机反复锤打，达到相当的黏稠度后，才可用作宝船捻缝材料。捻缝要求极其严格，必须处捻，捻到位。要由有丰富实践经验、技艺娴熟的老师傅用特定手锤灰凿反复多次，方可达到要求。还要充分考虑船体板与板之间由于热胀冷缩、日晒雨淋、浸水或干湿交变、碰撞损坏等因素而更加仔细操作。

捻缝前有关木构件要求干燥，外板的拼缝必须外疏内密。优质的捻缝可保持十年不漏水。特别值得一提的是：宝船船体上有一千多个"把水孔"牢牢控制所有通透螺栓、横仓壁之间不渗水，工匠们猫身窝在狭窄的空间中，细致地与木作同步捻缝，这是复建造船传统工艺的绝活。所有捻缝缝口在经过自然干燥后，都必须按专门制定的密性试验大纲经灌水或冲水试验，以确保船体的密性。

⑧ 阻燃防火，特殊处理。因全船是全木质结构，防止火灾发生显得尤为重要，宝船所有木质构件，在上船安装前，都经过阻燃液浸泡，以达到阻燃目的。

⑨ 气囊托架滑坞下水。受造船厂场地及夹江河道限制，宝船下水工程将采用托架气囊滑道加半潜驳进船坞的综合下水方案（尚待召开专题会议对方案予以论证完善确保万无一失）。

⑩ 采用传统手工工具为主，辅以现代工具。因全船为木质，造船的手工作业建造工具有多种锤、锯、斧、凿、钻、刨、墨斗、曲尺、水平尺等传统手工工具，也辅以铁链葫芦、夹兰、滚轮、立式移动钻床、挠车等辅助工具。

⑪ 精心制作安装桅杆。桅杆强度和风帆使用要求很高，要根据中国现有帆的实际情况并参考韩国古船、台南"成功"号等桅、帆安装使用实际。操帆驾帆的人要提前培训，帆必须方便实际操作。桅和桅夹制作是中华传统木帆船的经典技术之一。必须足够坚固，工艺要求精密准确。一般在下水后才安装立桅。篷帆、索具、绳缆、滑轮等都要求精心选择材料，认真制作，既确保安全实用，又实现仿古效果。

⑫ 木作雕绘装饰上彩及内舱仿古装饰是全船后期重要工序。且需专业人员精心设计制作。宝船艏部有兽头雕饰以增加威慑的气势，船艏两侧有两只龙目，目光朝正前方稍上，寓示皇家官船的气派。后部有凤凰彩绘，艉板上绘有展翅大鹏，力争达到"超冠古今"的艺术效果。

"仿明宝船"上最具中华特色的桅、帆、锚、舵、绞索及卧式绞棍、立式推关、滑车、系缆桩、兵器等都有进一步开展仿古艺术研究设计，精心复仿古代式样制作。对主舱室内部如针房、神堂、将台、官厅、公堂及外使将领住舱、水手船员舱、厨房、特殊舱（如装牲畜）等凡属仿古功能舱都要做专题研究；对甲板上灯、旗、鼓、号、金、兵器等也都要继续深入挖掘舟船历史文献参照出土文物，认真开展复原的研究设计制作。

（五）传统手艺的工匠世家

承包复建"仿明宝船"的方氏家族，源起河南，明代迁来福建闽侯，世代以造船为生，清代始在海边造较大木船。方氏祖先在闽侯创"方庄造船作坊"，经历代传承，造船技艺越趋精通，20 世纪前已曾造 30 余米长三桅木帆船。2000 年起先后为日本建过"泰期号"等仿古木帆船，为新加坡建过"郑和号"仿古游船，进一步提高传统造船手艺与现代科技结合的程度和工匠技艺。现在"仿明宝船"复建工地共有方氏造船匠师 32 人，分属 29～34 代传人，年龄为 37～78 岁，集中了福建闽侯地区建造木帆船工匠的精英。

五、"仿明宝船"走向世界——
今后扬帆航海、交流运营的
初步设想

仿明宝船下水后，要进行系泊试验（稳性倾斜试验、舾装和属具机电配套等一系列工作），还要进行长江试航及近海试航，经检测各项指标合格后，国家海事部门和中国船级社将核发各种法定和入级证书。这一切工程性工作做完了，才可以正式交船给专门成立的运营公司。经国家相关部门核准航线，与有关国家进行外事联系，办妥手续才可进行国际航行，实现"八下西洋"的辉煌海上之旅，向世界彰显中华曾经的海上风采。

"仿明宝船"扬帆航海的初步设想是"八下西洋""重走郑和路"，"走出郑和路"，也就是以友好、合作交流为目标，跨四洋、赴五洲的全球性航海访问，构建21 世纪新型海上丝瓷之路，传播中华传统文化，吸纳世界优秀文化。

为实施这一宏伟设想，首先要筹建一个环航运营实体，这需要在南京钧龙合资公司基础上组建，又要获得我国政府领导和新加坡合资方支持，并共同争取海内外有关各界的合作与赞助，其地点和性质要适合于今后持续进行国际性运营的需要。

第二要广泛征求意见，科学制订"八下西洋环航策划方案"。希望既保证贯彻省市政府友好交往意图，又有经贸交流市场运营的可行措施。

第三广开经营收益来源。初步设想将有：执行航海交流任务的拨款，登船参观收费，出售工艺品、船模、明信片等纪念品及瓷器、茶、丝绸、云锦等传统商品，举办活动，企业赞助，影视拍摄，外延产业开发，广告等。总之要利用郑和航海和"仿明宝船"的巨大声誉及影响力增加经济效益。也设想成立郑和航海文化基金会，吸引社会力量广泛参与，并争取免除有关税收。当然还要争取将赞助商、经营商的声誉传遍全球，并由此获得相应的边际效益。

第四要激发人们对中国传统海洋文化的兴趣，在促进国际文化交流中，为中国企业提供一个跨海的国内和国际贸易市场营销的平台，把"仿明宝船"形成兼具中国文化和贸易特色的名片。

"仿明宝船"下水扬帆远航，可大大提升南京城市国际知名度，再现中华当年的海上风采，唤起国人海洋意识，推广普及海洋文化，增强爱国主义热情和民族自豪感，推动文化贸易交流。其主旨吻合中国和平发展开放交流的当代主题。"郑和宝船"传承中华传统造船技艺和海洋文化遗产，体现了中华民族不畏艰险，勇于探索追求的坚强决心，成为民族复兴的伟大精神寄托，为世界文明宝库增添重要内容。

我们相信，飘扬着五星红旗的"仿明宝船"航行在大海上所散发出的中国气息，必然会吸引全世界的目光。

国家航海 第三辑
National
Maritime Research

郑和宝船考证依据与
仿造实践探讨

187

Research of the Basis and Recovery Creativity of Zheng He Treasure Ship

Abstract：This paper describes the Zheng He Treasure Ship's history，and introduces Nanjing counterfeit imitation of Zheng He Treasure Ship about its recovery creativity and basis of designed features，its heritage of construction craftsmanship，its thinking as a heritage building，and the nextstep imitation of Zheng He Treasure Ship towards the initial vision of the world of sailing navigation，communication，operations.

Keywords：Zheng He Treasure Ship，Counterfeit Imitation

鸦片战争前夕的上海口岸

张忠民 *

（上海　上海社会科学院经济研究所　200020）

摘　要：上海的口岸地位在近代之前，有两个问题最值得重视和探究。这就是上海的口岸地位究竟是如何形成的，以及到鸦片战争五口通商前夕，上海的口岸以及经济地位究竟达到了一个什么样的程度。文章通过对历史资料记载的比对、分析，认为近代之前上海的口岸地位具有多重性的内涵，近代之前的上海实际上已经成为当时中国最重要的国内贸易口岸。其潜在的口岸及经济优势在进入近代之后，得以进一步的释放和迸发，并由此而导致日后大上海的充分发展。
关键词：上海　口岸　鸦片战争前

一、问题的提出

　　海洋研究离不开口岸。口岸是海洋与海洋，以及海洋与陆地间最重要的连接与依托。在中国的沿海口岸中，上海无疑具有极为重要的地位。在近代之前，上海的口岸地位有两个问题最值得重视和探究。其一，近代之前的上海口岸地位究竟是如何形成的；其二，与前者相联系，到鸦片战争五口通商前夕，上海的口岸以及经济地位究竟达到了一个什么样的程度。关于前者，笔者曾有《从小苏州、小广东到大上海》以及《从小杭州、小苏州、小广东到大上海》①，对此进行过大致的讨论，本文则以可依的历史资料为据，对鸦片战争五口通商前上海的口岸地位再作一个大致的论述。

　　关于近代前夕的上海口岸，多少年来一直有不同的说法和描述。早期时，某些西方学者由于缺乏对上海历史的了解，曾不假思索地认为五口通商前的上海只是一个小渔村。而实际上，不要说鸦片战争之前，即使再往前推 500 年、800 年，就是在唐宋时期，上海也决不只是一个小渔村了。近年来随着研究的深入，

＊　作者简介：张忠民（1952—　），男，浙江宁波人，硕士，研究员，研究方向：上海经济史。
①　张忠民：《从"小苏州"、"小广东"到"大上海"》，《上海研究论丛》第 9 辑，上海社会科学院出版社，1993 年，第 241～252 页；《从小杭州、小苏州、小广东到大上海》为未刊印稿。

这种"小渔村"的说法可以说已经基本绝迹,但其他各种不一的说法依然存在。比较显见的说法是,五口通商之前的上海只是一个"中等县城"或者是"滨海小县"。① 我们知道,近代之前的中国县城,即使是中等县城,其数量也是成百上千。上海的真实地位果真就是成百上千的中国中等县城中的一个吗? 除了中等县城之外,它还具有一些什么样的、其他县城不具备的地位吗? 如果具备,这一地位最重要的社会经济意义是什么? 所有这些,都是值得我们通过对历史资料的比对、分析,认真地加以探究和思考的。

二、有关的史料记载

为了更清晰地论述问题,先将现在能够找到、有关近代前夕上海口岸及经济地位有代表性的主要史料大致地罗列一下。这些史料,既有地方志、笔记、日记、碑刻资料等中文资料,也有五口通商前后,亲历上海的西方人士所见、所记的西文资料。

先来看主要的中文史料记载。

1. 地方志的记载

上海现存最早的地方志当推南宋的《云间志》,之后又续有正德、崇祯、嘉庆的《松江府志》,以及弘治、嘉靖、康熙、嘉庆、同治《上海县志》等等。其中距鸦片战争年限最近的嘉庆《上海县志》,对上海口岸的海上贸易及海关事务的记载为:

> 上海为华亭所分县,大海滨其东,吴淞绕其北,黄浦环其西南。闽粤辽沈之货,鳞萃羽集,远及西洋、暹罗之舟,岁亦间至。地大物博,号称烦剧,诚江南之通津,东南之都会也。②
>
> 税则,凡安南商船货税,进口、出口俱以七折征收。东洋商船货税,进口以六折征收,出口不论货物,概收银120两。闽广商船货税,进口、出口自三月至八月以七折征收,九月至二月以五折征收。山东、关东商船货税并各口货税,俱八折征收。又,安南、关东、山东商船货税,俱以加一优免。东洋、闽广商船货税例免五分,优免五分。又,凡铜、铁及铜铁器皿禁止出洋,其衣食用物杂货船料税则俱详户部则例,令该管官员详刻木榜竖立关口。又定制,民间日用各物,数不及者及零星贸易,本仅及十余金者,沿海小船采捕鱼虾者皆免税。③

---

① 《上海滩与上海人丛书》,在其《出版说明》中即称:"从荒凉偏僻的滨海小县,到五光十色的国际性大都会;从苇荻萧萧的渔歌晚唱,到声光化电的频率节奏;中间是一百数十年。" 上海古籍出版社,1989年。
② 嘉庆《上海县志·序》。
③ 嘉庆《上海县志》卷五《关榷》。

2. 官方文书的记载

在现存的一些上海地方官员及其幕僚的有关文书中,有不少对近代前夕上海社会经济,特别是沙船运输业的记载:

> 沙船聚于上海约三千五六百号。其船大者,载官斛三千石,小者,千五、六百石。船主皆崇明、通州、海门、南汇、宝山、上海土著之富民。每造一船,须银七、八千两。其多者,至一主有船四、五十号,故名曰船商。自康熙二十四年开海禁,关东豆麦每年至上海者有千余万石,而布茶各南货至山东、直隶、关东者,亦由沙船载而北行。①

时任江苏巡抚的林则徐在道光十五年(1835 年)的一份奏折中写道:

> 松江府属之上海县为江苏海口要地,时有洋船出入,商贾辐辏,市廛稠密,且系苏松太道驻扎之所,库储海关钱粮尤为紧要。②

道光十八年(1838 年),亦有官员在其奏折中写道:

> 上海县地方,滨临海口,向有闽、粤奸商,雇驾洋船,就广东口外夷船,贩卖呢羽杂货并鸦片烟土,由海路运至上海县入口,转贩苏州省城并太仓、通州各路;而大分则归苏州,由苏州分销全省,及邻境之安徽、山东、浙江等处地方。③

3. 碑刻资料的记载

现存的碑刻资料也记载有许多关于近代之前上海口岸的社会经济状况,特别是商业贸易、会馆公所、航运贸易等方面的内容。

嘉庆年间《上海县为箩夫扛夫议定脚价订定界址告示碑》称:

> 查上海地方,大小东门外向有箩扛夫两项。凡马头各店粮食油酒及航报等船,一切钱货、民间婚丧、舆桥等项,俱系箩夫承值;各洋行内烟糖棉花等货,悉归扛夫扛抬,久经详明有案。④

道光二十三年(1843 年)《饼豆业建神尺堂碑记》称:

---

① 《海运南漕议》,《见闻续笔》卷二,《先大夫梅籭公文钞》。
② 《林则徐集·奏稿》上册,中华书局,1965 年,第 264 页。
③ 《道光十八年狄听奏》,《筹办夷务始末补遗》道光朝,第 4 册,第 945 页,引自姚贤镐编:《中国近代对外贸易史资料》第一册,中华书局,1962 年,第 330 页。
④ 嘉庆《上海县为箩夫扛夫议定脚价订定界址告示碑》,《上海碑刻资料选辑》,上海人民出版社,1980 年,第 76 页。

上海为阜通货贿之区，其最饶衍者莫如豆。由沙船运诸辽左山东，江南北之民，倚以生活。磨之为油，压之为饼，屑之为菽乳，用宏而利溥，率取给于上海。①

4. 笔记、日记等文献的记载

笔记、日记中，较早的记载是关于康熙中叶江南海关设立之后的上海情状：

康熙二十年（1681 年）仍设海关于上海，至今十五年矣。洋货及闽、广货物俱在上海发客，小东门外竟为大码头，此又市面之一变也。②

随后的乾隆、嘉庆年间，续有各种记载。褚华《木棉谱》称：

闽粤人于二、三月载糖霜来卖，秋则不买布而止买花衣归。楼船千百皆装布囊累累，盖彼中自能纺织也。每晨至午，小东门外为市，乡农负担求售者，肩相摩裾相接焉。③

张春华《沪城岁时衢歌》记载：

黄浦之利，商贾主之。而土著之为商贾者，不过十之二三。城东南隅人烟稠密，几于无隙地。④

杨光辅《淞南乐府》描写鸦片战争前，在上海县城东南隅黄浦停泊的海舶：

淞南好，海舶塞江皋。罗袖争春登白肚，琉瓶卜夜醉红毛，身世总酕醄。其注云：海船全身白垩，俗呼白肚皮。船俱泊浦心。日将暮，小船载土妓，分宿各帮。红毛酒，味如丁香，贮以玻璃瓶。⑤

稍后时期的王韬在《瀛壖杂志》中也说：

沪之巨商，不以积粟为富，最豪者，一家有海舶大小数十艘，驶至关东，运贩油、酒、豆饼等货，每岁往返三、四次。⑥

① 《饼豆业建神尺堂碑记》，《上海碑刻资料选辑》，上海人民出版社，1980 年，第 282 页。
② 姚廷遴：《历年记·记事拾遗》，载上海人民出版社编：《清代日记汇抄》，上海人民出版社，1982 年，第 167 页。
③ 褚华：《木棉谱》。
④ 张春华：《沪城岁时衢歌》，上海古籍出版社，1989 年，第 23 页。
⑤ 杨光辅：《淞南乐府》，上海古籍出版社，1989 年，第 171 页。
⑥ 王韬：《瀛壖杂志》卷一，上海古籍出版社，1989 年，第 7～8 页。

闽、粤大商，多在东关外。粤则从汕头，闽则从台湾，运糖至沪，所售动以数百万金。于沪则收买木棉载回其地。① 黄浦之利，商贾主之。每岁番舶云集，闽、粤之人居多。土著之远涉重洋者，不过十之一二，皆于东城外列肆贮货。利最薄者，为花、糖行。②

《瀛壖杂志》描写道光六年上海口岸海运漕粮北上前夕的盛况为：

> 道光甲申（1824 年），河决高堰，朝议漕艘改由海运，汇集上海。用沙船、蜒船等诸海舶船，兑载开行。丙戌（1826 年）正月，各郡并集，自南及北五、六里，密泊如林，几无隙处。元夜，万艘齐灯，寻丈桅樯，高出水面，恍如晴宵星斗，回映波心，上下一色，诚巨观也。③

> 上海适介南北之中，最为冲要，故贸易兴旺，非他处所能捋。虽由人事，亦地势使然也。④

嘉道年间上海人曹晟在其所著《觉梦录》中评说近代前夕的上海县城是：上海"不更出于松（江）城之上乎！……自海禁既开，民生日盛，生计日繁，金山银穴，区区草县，名震天下"。⑤

道光二十一年，即鸦片战争爆发当年，时任江苏藩臬的李星沅在其《日记》中记载：

> 辛丑（道光二十一年），八月二十五日。岐山周令赓盛迎于郊，申后入公廨，复进见谈。悉上海号称小广东，洋货聚集，有洋商四家半。上海县外为黄浦，即洋货拨船（如沙船等名色）停泊之所，距大洋九十余里，洋船不能深入。稍西为乍浦，亦洋船码头，不如上海繁富。浏河亦相距不远，向通海口，今则淤塞过半。⑥

再看鸦片战争五口通商前后曾亲历上海的西方人士的记载，其中尤以胡夏米、福钧等人，以及《中国丛报》的记载为显要。

1. 1832 年《阿美士德号航行记事》对上海的记载：⑦

1832 年 2 月 26 日，英国东印度公司林德赛（H. H. Lindsay），中文名胡夏米，偕同译员普鲁士传教士郭士立（Charles Gutzlaff）等人，受东印度公司派遣，

---

① 王韬：《瀛壖杂志》卷一，上海古籍出版社，1989 年，第 8 页。
② 王韬：《瀛壖杂志》卷一，上海古籍出版社，1989 年，第 8 页。
③ 王韬：《瀛壖杂志》卷五，上海古籍出版社，1989 年，第 98 页。
④ 王韬：《瀛壖杂志》卷六，上海古籍出版社，1989 年，第 109 页。
⑤ 曹晟：《觉梦录》，上海古籍出版社，1989 年，第 98 页。
⑥ 李星沅：《李星沅日记》，载上海人民出版社编：《清代日记汇抄》，第 207～208 页，上海人民出版社，1982 年。
⑦ 关于阿美士德号航行的内容，早先人们较多引用的是许地山《达衷集（鸦片战争前中英交涉史料）》（商务印书馆，1931 年），或者是列岛编《鸦片战争史论文专集》（三联书（转下页）

乘坐"阿美士德号"帆船从澳门出发,沿中国东南沿海考察航行。在经过南澳、厦门、福州、宁波等地之后,6 月 20 日,阿美士德号及胡夏米一行到达上海吴淞口外,停留、观察了 18 天后离去。期间,曾经数次驾小艇进入黄浦江及上海县城,并与上海地方官员数次晤面。胡夏米在向东印度公司递交的航行报告书中,对在上海的经历及见闻作了较为详尽的记载:

　　1832 年 6 月 20 日,我们的船只现在离吴淞口外仅数英里之遥。我决定不在此坐待进港,而立即驾小艇前往上海……4 点半左右,我们终于到了驰名的商业中心上海。城外江面上停泊无数大小、式样不一的中国帆船,清楚地表明她的商业名声丝毫未被夸大。

　　……

　　上海县城位于江流左岸,如同我所见过的其他中国城市那样,很可能与中国人以左为尊的传统有关。宽敞的码头和巨大的货栈占据了江岸。泊岸的水深足能使帆船停靠和沿码头卸货。城外的江面有近半里宽,中心航道水深 6 至 8 嚓。码头上人群济济。

　　……

　　由于上海这个商业中心被欧洲人实地考察还是第一次,极有必要对他作些适当的评价。考虑到这个地方对外洋贸易的特殊利益,它至今未引起更多的关注真是令人惊讶。它之所以重要,主要原因在于它具有优良的港湾和宜航的河道。由此而及,上海事实上已成为长江的海口和东亚主要的商业中心,它的国内贸易远在广州之上。一到这里,我就对入江船只的数量之巨叹为观止。陆续几天我试着统计一下,结果是 7 天中,经吴淞驶向上海,100 至 400 吨不等的船在 400 艘以上。在我们停留之初,多数船只是来自天津和满洲各地的北方四桅沙船,所载货物多为面粉和大豆。但在我们停留的后期,福建船源源而来,每天有三四十艘,其中不少来自台湾、广东、东印度群岛、交趾支那和暹罗。

　　吴淞江起源于长江口的太湖,然后穿越运河,如此便与长江、黄河以及北京沟通。它流经淀山湖又直达苏南首府苏州府,它(按,指苏州府)是这个帝国最富有、奢华的最大的商业城市之一。从这里,无数宜航水道彼此沟通,四通八达,纵横交错。因此该江看来可以视作沟通、连接帝国最遥远地区的宽敞水道;从北京到云南,从东海岸到鞑靼荒漠的中心。外国人特别是

　　(接上页)店,1958 年)中的中南木《鸦片战争以前英船阿美士德号在中国沿海的侦查活动》一文,以及中华书局 1962 年出版的《中国近代对外贸易史资料》中有关记载。北京图书馆善本部藏有 1838 年出版的《阿美士德号航行记事》英文原著,笔者曾据此善本,对其中有关上海的部分作了全部文字的翻译,载于《上海研究论丛》第二集,上海社会科学院出版社,1988 年。

英国人如能获准在此自由贸易，所获利益将难以估量。①

2. 在此稍后，1846 年 9 月的《中国丛报》也对上海口岸有所描述：

据海关所知，开到上海的船只有北洋船、福建船及广东船。北洋船主要来自关东、辽东、天津及山东省。关东船和辽东船与天津船相同。山东船是从该省不同的口岸开来的。这些船只都叫做北洋船；全部于东北季候风开始时开来上海，每年共计 900 只。来自福建的船年约 300 只，但其中较大部分是从海南岛或台湾来的，有的来自舟山和宁波，还有从马尼剌、巴厘及其他不许中国人前往的口岸开来的。来自广东的船年约 400 只，大部分是从澳门、新加坡、槟榔屿、觉罗、苏门答腊、暹罗及其他禁止中国人前往的地方开来的。

……

另外每年还有从长江及其支流各个口岸开至上海的船只，计达 5 400 艘。这些船只从不出海，它们把南北洋船只运来的货物转运到内地，同时把内地货物运来供给南北洋船只运走。除了前述内河航行的和航海的船只共计 7 000 只外，在上海还有无数渔船及载客运货的小船和驳船。

从上述情况可以推想，上海不仅是一个巨大的进出口贸易的中心，而且还是中国南方和北方交换本国货和外国货的一个大商埠。②

3. 英人福钧（Robert Fortune）等人著作对上海的描述：
英国人福钧在其《北中国省三年漫游记》中这样描述上海：

上海是中国沿海对外贸易上最为重要的商港，因此吸引着国际方面很大的注意。我所熟悉的城市中，没有其他城市具备上海那样的优点。上海已成为通往中华帝国的大门，实际上就是主要的入口港。溯（黄浦江）而上，驶向上海县城时，但见帆樯林立，即可就显出它是一个巨大的国内贸易中心。帆船从沿海各地开到上海来，不仅来自南方各省，而且还有从山东和北直隶来的；每年还有相当数量的帆船，从新加坡和马来群岛开来此地。上海的内地运输的便利也是举世无双的。

……

北方的巨大产丝区就近在咫尺；毫无疑问，大部分未经加工的生丝都可以在上海出售。由于上海距杭州、苏州及古都南京这些大城市极近；上海庞

194

---

① ［英］胡夏米著，张忠民译，杨立强校：《"阿美士德号"1832 年上海之行记事》，载《上海研究史论丛》第二辑，第 269～287 页，上海社会科学院出版社，1988 年。

② *Chinese Repository*, Vol. ⅩⅤ, 1846 年 9 月, pp. 467～471，引自姚贤镐编：《中国近代对外贸易史资料》第一册，中华书局，1962 年，第 554～555 页。

大的国内贸易,由内河和运河向内地运输便利;在上海收购茶叶和生丝比广州收购容易;最后,由于这个地方是英国棉织品的一个巨大销售场,这一点是我们已经知道的——考虑到以上这些事实,那就毫无疑问,几年之内上海不仅将胜过广州,而且成为一个具有更大重要性的地方。同时,上海的气候宜人,本地人秉性和平,以及外侨受到尊重,外侨可以在不超过一天旅程的范围以内到各处散步和骑马,这些情况更能使人们承认,作为一个居住的地方,上海比广州具备着许多优点。①

西人马丁(R. M. Martin)在《中国:政治、商业与社会》一书对上海的记载是:

> 上海县城周围约五英里,城上有许多炮眼,但某些炮眼较为狭窄。城上没有棱堡,城外没有防御工事和护城壕,城外的房屋就紧靠城墙。有五个城门,每个城门有两扇门,但没有吊桥和其他防御工事。街道狭隘而污秽,但店铺多得惊人,各处商业繁盛。一进黄浦江就看到江上帆樯如林,表现出上海在商业上的重要性;据说在一月份,县城对面江上常常见到三千只左右的帆船。上海人口据说约有十二万。②

另一部由西人撰写的《中国与中国人》的著述这样描写上海:

> 虽然上海的外貌比不上宁波,它却是中国沿海最重要的贸易港口,经由水路交通,它就能够和三分之一以上的中国联系起来。上海实际上是中华帝国的主要入口。这里有来自沿海各地的船只和帆船,以及来自新加坡、婆罗洲、槟榔屿、马六甲、爪哇和其他各地的船只。
>
> ……
>
> 上海和中国大部分地区之间的内地交通几乎和它的水路交通同样便利。
>
> ……
>
> 据说每年有五千三百只船沿着扬子江把准备出口的货物载到上海来,由于这些船均不出海,所以另外每年还有七千只船载运货物和旅客到海外去。即令统计数字并不精确且有夸大之处,但上海的商业、贸易和运输量都是非常庞大的。
>
> ……

---

① Robert Fortune, *Three Years Wanderings in the Northern Provinces of China*, pp. 114、112,引自姚贤镐编:《中国近代对外贸易史资料》第一册,中华书局,1962 年,第 516、518 页。

② R. M. Martin, *China, Political, Commercial, and Social*, Vol. Ⅱ, pp. 311~315,引自姚贤镐编:《中国近代对外贸易史资料》第一册,中华书局,1962 年,第 556 页。

如果我们把进出上海的船只数目及其所载运的货物都列举出来，那将占很多的篇幅；从吴淞口海关所保存的登记簿中可以看出，每年有将近两千只帆船载着各种各样的本国货和外国货从海外来到上海。①

三、对中西文史料记载真实可靠性的考量

以上大致列举了一些有代表性的中西文资料，要依据和使用这些资料进行归纳分析，一个重要的前提就是这些资料的真实可靠性。

关于中文资料记载的可靠性，我们可以分别来大致看一下。

嘉庆《上海县志》的记述，其中关于上海口岸地位的描述，出自上海县地方官员的县志序言，应该说是其对上海地方亲历、亲为的一种真实感受。而关于江海关税则制度的记载，在康熙、乾隆上海县志，以及其他诸如户部则例等历史文献中，都可以找到同类记载，应该说是十分可靠、可信的。

《海运南漕议》、《林则徐集》等文献中关于上海沙船数量、规模，以及上海口岸情况的记载，在其他各种资料中也多有反映，特别是在《皇朝经世文编》有关漕运的，诸如包世臣、英和等人的奏疏、文稿中，有更为具体、详尽的记载。这是因为，自从道光初年河运漕粮不畅而不得不改由上海出发海运漕粮以来，朝廷上下、社会各界，彼此皆有各种议论、见解，由此而留存下了大量的有关资料。这些资料一方面真实地描述了当时上海的口岸和贸易状况；另一方面也表明，海运漕粮在很大程度上促进了上海口岸地位的发展。

其他一些笔记、日记等等，其作者多为上海地方人士，或者是在上海长期生活、经历之人士，他们的记载应该说还是较为真实可靠的。

《历年记》作者姚廷遴，世居上海，先祖曾为明代御医、浙江布政使。其所著《历年记》三卷，《续记》一卷，《拾遗》一卷，皆为上海图书馆收藏之稿本。所记事例均为自明崇祯元年迄清康熙三十六年，"七十年间亲身涉历诸事"。② 其对上海自康熙二十四年设立江海关后，上海县城东门外海船停泊、贸易的记载是十分真实、可贵的。同时，不少同时代的其他各类记载也可以印证其这一记述。

褚华的《木棉谱》成于清乾隆年间，在研究明清时期上海社会经济史，特别是手工棉纺织史的著述中，这是一部引用甚多、且口碑和可信度都很高的史料。其对清乾隆嘉庆年间上海及其周边地区的棉花、棉布生产、贸易的记载，不仅生动、丰富，而且极为详尽、系统。

张春华《沪城岁时衢歌》刊印于鸦片战争之前的道光十九年，所记、所述应该

---

① H. C. Sirr, *China and Chinese*, Vol. I, pp. 221~224. 引自姚贤镐编：《中国近代对外贸易史资料》第一册，第 558、559 页，中华书局，1962 年。1849 年出版于伦敦，所记之事应该早于此前。见舍尔：《中国和中国人》2 卷，1849 年。

② 上海人民出版社编：《清代日记汇抄》，上海人民出版社，1982 年，第 39 页。

皆为近代前夕之上海事状。

《淞南乐府》作者杨光辅系清嘉庆年间上海南汇贡生,所著《淞南乐府》对嘉庆年间上海口岸的记载值得重视。所谓"白肚船",又称"白头船",是专指航行与东南亚暹罗一带与上海等中国口岸之间的贸易海船。西人郭士立在其《1831、1832 年中国沿海航行记事》中对此有明确的记述:

> 像暹罗这样一个富庶的国家,给商业活动提供了广阔的场所。蔗糖、苏木、海参、燕窝、鱼翅、藤黄、靛青、棉花、象牙等等,吸引来很多中国商人。他们的帆船每年在二、三月及四月初,从海南、广州、汕头、厦门、宁波、上海等地开来。……这样的船叫做白头船,通常系在暹罗修造,载重约 290 至 300 吨,由广东省东部的潮州人驾驶。这些帆船大部分归曼谷的华侨或暹罗的贵族所有。[1]

《觉梦录》作者曹晟为清道光、咸丰间上海本地人士,所著《觉梦录》应在咸丰初的 1855 年间。其时虽然离五口通商、上海开埠已经有十余年,但其所记"区区草县,名震天下",说的应该还是清康熙年间开海禁之后,上海设立江海大关后的情状,否则也不会在紧随其后的文字中,又按着时间顺序写道"嘉庆间洋匪蔡牵延蔓江、浙者数年"等等。

《李星沅日记》的作者李星沅,湖南湘阴人,道光进士,授编修。道光二十一年(1841 年)时,正值江苏藩臬任上。据该《日记》前的觉园老人《记》称:"其任江苏藩臬时,正值鸦片战争之役,于吴淞、江宁战役均所身历。"[2]所载道光二十一年上海事状,应该是中文史料中,对近代前夕上海口岸地位最真实、生动的写照之一。

王韬《瀛濡杂志》虽然成书在五口通商之后,但其中关于沙船、闽粤商人贸易以及上海口岸状况的内容,反映的应该是近代前夕的上海口岸状况。

其他诸如碑刻资料等的记载,无论是从作者的经历,还是从文体、内容等各方面,以及比对其他相关史料来看,应该说它们的记载都还是比较真实可信的。

关于西文资料记载的真实性问题,我们也可以大致地作一个考量。

首先来看《阿美士德号航行记事》记载的真实性。

1832 年,英国东印度公司为了自身的商业和殖民利益,派遣阿美士德号从澳门出发,沿中国沿海北上。阿美士德号航行中国带有明确的目的,就是实地考察和收集中国东南沿海(在当时的西方人笔下,多被称为"北中国省"),特别是沿海重要口岸城市的自然地理、风土人情,以及对西方通商的可能性。故而在南木

---

[1] Charles Gützlaff, *The Journal of Two Voyages Along the Coast of China*, *in 1831 and 1832*. pp. 44 - 47. 引自姚贤镐编:《中国近代对外贸易史资料》第一册,中华书局,1962 年,第 51~52 页。

[2] 上海人民出版社编:《清代日记汇抄》,上海人民出版社,1982 年,第 207~208 页。

的文章中,将其航行的目的称之为"调查侦查"。可见,真实地了解和记载沿途所见所闻的信息和情况,就成为胡夏米、郭士立等人最主要的工作和职责之一。正是因为这一点,决定了他们的记载不大可能存在夸大和编造的理由。而实际上,"它们的实际情形的调查,是做得十分仔细的","对长江和黄浦江水道的探测,特别仔细",并且"做了许多收集军事经济情报的工作"。[①]从与其他同时代相关资料的对比,以及学者们对其这一资料记载的利用程度来看,可以认为《阿美士德号航行记事》是近代前夕西方人士对于上海口岸最为直接,同时也是最值得重视的记载。

《中国丛报》(*Chinese Repository*),旧译《澳门月报》,是由美国传教士毕治文创办于1832年5月的一份英文期刊,主要发行地点是广州。1833年,由另一位美国传教士卫三畏负责处理刊行事项。鸦片战争期间,期刊的编辑、发行一度搬到澳门及香港,1845年又再移回广州。1847年之后,卫三畏代替裨治文负责期刊编撰。1851年2月停刊。《中国丛报》主要是研究和介绍中国情况的英文期刊,历年来发表了许多有关中国政治、经济、语言、文字、风俗等各个方面的文章和调查报告。一直参与编辑后来又主持过《中国丛报》的卫三畏曾说:"这个期刊的目的在于传播有关中国的正确知识,而它也就成了有关这方面的文章、游记、译文和投稿的一种丛刊。"因此,期刊的读者主要以在华的西方商人传教士为主,但也有及于其他在西方对中国有兴趣的人以及能通英文的中国口岸商人。其中介绍中国社会、文化、地理等的相关知识,对于当时西方人对中国的认识及中国形象的塑造有着很大的影响。关于所刊文章内容的真实性与可靠性,美国学者所著的《西方的中国及中国人观念(1840—1876)》一书中这样写道:

> 《中国丛报》20卷,是那一时期有关中国问题的最有价值的出版物之一。毕治文和卫三畏这两位美国传教士为刊物早期几卷的出版付出了大量的心血。一些对中国历史、语言和文学有研究的学者向这份杂志投寄了不少优秀的文章。[②]

作为一名饶有声望的英国植物学家,福钧及其著作《北中国省三年漫游记》以及《中国茶乡之行》都极负盛名。美国学者马森曾这样评价福钧及其著作:"英国科学家福钧的著作在英国、美国和欧洲大陆广为人知。尽管他是一位植物学家,但起初是为了商业利益去中国的。他由东印度公司董事会派往中国寻找最好的茶叶品种……1843年,伦敦园艺会派遣福钧为它在奇齐克花园采集新的种苗。《华北诸省漫记》(*Three Years' Wanderings in the Northern Provinces of*

---

① 南木:《鸦片战争以前英船阿美士德号在中国沿海的侦查活动》,载列岛编:《鸦片战争史论文专集》,生活·读书·新知三联书店,1958年,第107、109页。
② [美]马森著,杨德山译:《西方的中国及中国人观念(1840—1876)》,中华书局,2006年,第58页。

China ,1847)是他这次去中国的旅行报告。……他对自己所见到的东西做了毫不夸张的描述。"[1]必须指出的是,尽管福钧是在鸦片战争五口通商之后才进入上海及其附近地区,但其著作中对于上海口岸及其周边地区的自然地理状况,诸如河道、水运、物产,以及贸易环境、航运条件、口岸地位等的记载和描述,与五口通商前夕的状况并无二致。其原因就在于,在上海开埠的最初十多年间,上海的水路、航道等,都还没有发生实质性的变化,它们所反映和呈现在西方人士眼中的,还完全是一种上海口岸日后发展的潜在能量,而这种潜在能量,在鸦片战争五口通商之前就已经实际存在,并深深吸引了西方列强。

至于其他一些著述的记载,如《中国:政治、商业与社会》、《中国与中国人》等等,尽管他们的成书都已经是五口通商的近代初期,似乎所记、所载反映的应该都是鸦片战争之后上海的情状。但事实上,其中一些关于上海自然状况、地理条件、河道水运、传统经济、国内的南北洋贸易以及东南亚贸易等的内容,应该说还是比较符合近代前夕上海的口岸状况和社会经济状况的。

四、鸦片战争前夕上海的口岸及经济地位

综合以上论述以及其他的一些资料和研究,对于近代前夕上海的口岸地位以及经济地位,我们至少可以得出这样几点认识。

第一,近代前夕的上海,就其城市规模以及行政建制级别而言,乍一看来,似乎在日后五口通商的五个东南沿海口岸城市中,仅位于厦门之上而位居倒数第二位。根据当时一些文献的记述,五口通商的五个城市在近代之前,其规模以广州为最,城市人口据称多达50万;福州其次,作为福建省省城,城市面积要"比上海大两倍";宁波居三,为宁波府府城所在,城市范围要比上海大一倍;上海屈居第四,表面看来仅为上海县城所在;厦门最末,从建制上看,只是一处市镇而已。[2] 虽然从地方行政建制上而言,鸦片战争前的上海还只是江苏省松江府辖下的一个县治所在。但是除此之外,我们还必须注意到另外两个重要的情况,这就是除了县治之外,上海同时还是江南海关以及苏松太兵备道的驻扎所在。

康熙二十四年清政府设粤、闽、浙、江南四海关,江南大关即驻上海县城。康熙六十一年由朝廷委监督监收,笔帖式为副;之后撤前差,由江苏巡抚带管,委员兼收。[3] 雍正三年,江苏巡抚奏准,江海关税务由分巡苏松道兼管。雍正八年,分巡苏松道从苏州移驻上海后,江海关事务仍由巡道兼理。江南海关初设时,下辖分口24处。雍正七年,庙湾等六处分口划归淮安关管辖后,仍管辖有

---

① [美]马森著,杨德山译:《西方的中国及中国人观念(1840—1876)》,中华书局,2006年,第31~32页。

② 参见姚贤镐编:《中国近代对外贸易史资料》第一册,中华书局,1962年,第545~547、554~562、583~585、593~599、613~620页。

③ 乾隆《江南通志》卷一〇五《职官志》。

600余里海岸线大小18个分口,加上各支口及大关本身,共计大小口岸25处。①

分巡苏松兵备道顺治年间设立,原驻太仓州。康熙二年改兵巡道为分守道,移驻苏州。康熙二十二年,以督粮道兼领,分守道裁撤。雍正二年恢复分巡苏松道,雍正八年移驻上海后,加兵备衔,称分巡苏松兵备道。移驻之理由即为:"分巡道有巡缉之责,兵民皆得治之,请加兵备衔,移驻上海,弹压通洋口岸为便。"②乾隆元年,太仓州并入管辖后,改称分巡苏松太兵备道。兵备道分驻上海后,通常又被称为"上海道"。上海道的最高官员称为上海道台,无论是在官职品级上(通常为正四品)还是管辖的范围上,都要高于上海县知县(通常为正七品)甚至是松江府知府(通常为从四品)。仅从这一点看,笼统地说鸦片战争前夕的上海只不过是一个普通的中等县城并不合适,因为早在雍正八年朝廷将苏松兵备道移驻上海时,所看重的就已经不仅仅只是一个"县城"所在,而是东南沿海重要的"通洋口岸"了。正是由于近代之前的上海就驻有官衔四品,官位在知县、知府之上的"道台",故而才为近代上海开埠之后,上海道台成为清政府与洋人、洋务打交道的一线官员,提供了可能。

以上事实表明,尽管在近代前夕,上海从行政建制上看确实只是一个县城所在,但是这个县城却同时又驻有管辖东南沿海600余里海岸线大小25处海口的江南大关,以及负有苏州、松江、太仓州地方治安之责的苏松太兵备道,它们清晰地表明了近代前夕上海作为中国口岸城市的重要性所在。

第二,近代之前上海的口岸地位具有多重性的内涵。

首先,上海口岸当然先是上海本地的口岸,以及苏州、江苏,乃至江南地区的口岸。前述所引史料中,诸如"呢羽杂货并鸦片烟土,由海路运至上海县入口,转贩苏州省城并太仓、通州各路;而大分则归苏州,由苏州分销全省,及邻境之安徽、山东、浙江等处地方",说的就是这一层面口岸的情况。

其次,上海又是长江流域的口岸,如资料所记载的,"每年还有从长江及其支流各个口岸开至上海的船只,计达5 400艘。这些船只从不出海,它们把南北洋船只运来的货物转运到内地,同时把内地货物运来供给南北洋船只运走"。清楚地表明了上海作为长江流域口岸的地位。

再次,上海还是中国南北洋之间的贸易口岸。中国的海岸线,以上海为中点,上海以北多被称为北洋,上海以南多被称为南洋。上海地处南北洋之中,无可替代地就成为中国国内南北洋贸易最重要的口岸。这在前面引述的史料中,我们已经可以充分地看到。所谓"闽粤辽沈之货,鳞萃羽集","粤则从汕头,闽则从台湾,运糖至沪,所售动以数百万金。于沪则收买木棉载回其地","关东豆麦每年至上海者有千余万石,而布茶各南货至山东、直隶、关东者,亦由沙船载而北行"等等,都是真实、生动的写照。

---

① 嘉庆《上海县志》卷五《关榷》。
② 《巡道王澄慧新建分巡苏松太兵备道公廨碑》,载上海博物馆图书资料室编:《上海碑刻资料选辑》,上海人民出版社,1980年,第38页。

最后，上海也是中国与东南亚各国贸易的口岸。这在前述史料中也已经有所反映，如中文资料所称的，"西洋、暹罗之舟，岁亦间至"，"凡安南商船货税，进口、出口俱以七折征收。东洋商船货税，进口以六折征收，出口不论货物，概收银120两"；西文资料所称的，开到上海的船只"还有从马尼剌、巴厘及其他不许中国人前往的口岸开来的。来自广东的船年约400只，大部分是从澳门、新加坡、槟榔屿、觉罗、苏门答腊、暹罗及其他禁止中国人前往的地方开来的。"

在这样多重性的贸易口岸地位的拉动下，上海的航运、码头、仓栈，以及上海城厢内外的商业行号、店铺，市场的繁盛，商人以及商人资本的集聚，都在传统社会经济内部达到了一个非常高的程度。此外，在口岸地位与经济地位的相互作用下，近代之前的上海实际上还形成了自身的两大支柱产业，即家庭手工棉纺织以及沙船运输业。这是当时中国任何一个口岸城市都无法具备以及无法与之相比拟的。

第三，近代前夕的中国，如果以对外贸易而言，广州绝对还是当时中国最大和最重要的对外贸易口岸。但是，如果以国内贸易而言，近代之前的上海实际上已经成为当时中国最重要的国内贸易口岸。这不仅由于上海在近代之前已经具有中国其他口岸城市不可具有、不可替代的地理条件和区位优势，而且基于此基础之上的国内贸易确实已经达到了非常繁盛的程度。这一点，无论是在前引的中文史料，还是西文史料中，都已经有充分的说明。"优良的港湾和宜航的河道。由此而及，上海事实上已成为长江的海口和东亚主要的商业中心，它的国内贸易远在广州之上。"近代前夕，上海已经成为当时中国南北贸易的最大商港。上海不只是长江的门户，而且已是当时江南以至东亚最重要的商业贸易中心之一。

第四，综合以上所述，我们可以清楚地看出，上海潜在的口岸以及经济优势在近代之前就已经存在，进入近代之后，上海只不过是使得这种优势得以进一步的释放和完全的迸发。凡是在五口通商前后到过上海的西方人士，几乎无一例外都为上海的口岸地位和商业贸易所叹服。这主要集中在两个方面，一个是上海的地理位置和航运条件，另一个则是商业贸易以及相应的航运所达到的程度。他们几乎一致认为，上海已经具备成为中国最重要的内外贸易口岸的条件，而日后大上海的发展也充分证明了这一点。

Shanghai Port before Opium War

Abstract: There were two important points about Shanghai port before modern times, in which one was the formation of Shanghai port from ancient time, the other was the level of Shanghai port and its production in prior to the Opium War. The study indicates that Shanghai port prior to the Opium War had become the most important domestic trade port in China then, with the gathering, comparing and analysis of the historical materials about Shanghai port and social economy.

Keywords: Shanghai, Port, Prior to the Opium War

征　稿　启　事

　　《国家航海》由上海中国航海博物馆主办,内容涉及上海国际航运中心文化历史与政治理论、中外航海史、航海文物等方面。欢迎海内外致力于航海研究领域的专家、学者、工作者惠赐佳作。为方便作者来稿,并使稿件规范化,特将来稿基本要求告知如下:

　　1. 来稿应侧重于上海国际航运中心文化历史与政治理论、中外航海史、海上交通或贸易史、中外古船与沉船研究、水下考古、航海文物研究等方面,具有创新意识,选题新颖,方法合理,内容充实,观点鲜明,论据充分,文字简练,图文规范。

　　2. 来稿篇幅以 12 000 字以内为宜,重大选题的稿件在 20 000 字以内。本编辑部对来稿有文字性修改权,如不同意,请来稿时注明。

　　3. 稿件需提供 200 字左右的中文摘要和 3—5 个关键词;并提供文章题目、摘要、关键词的英译文本;请提供作者姓名、单位、职称、通讯地址、邮编、联系电话、电子信箱以及来稿字数等信息,以方便联系。

　　4. 投稿时,请采用打印稿和电子文本同时寄送的方式。打印稿一般应 A4 型纸隔行打印。打印稿寄至"上海市浦东新区申港大道 197 号《国家航海》编辑部",邮编:201306,编辑部电话/传真:021 - 68282176;电邮发送至:ardmmc75@163.com,发送时请以"投稿-文章标题"格式为主题。所来稿件恕不退稿。

　　5. 编辑部择优录用来稿。稿件应遵守学术规范,严禁剽窃、抄袭行为,反对一稿多投。凡发现此类行为者,后果由作者自行承担。所有来稿的处理结果,编辑部将通过电子信函通知。

稿件书写规范

1. 每篇文章按文章标题、作者姓名、作者单位或地址（包括邮政编码）、提要、关键词、正文、英文标题、英文提要、英文关键词顺序编排。

2. 注释采用脚注，每页单独编号。

3. 除英文提要和纯英文注释使用西式标点符号外，统一使用中文标点符号。阿拉伯数字之间的起讫号一律用波浪线"～"；中文之间的起讫号用一字线"—"。英文提要和英文注释中的出版物名称用斜体。

4. 第一次提及帝王年号，须加公元纪年；第一次提及外国人名，须附原名。中国年号、古籍号、叶数用中文数字，如贞观十四年，《新唐书》卷五八，《西域水道记》叶三正。其他公历、杂志卷、期、号、页等均用阿拉伯数字。

5. 注释号码用阿拉伯数字表示，作[1]、[2]、[3]……其位置放在标点符号后的右上角。再次征引，用"同上"×页或"同注[1]，×页"形式，不用合并注号方式。

6. 引用专著及新印古籍，应标明注引章卷数、出版者及出版年代、页码，如：

［1］谭其骧主编：《中国历史地图集》第七册（元明时期），（上海）地图出版社，1982年，第57—58页。

［2］姚大力：《谈古论今第一人：司马迁和他的〈史记〉》，《读史的智慧》，（上海）复旦大学出版社，2009年，第10页。

［3］［明］马文升：《禁通番以绝边患疏》，［明］陈子龙等选辑：《明经世文编》卷六二，（北京）中华书局，1962年。

7. 引用古籍，应标明著者、版本、卷数、页码。

8. 引用期刊论文，应标明期刊名、年代、卷次、页码，如：

［4］张瑾瑢：《清代档案中的气象资料》，《历史档案》1982年第2期，第100—110页。

［5］邱仲麟：《保暖、炫耀与权势——明代珍贵毛皮的文化史》，《中央研究院历史语言所集刊》第八十本第4分，2009年，第555～629页。

［6］李眉：《李劼人轶事》，《四川工人日报》1986年8月22日第2版。

9. 未刊文献标注，如：

［7］方明东：《罗隆基政治思想研究（1913—1949）》，博士学位论文，北京师范大学历史系，2000年，第67页。

［8］中岛乐章：《明前期徽州的民事诉讼个案研究》，国际徽学研讨会论文，安徽绩溪，1998年。

10. 引用西文论著，依西文惯例，其中书刊名用斜体，论文加引号，如：

［9］Peter Brooks, *Troubling Confessions: Speaking Guilt in Law and Literature*, Chicago, University of Chicago Press, 2000, p. 48.

11. 其他解释式注释中涉及文献出处时，如下：

［10］关于这一问题，参见卢汉超：《赫德传》，上海人民出版社，1986 年，第 89 页。

［11］参阅张树年主编：《张元济年谱》第 6 章，商务印书馆，1991 年。

［12］转引自王晓秋：《近代中日文化交流史》，中华书局，2000 年，第 456 页。

图书在版编目（CIP）数据

国家航海. 第三辑 / 上海国家航海博物馆主办. ——
上海：上海古籍出版社，2012.12
ISBN 978-7-5325-6688-4

Ⅰ．①国… Ⅱ．①上… Ⅲ．①航海—交通运输史—中
国—文集　Ⅳ.①F552.9-53

中国版本图书馆CIP数据核字（2012）第238400号

国家航海（第三辑）

上海中国航海博物馆 主办

上海世纪出版股份有限公司
上 海 古 籍 出 版 社　出版

（上海瑞金二路272号　邮政编码200020）

（1）网址：www.guji.com.cn
（2）E-mail：guji1@guji.com.cn
（3）易文网网址：www.ewen.cc

上海世纪出版股份有限公司发行中心发行经销　上海颛辉印刷厂印刷
开本787×1092　1/16　印张13.25　插页2　字数274,000
2012年12月第1版　2012年12月第1次印刷
印数：1-1.800

ISBN 978 - 7 - 5325 - 6688 - 4

K·1659　定价：48.00元
如有质量问题，读者可向工厂调换